마음을
만져봤니?

김 미 송

프롤로그

마음은 마음으로만 만질 수 있습니다.

　상담을 받아본 적이 있나요? 만약 그렇지 않다면, 상담을 해준 적이 있나요?
상담이라는 단어가 딱딱하고 어려운 이미지를 떠올리게 할 수도 있을 거예요. 하지만 너무 까다롭게 여기진 마세요. 상담'相談'은 서로 相에 이야기 談이 더해졌습니다. 말 그대로 상대방에게 내 진심을 전달하는 과정인 거지요. 사람은 저마다 외로운 섬입니다. 다른 사람에게 닿으려면 넓은 바다를 헤엄쳐 갈 수 있는 무언가가 필요하지요. 마음을 전하려거든 진심이 담긴 소통을 해야 하는 이유. 사람 사이의 넓은 바다를 건널 수 있는 배가 바로 이 대화이기 때문입니다.

　누구나 아픔을 갖고 있습니다. 내가 가진 것이 세상에서 가장 끔찍하며 그 거대한 몸집은 아무도 감당하지 못할 것이라 여깁니다. 그러니 이토록 괴로운 것이라 믿고 아파합니다. 마냥 품고 가기 어려워 도움을 청하는 손을 수없이 잡아보았습니다. 저마다의 사연 속에 꽃으로 피어나다 만개의 시기를 놓쳐버리고 꿈 잃은 이들의 마음이 무척 안타깝게 전해졌습니다. 활짝 피어 빛나는 꽃이 되기엔 심한 아픔을 가진 말들이었습니다.

　"도대체 저는 누구인가요?" 나의 의미를 잃고 방황하기 때문에 아픈 사람.
　"미운 사람 때문에 잠을 못 자요." 내게도 해가 되는 마음을 풀어내지 못해 아픈 사람.
　"화가 나서 숨을 쉴 수 없어요." 마찬가지로 괴로워 아픈 사람.

"죽고 싶기만 해요." 모든 것에 대한 체념으로 자신의 마지막을 바라는 아픈 사람.

이렇게 아픈 마음을 가진 사람들에게 통증을 극복하고, 치유할 수 있는 도움이 되고 싶다 생각하는 바람에서 비롯되어 많은 노력을 하고 있습니다. 사람의 아픔마다 제가 돕는 방식은 조금씩 달라집니다. 그러나 하나의 공통점은, 모두의 아픔이 제게도 같은 아픔이라는 거지요. 때로는 저들의 삶을 제가 치유하는 방식으로 차라리 대신해서 살아 주고 싶을 때도 있습니다. 저 또한 많이 아파본 경험으로 치료자가 되었습니다. 지금도 그 아픔은 여전히 존재하고 있습니다. 현재진행형이지요. 그렇기에 겸손할 수밖에 없는 자세로 진정성을 담아 이들을 도운 경험을 이곳에 풀어 담았습니다.

저는 마음을 치유하면서 과거의 상처와 결핍에 초점을 맞추기보다 현재의 내가 가진 장점을 살려 낮아진 자존감을 회복하는 일에 더욱 집중합니다. 누구나 태어날 때부터 온전한 나로서 내면의 힘이 있는 사람이었기에, 그것을 발견해주면 충분히 혼자서도 일어설 수 있기 때문입니다. 현재의 내가 건강해지면 과거의 아픔은 용서할 수 있을 정도의 여유가 생깁니다. 흉터가 남아있어도 상처로 존재하던 때와는 달리 일상생활에 심각한 지장을 주지 않고 살아가게 됩니다. 치유가 일어난 징조이고 앞으로 더욱 행복해질 수 있다는 희망의 확신이지요. 만약 상처가 있는 분이라면 이 책을 통해 스스로 하는 자기치유를 경험해봤으면 하는 바람입니다.

요즘같이 어려운 시대엔 상처받지 않고 행복한 나를 지키는 것이 참 쉽지 않습니다. 내가 아닌 주변의 문제들로 인해 심리적 안정감이 흔들리는 경우가 생기지요. 안타까운 일이지만 최근 들어 자신에게 상담이 절실하다고 토로해 오는 사람들이 많습니다. 자책과 후회보다 상처 입은 자신을 향한 진심 어린 위로가 우선입니다. 이 책을 통해 깨우친 것들을 바탕으로 빈칸을 채우다보면 무너진 자존감과 흔들린 정서 관리에 도움이 될 것이라 믿습니다. 부디 저의 졸저가 마음이 아프고 힘든 분들에게 위안이 되기를 온 마음으로 바라며, 정성으로 엮은 이 진솔함을 선물로 바칩니다.

                2019년　11월　김 미 송

추천사

나를 찾는 여정

짧지 않는 인생의 여정에서 우리는 늘 크고 작은 문제에 부딪힌다. 사회의 구성원으로, 한 가족의 일원으로 끊임없이 인간관계 갈등 혹은 일에 대한 결정을 해야 하는 순간이 매 순간 찾아온다. 나의 선택과 행동의 결과로 즐거움과 괴로움은 동전의 양면처럼 따라온다. 어떻게 대처하느냐에 따라 벅찬 행복감이 올 수도 있고 참을 수 없는 괴로움이 수반되기도 한다. 그래서 인생에서 사회적 성공보다 중요한 일은 자신의 '문제 해결 능력'이라고 확신한다. 기업인, 연예인, 정치인 등 사회적으로 아무리 큰 성공을 해도 자신의 문제에 부딪히면 극복하지 못하고 좌절이나 극단적 선택을 하는 경우를 뉴스에서 심심찮게 접하곤 한다. 모든 면에서 성공한 것처럼 보이고 아쉬울 게 없는 사람들의 선택이 왜 그럴까 하는 의문이 들기도 한다. 모든 문제의 출발은 결국 자신을 이기는 내면의 힘이 부족한 것으로부터 기인된다. 내면의 힘이 튼튼해야 자신에게 닥친 문제를 잘 극복할 수 있다. 내면의 힘이 튼튼해 지기위해서는 자존감이 높아야 하고, 자존감을 높이기 위해서는 깊은 내면에 숨어있는 자기 트라우마를 끄집어내는 일부터 해야 한다. 어려서부터 쌓여왔던 자신의 상처를 볼 줄 알고 보듬어 줄 때 비로소 그 트라우마에서 벗어나고 맞설 수 있다. 트라우마에서 벗어나지 않고서는 자존감이 생기기 어렵다. 자존감이 회복되면 자신과 상대를 있는 그대로 인정하고 현상을 직시해서 튼튼한 마음의 힘으로 문제해결 능력이 생긴다.

이러한 나를 찾는 여정은 쉽지 않다. 그러나 심리학자인 작가 김미송은 이 책에서 진정한 나를 찾아서 '문제해결 능력'을 길러주는 길라잡이를 자처하고 있다. 개인적 아픔을 극복한 경험으로 내담자에서 상담자가 되기까지의 과정과 직접적인 사례를 통한 다양한 유형의 갈등과 치유의 과정들은 순차적으로 상세하고 사실적으로 표현하고 있다. 무엇보다도 이 책은 전문적인 분야를 아주 쉽고 재미있게 누구나 이해할 수 있는 표현으로 단숨에 읽을 수가 있다. 상호 기대치가 다른 자녀를 둔 부모, 갈등을 늘 안고 사는 청소년들, 직장관계에 어려움을 앓고 있는 사회인들, 각기 다른 방향을 바라보고 있는 부부 등 관계의 길을 잃고 헤매는 사람들이 꼭 봐야 하는 내면의 길라잡이 역할을 할 수 있는 책이다.

 인간은 신과 달리 불완전한 존재이다. 따라서 늘 갈등과 불안이 인간을 흔들리게 한다. 흔들리지 않고 피는 꽃이 어디 있으며 젖지 않고 피는 꽃이 어디 있느냐는 어느 시처럼 인생의 꽃을 피우기 위해서는 우리는 불완전을 극복할 수 있는 내면의 힘이 필요한 것이다. 헤세의 '데미안'에 나오는 말처럼 내면의 힘으로 알을 깨고 나와 아브락사스의 새로운 세상으로 가는 힘찬 날개 짓을 기대해 본다.

– 장석환/대진대학교 교수
(아시아하천복원네트워크 의장, 한몽골물포럼 공동의장)

▍추천사

심리학, 그 중에서 임상 심리 상담분야는 현직 신경과 의사인 저로서도 약물로 치료하는 것보다 몇 배나 더 어렵고 귀찮고 힘든 분야입니다. 가장 훌륭한 심리 상담은 상대방의 이야기를 잘 들어주고, 거기서 문제가 뭔지 파악해서 해결책을 찾아주는 과정인데, 의사들은 짧은 진료시간에 많은 환자들 진료를 감당해야 하다보니, 저자처럼 자세히 들을 시간도, 여유도 없거니와 환자가 가진 상처도 정확히 모른채 일방적으로 해결책만 훈계하는 사례가 빈번합니다.

저자는 임상 심리 상담 전문가로서의 다년간 풍부한 경험을 토대로 어렵고 딱딱한 심리 상담 과제를 여러 실제 사례를 통해 다양하고 이해하기 쉽고 재미있게 풀어나가서, 이 분야에 전혀 지식이없는 일반인들도 쉽게 공감할만한 해결 사례를 자세히 수록했읍니다. 각양 각색의 성격과 아픔을 가진 사람이 어떤 과정으로 굳게 닫힌 마음의 문을 열고, 해결책을 찾고 치유해가는지 그 과정을 마치 소설을 읽는듯한 느낌이 들정도로 사례별로 재미있게 정리가 잘되어 있으며, 특히 저자 본인의 힘들고 아픈 과거까지도 진솔하게 밝혀가며 심리상담 전문가이기 전에 본인도 고통의 당사자로서의 겪었던 아픔, 극복 노력 및 해결책을 찾아 치유해가는 과정이 특히 친근감을 느끼고 감동적이었습니다.

여러가지로 혼란스러운 이 시대에 다들 자기만 힘들고, 자기 목소리만 낼 줄 알지, 내 주변의 아픈 사람에게 귀 기울여주지 않는 현실에서 비슷한 고민과 아픔을 가진 분들이 이 책을 통해 접근하기 어려웠던 심리 상담을 마치 본인이 받는것처럼 공감하실 것이라고 생각되어 좋은 글 추천 드립니다.

-광명성애병원 뇌신경 센터장 신경과 심충섭부장

목 차

"먼저, 제 얘기부터 시작할까요?" • 10

첫 번째 꾸러미 : 마음을 치유하려면 관계의 개선이 필요해. • 19
 1. 상처가 크더라도 행복할 수 있어. 치유하면! • 30
 2. 지금의 불행은 상처의 슬픈 열매였어. 알고 있니? • 37
 3. 나를 위한 상처 치유. 어떻게 시작하면 좋을까? • 45
 4. 영영 보지 않고 지낼 수는 없어. 그렇다면 관계를 회복해야지! • 50
 5. 관계개선을 어렵게 생각하지 마. 이렇게 하면 되던데? • 53

두 번째 꾸러미 : 반창고는 떼어내면 그만, 자존감은 높이면 그만! • 61
 6. 단점을 가졌어도 자존감은 높을 수 있어. • 63
 7. 자존감을 좌지우지하는 두 기둥. 알고 있니? • 70
 8. 나를 지키기 위한 방어와 단절. 꼭 해야 해! • 76
 9. 변할 수 있다는 건 참 다행이지. • 86

세 번째 꾸러미 : 난 어떤 사람일까? 자기이해의 마침표. • 95
 10. 나를 제대로 알고 싶어. • 98
 11. 타고난 성향이 달라도 함께 어울려 지낼 수 있어! • 105
 12. 원래 나는 어떤 사람이었지? • 111
 13. 너는 어떤 사람으로 남겨지고 싶니? • 117
 14. 각자 고유한 강점은 너라는 나무를 붙잡을 든든한 뿌리와 같아! • 118

네 번째 꾸러미 : 멋진 에너지를 공유하는 대화법을 아니? • 129

15. 공감만 잘해줘도 인복 많은 사람이 될 수 있어. • 131
16. 선택은 참 쉽지 않지. • 136
17. 타고나길 경청하는 게 어려운 사람도 있어. • 139
18. 부정적인 분위기를 긍정적으로 변화시키는 대화! • 142
19. 또 다른 방식으로 현명하게 소통하기. • 144

다섯 번째 꾸러미 : 나의 마음을 안아주는 치유 꾸러미. • 159

20. 맑은 물과 탁한 물. 너라면 어떤 걸 고를래? • 161
21. 위기와 권태를 지혜롭게 넘길 줄 알아야 해! • 166
22. 나에게 맞는 치유 방법을 찾아보자! • 175
23. 스스로에 대한 보상 계획을 세워보는 건 어때? • 182

여섯 번째 꾸러미 : 네 자존감을 더욱 단단하게 굳히고 싶니? • 189

24. 타고난 성향에 맞는 일이 너의 자존감과 그에 대한 효율을 높여줄 거야. • 191
25. 알고 보면 나만 아프고 힘든 게 아니었더라. • 200
26. 이런 아픔들도 있다는 걸 알아줬음 해. • 205

일곱 번째 꾸러미 : 나의 마지막이 올 때까지 자존감과 성숙의 사다리 오르기. • 215

27. 나와 어울리지 않는다면 네가 손해겠지? • 217
28. 너한테도 이런 용기가 있을까? • 221
29. 진심이 다 할 때까지! 우리 함께 성장해보자. • 226
30. 높은 자존감을 가졌어도 살다 보니 힘들다고? • 231
31. 아니야! 네가 가장 소중해! • 236

"마음을 두고 온 자리가 아름답습니다."

"먼저, 제 얘기부터 시작할까요?"

치유를 하니, 이렇게 삶에 도움이 되네!

 상담을 통해서 도움을 받고자 하는 사람들에게는 공통점이 있습니다. 자신들의 나름대로 생각한 심리적인 문제를 해결 받고 싶어 하는 점이지요. 그리고 저마다 대단한 사연을 가졌습니다. 저의 경우는 첫 아들의 양육과정에서 겪게 된 심리적인 고통에서 벗어나고 싶었습니다. 또 하나는 아들을 돕는 엄마가 되고 싶다는 바람이 있었습니다.
"내 양육 방식이 문제라면 스스로를 바꿔서라도 아이를 돕고 싶다."
급한 마음에 참여했던 공공기관에서의 '자녀와의 대화' 상담과정이 첫 인연인 셈입니다. 집단상담 형식이었던 그 프로그램에서 처음으로 알게 되었습니다.
"나는 낮은 자존감의 소유자구나."
 자신의 위치를 알아야 처방이 나옵니다. 나의 현재를 인지하고 나서 그저 부족하다 느껴지던 나라는 존재를 끌어안고 사는 일이 무엇인지 알게 되었습니다. 한 걸음 한 걸음 올라갈수록 나를 마주보는 자신을 만나고 있었고, 그게 바로 높은 자존감으로 가는 길이었습니다. 단 한주도 쉬지 못하고 눈물을 흘려가며 5년 동안 치유를 했습니다. 제가 치유되기 전 건강하지 많은 상태에서 아들에게 했던 말이 생각납니다.
"너 때문에 내가 못 살겠다. 벌이라도 받아야 정신을 차리겠니? 손 들어!"
아들을 원망하고 나무라면서 같이 껴안고 울었습니다. 부모 된 죄로, 부모의 가슴으로 함께 공명하듯 울었습니다. 그랬던 제가 치유 후에는 아들에게 같은 문제가 다시 일어나고 있음에도 덜 힘들어졌습니다. 어느덧 성숙한 엄마의 모습으로 감정을 분리하고 어떻게 하면 도울 수 있을지를 고민하는 저를 만나게 되었습니다. 그만큼 성장을 해 왔던 겁니다.
이러한 과정 속에서 깨달음을 얻었습니다.

'아! 상담으로 치유를 받으니, 이렇게 삶에 도움이 되는구나! 그럼 이 상담이란 것을 내가 제대로 배워보면 어떨까?!'

이렇게 해서 5년간 상담을 받던 내담자가 상담가가 되는 첫 단추를 끼우게 되었습니다.

혹시 '마쉬멜로우 실험(Marshmallow Experiment)'에 대해 들어보았나요? 스텐포드 대학의 왈트 마셜(Walter Mische)이 실시한 '지연보상실험'인데, 그동안 인내심의 긍정적인 교육효과로 엄청나게 사용되었던 이론입니다. 그런데 최근에 뉴욕대학교의 타일러 와츠, UC 어바인의 그레그 던컨, 호아난 쿠엔이 〈심리과학〉에 발표한 연구 결과가 이를 뒤집었습니다. 요약하자면 아이의 의지는 칭찬받을 만한 일이지만, 그 어린 나이에 유혹을 이겨낸 것이 먼 미래에서 인생의 성공을 예견하는 결정적인 징표라도 되는 것처럼 해석해서는 안 된다고 합니다. 특히 아이의 사회경제적 지표를 포함한 가정환경, 부모의 교육 수준 등을 고려하면 미미하게 나타나던 상관관계마저 사라졌습니다. 연구를 진행한 타일러 와츠는 이렇게 설명했습니다. "아이의 배경과 가정환경 등을 고려해 실험 결과를 다시 해석하면, 어렸을 때 당장의 유혹을 참아내고 기다릴 줄 아는 능력이 훗날 인생의 성공을 담보하지 않는다는 것을 알 수 있습니다. 부모님들은 자식이 참을성과 의지가 부족하다고 너무 걱정하지 않으셔도 될 것 같습니다." 학문과 이론은 이처럼 훗날 다른 학자에 의해 언제든 새로운 이론이 나올 수도, 뒤집힐 수도 있습니다. 그렇기에 저도 현재 제가 알고 있는 지식과 이론만이 옳다고 주장하지 않습니다. 다행히 유용하게 사용하여 삶에 도움을 줄 수 있다면 만족하고 감사하다고 여깁니다. 그러나 변치 않고 굳건히 믿는 것이 하나 있습니다. 인간의 온전함입니다. 개인적으로 나태주 시인의 '혼자서도 꽃인 너에게'라는 시 제목을 참 좋아합니다. 제가 사람을 바라보는 시선과 매우 닮았기 때문입니다. 시인님의 표현처럼 이름도, 모양도, 색깔도, 향기도, 피는 시기도 각각 다르지만 우리 모두를 표현할 수 있는 말이 있습니다. '소중한 가치를 가진 생명 꽃'입니다. 세상 모든 것의 탄생에 자연과 우주와 신이 있습니다. 날 때부터 우리는 각자 온전하고 공평하게 귀한 가치를 갖고 있었습니다. 그러나 현실은 안타깝게도 그 귀한 생명 꽃들이 상처를 받아서 아파한다는 것입니다. 그 상처가 미처 치유되지 못하고 성숙함을 익히지 못해서 부족하게 보일 뿐이지, 본래 부족한 것이 절대 아닙니다. 인격적으로는 모두가 진정 존중받아야 할 소중한 존재입니다. 마음의 상처, 트라우마, 열등감, 낮은 자존감 등으로 마음이 아픈 사람은 아픈 곳이 낫게 도와주면 행복한 삶을 살 수 있습니다. 본래부터 정서적으로 아픈 사람은 없습니다. 치유되고 자신의 개성대로 성숙하게 살아간다면 우리는 각자 있는 그대로 아름답습니다. 그때는 자세히 안 봐도 굳이 오래 보지 않아도 자체에 깃들인 아름다운 빛이 자연스레 느껴질 겁니다.
사람은 빛으로 만들어진 존재이기 때문입니다.

인생의 모든 결정자는 자신입니다

안타깝게도 우리는 부모, 가족, 친구, 연인과 같은 의미 있는 관계자에게서 많은 상처를 받습니다. 그중에서 가장 큰 원인은 부모인데, 부모가 정서적으로 건강하지 못한 미성숙상태이기 때문입니다. 그래서 성숙한 부모 역할을 하기 위해서는 아이보다 부모가 먼저 치유와 교육을 받고 건강해져야 합니다. 내 가정과 부모를 내가 선택할 수 없었기에 억울하고 그래서 마음이 더 아플 수 있습니다. 하지만 건강하지 못했던 자신의 환경과 과거를 원망하고 탓하는 것에만 머무른다면 치유가 이루어지지 못합니다. 인생의 모든 결정자는 자신입니다. 내 스스로가 한 결정에 따라 지금의 자리에 와있습니다. 그러니 오늘의 현주소가 바로 나의 결정체라 할 수 있지요. 불건강한 삶이 옳지 못한 것이라 말하려는 게 아닙니다. 세상에 완벽한 것은 없다고 하듯, 그저 건강한 삶을 살아온 이보다 상처가 많을 뿐이지요. 흔들리지 않고 피는 꽃은 없다던 시인의 말처럼 아픔 속에서도 끈질기게 오늘까지 버텨온 것은 아주 대단한 일이며 칭찬받아 마땅합니다. 다음 장에서 등장할 첫 번째 사례 '군인의 뜨거운 눈물'을 통해 인생의 모든 결정자는 나 자신이라는 것을 기억해주었으면 합니다. 건강하지 못한 내면이라 해서 건강한 이들보다 못한 사회적 성취를 이뤄내지는 않습니다. 사례의 주인공이 바로 그렇습니다. 지금껏 상처가 있어도 괜찮다 믿어왔고 그 아픔을 껴안고도 잘 살아왔으나 제때 뱉어내지 못한 독이 나를 갉아먹습니다. 더 이상 버티기 어렵거나 나 혼자 감당하기엔 너무 벅차다 느껴질 때, 이제는 치유를 통해 달라지고 싶다고 느껴지는 때가 찾아오게 된다면, 이 책에 담아낸 것들로 힘을 얻고 도움이 되었으면 하는 바람입니다.

저는 참 다양한 계층의 삶들을 마주합니다. 그 중엔 가난해서 책 한권 사보는 것이 사치인 분들도 있습니다. 그래서 '그동안 책을 읽지 못한 분도, 70대 어르신도, 청소년도 편하게 읽을 수 있었으면…'하는 바람으로 가능한 상담전문용어를 풀어서 이해하기 쉬운 수필 형식으로 썼습니다. 그리고 강의에서 하듯 중간마다 독자가 자기점검을 할 수 있는 부분을 삽입했습니다. 배움의 깊이와 연령 등에 연연하지 않고 접하는 이들 모두가 어렵지 않게 다가설 수 있는 책을 만들고 싶었거든요.

마음이 아픈 게 아니고 몸이 아파서 다행이다. 어느 날의 이야기입니다. 평소의 일을 하면서 2년이 되어가도록 몰입했던 작업을 마치고 나니, 담이 찾아와 도저히 걸을 수 없었습니다. 치료를 위해 한의원을 다녀오니 설상가상으로 몸살까지 일어나 오후에는 주사를 맞아야 했습니다. 몸 관리를 제대로 못한 탓에 뒤뚱거리며 하루에 병원만 두 군데씩 다녀왔지만, 돌아오는 내내 생각했습니다.
'그래도 마음이 아픈 게 아니고 몸이 아파서 천만다행이다.'
저의 일을 통해서 인연이 된 분들을 도울 수 있다는 것이 감사할 뿐입니다. 저는 지금도 강의나 상담을 하면서 내담자와 수강자들의 삶을 통해 매시간

성장하고 또한 성숙해지고 있습니다. 가끔은 그분들에게서 오히려 위로와 힘을 얻기도 합니다. 예전처럼 마음의 상처를 치유하지 못한 상태였다면 이런 일과 인연들을 만날 수도 없었을 겁니다. 그래서 마음이 아니라 몸이 아파서 참 다행이다 싶었습니다.

2010년에 학교로 출근하던 중, 차가 뒤집히는 큰 사고가 있었습니다. 흉추가 골절되어 제대로 앉지도 못했는데 마비는 되지 않은 덕에 아직까지 잘 살아가고 있습니다. 정말 다행이지요. 그렇지만 사고를 겪은 후, 저도 인간인지라 언제 죽을지 모르며 다른 사유로 인해 지금 하는 일을 언제까지 계속할 수 있을지 누구도 확신하기 어렵다는 것을 깨달았습니다. 그래서 혹시라도 무슨 일이 생기기 전에 도움이 되는 글을 남기고픈 바람으로 책을 출간하게 되었습니다.

저는 상담이나 강의가 끝나면 그날 주제에 맞춰 선택권 주기와 공감해보기 등의 과제를 많이 내는 편입니다. 경험을 해야 나도 어떤 느낌인지 알게 되고 상대의 반응도 알 수 있기 때문입니다. 과제를 받은 이들은 선생이 낸 숙제이니 어쩔 수 없다는 마음으로 하게 되지만 결국은 변화가 생깁니다. 달라져서 옵니다. 그러면서 한 마디씩 남깁니다.
"진짜 부담스러웠는데, 과제를 실행하니 되더라구요."
책의 내용을 통해서 단 한 부분이라도 와 닿는 곳이 있다면, 깨달음에 멈추지 말고 시도해보길 권합니다. 그리고 그 결과가 내 삶에 도움이 된다고 느껴지면 꾸준한 습관으로 들이길 추천합니다. 세상을 변화시키는 것은 단순하게도 같은 일을 성실하게 반복하는 것이니까요. 사소한 변화의 차이가 점점 더 큰 변화를 이끌어냅니다.

반대로 아는 방법이지만 실행하지 않고 변화하지 못하면 자신에게 답답함이 생깁니다. 이때 자신이 마음에 들지 않아 자존감이 더 낮아지는 악순환이 반복되지요. 그간 알고 있었지만 시도하지 않았거나, 잠시 하다가 포기했던 것 중에 작은 무엇 하나라도 제대로 시작하는 게 스스로를 치유하는 행동이 될 겁니다. 그렇게 한다면 제가 임상에서 경험하고 있는 '단기치유'의 효과와 내면의 성장이 일어날 것이라 장담합니다. 도전과 노력으로 독자님의 삶에 조금이나마 도움이 되고 아주 작은 것일지라도 긍정적인 영향을 끼쳤다면, 그것만으로 충분히 감사할 겁니다. 앞서 말했듯, 자연과 우주와 신이 탄생부터 온전한 사람으로 만들었던 덕에 우리는 스스로 자생적인 치유능력을 가지고 있습니다. 이 책을 통해 독자님이 갖고 있는 내면의 치유능력이 훌륭하게 발휘되어, 마음 편안하고 건강한 삶을 지낼 수 있는 계기가 마련되길 진심으로 응원합니다.

마음은 돈처럼 쓰는 게 아냐
대가를 바라지 않고 주는 거지

첫 번째 꾸러미

마음을 치유하려면 관계개선이 필요해.

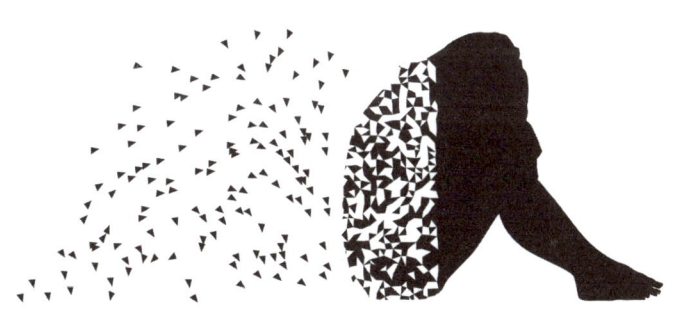

첫 번째 꾸러미 :
마음을 치유하려면 관계개선이 필요해.

"상처라는 말을 듣게 되면 가장 먼저 떠오르는 느낌이 무엇인가요?"
　이와 같이 질문하면 대부분 아픔이라고 답합니다. 네, 그렇습니다. 저를 비롯한 대부분의 사람들이 아픔을 겪어보았습니다. 지금도 아픔의 한가운데에서 고통과 싸우고 있을 수도 있습니다. 게다가 앞으로 어떤 아픔이 기다리고 있을지는 그 누구도 알 수도 없습니다. 슬프지만 아픔은 우리와 함께 가는 평생의 동반자이고 우리의 삶은 아픔으로부터 자유로울 수 없다는 것을 인정할 수밖에 없습니다. 상처로 인해 동반된 아픈 고통에서 멀어지고 싶은데 그마저 쉽지 않은 것이 우리의 현실입니다. 보통은 육체의 아픔과 마음의 아픔이 동시에 감지되는데 여기에선 마음의 아픔에 대해 더 많은 관심을 가지고 살펴보겠습니다.
마음의 상처에 관심을 가진 독자님들께 질문하고 싶습니다.
　"상처 때문에 나타난 마음의 아픔과 헤어지는 방법을 알고 계신지요?"
　대다수의 사람들은 마음의 상처를 치유하는 방법이 무엇인지 모른다고 답합니다. 어찌 보면 당연한 것이지요. 만일 치유방법을 알고 있었다면 마음의 아픔은 처음부터 존재하지 않았을 테니까요. 마음의 상처와 그에 따르는 아픔이 무엇인지 정확하게 알지 못하기 때문에 상담가가 필요한 건지도 모릅니다. 상처와 아픔이라는 결과가 있으니 원인 또한 존재할 겁니다. 원인을 알아야 정확하고 빠른 치유가 가능합니다. 상담과 강의 현장에서 사람들을 만나면 다들 마음의 상처에서 비롯된 엄청난 고통을 호소합니다. 그러나 스스로 치유할 수 있는 방법을 알지 못해 괴로워하지요.

첫 번째 꾸러미에서는 상처와 마음치유에 대해 다루려합니다. 마음치유는 '상처받은 마음이 치유된 심리상태'라고 할 수 있습니다. 사람 마음에 상처가 되는 가장 큰 원인 중 하나가 타인과의 관계가 아프고 불편해서입니다.
"우리는 다른 사람들과 살아가면서 매일 크고 작은 상처를 경험한다. 자기 상처를 돌아보지 않고 외면하는 걸 반복하게 되면 우리는 스스로에게 치명적인 가해자가 될 수 있다."
독일의 관계심리학자, 롤프 젤린이 한 말입니다. 안 보려고 해도 그럴 수 없는 사람과의 관계가 좋지 않다니, 얼마나 괴로운 상황입니까? 가끔 그 사람에게서 받았던 상처가 떠오르면 슬픔과 분노에 잠기기도 하지요. 사람과의 관계는 마음의 일입니다. 사람은 사람에 의해 상처받고, 사람은 사람에 의해 치유될 수 있습니다. 마음의 상처는 아픔을 준 사람과의 관계가 개선되면 치유되는 것을 많이 보았습니다.
이제 마음치유와 관계개선에 대해 함께 나눠보겠습니다. 그와 동시에 실제적인 사례를 통해 자신을 돌아보면서 본인을 치유하는 데에 도움 받을 수 있을 겁니다. 이 모든 것은 전부 나를 위해 하는 일입니다.

군인의 뜨거운 눈물

어느 날 육군본부에서 간부 대상 부부세미나를 할 때였습니다. 국가 안보를 위해 군조직문화가 중요하고, 또 간부가 심리적으로 건강해야 병사를 잘 이끌 수 있기 때문에 잘 도와드리고 싶었습니다. 맨 앞줄 오른쪽에 앉아있던, 군복이 아주 잘 어울리는 중령님이었습니다. 강렬한 리더십이 먼저 느껴졌지만 눈이 마주칠 때면 따스함도 느껴지는 분이었지요. 부부 소통이 주제였지만 이에 앞서 기본이 되는 자존감을 잠깐 다루었습니다. 저의 구멍을 진솔하게 오픈한 후에 자신의 자존감을 깎아먹는 구멍을 찾아보게 했습니다. 그 과정에서 열등감이란 단어가 제 입에서 나오게 되었습니다. 그때였습니다. 그 중령님의 눈시울이 벌게져있는 걸 발견했습니다. 솔직히 깜짝 놀랐습니다. 강하다고 여겨온 특수조직의 강의였기에 아마도 제가 무의식으로도 전혀 예상하지 못했던 것 같습니다. 순간 얼른 정신을 차렸습니다. 경직된 군 조직입니다. 뒤에 상사인 대령님도 있었고, 아내도 옆자리에 앉아있었기에 정말 조심스럽게 도움을 드리고자 노력했습니다.

"형이 S대를 나와서 어릴 때부터 아버지의 큰 자랑거리입니다. 그 때문에 저도 결코 나쁜 대학이 아닌데 단 한 번도 아버지에게 인정을 받아 본 적이 없습니다. 군에서도 잘 지내고 가족과도 화목한 편인데 아버지 생각만 나면 이렇게 힘이 듭니다."

울음 꾹꾹 참으시는 조용한 고백에 강의실이 숙연해졌습니다. 처음으로 알게 된 남편의 서럽고 아픈 상처에 놀란 아내는 어쩔 줄 모르고 옆에서 소리 없이 울었습니다. 남편의 아픔에 고통스럽게 아파하는 아내를 보니 저도 무척 마음이 아렸습니다. 결코 의도한 건 아니었겠지만 이는 자녀에 대한 편애의 결과입니다. 아버님께서 크게 실수하신 겁니다. 이 아버님의 경우는 성적으로 편애를 했지만, 부모의 기질과 비슷한 자녀와 전혀 달라서 맞지 않는 자녀에 대한 무의식적인 편애가 존재하는 것이 우리의 위험한 현실입니다. 부모로서는 어쩔 수 없는 본능인데, 선천적 기질이 다르게 태어난 자녀는 억울하고 불행할 수밖에 없지요. 이는 반드시 주의해야 하는 부분입니다.

인정의 욕구! 신이 아닌 이상, 생명이 붙어있는 사람이라면 누구나 인정받고 싶습니다. 그 인정이란 것을 못 받아서 무척 서럽고 화가 납니다. 특히 의미 있는 관계자에게 인정을 받고 싶어서 평생 마음고생 해가며 마음껏 쉬지 못하고 애쓰며 살고 있습니다.

아버지가 몰라서 그러셨지만 인정의 결핍 때문에 무의식 속 서러움이 있는 중령님 자신을 위해 관계개선을 시도하길 권하고 도왔습니다. 연로하고 보수적인 아버님이기에 관계 개선을 시도하더라도 우리는 아버님을 배려해야했습니다. 그 기술을 코칭하려 합니다.

"아버지. 제가 그동안 아버지에게 인정을 많이 받고 싶었나 봅니다. 어떤 세미나에 참석했었는데, 그 자리에서 다음엔 꼭 아버지께 이런 말씀을 드려야겠다고 결심을 했습니다. 아버지, 제가 군 생활도 제법 잘하지요? 마누라와 새끼들과 알콩달콩 잘 살지요? 아버지, 아버지 둘째 아들 제법 의젓하지요?"

이렇게 말씀하세요. 그리고 인정을 받으세요. 옆구리 찔러 절 받아도 됩니다. 모두가 사실이니까요. 아버님도 틀림없이 인정할 겁니다. 사실 아버님도 이미 다 알고 있거든요. 아버지께 인정받은 후에 혼자서 꺼이꺼이 우세요. 이젠 울음 참지 마시고 실컷 우세요. 가장이라도, 군인이라도 상관없습니다. 남자, 직책, 책임, 창피함 그리고 한국의 문화의 정서상 용납이 어렵다고 해도 상관없습니다. 그런 거 다 필요 없습니다. 내 정신건강이 먼저입니다. 울음치유를 하는 겁니다. 이럴 때는 가족들이,

"울지 마, 울지 마, 괜찮아."

하지 마세요. 그대로 두는 것이 좋습니다. 마음이 하고 싶은 대로, 본인이 하고 싶은 대로 하게 가만두는 것입니다.

"그래요. 당신. 치유의 시간이 필요하군요. 마음껏 편히 우세요."

마음껏 마음 안에 있던 것을 내보내도록 도와주는 것이 좋습니다. 휴지를 전해 주고 조용히 문 닫고 자리를 피해 주세요. 그것이 더 치유를 돕는 것입니다. 그동안 억울하고 힘들었던 내 상처와 이별을 해야 합니다. 행여나 인정받는 게 거절당할까, 사과 받는 것이 거절당할까, 두려워했던 내 마음

을 뜨겁게 안아주세요. 울어가면서 그동안 고생한 나를 위로하고 용기 낸 자신을 격려하는 것이 먼저 필요합니다. 그런 폭풍 같은 치유의 시간이 지나고 마음의 안정을 찾으면, 시간을 내서 형님에게 연락하시면 '자가 치유자'가 됩니다.

"형님. 제가 며칠 전에 아버지랑 참 어려운 대화를 나눴습니다. 그동안 본의 아니게 형님한테 질투도 하고 미워도 했는데, 이젠 괜찮습니다. 형님, 이번 주 토요일 삼겹살에 소주 한 잔 합시다."

아버지의 불건강한 양육으로 생긴 내 안의 응어리와 편애의 결과로 만들어진 형제간의 갈등도 내가 직접 치유하는 셈입니다. 이렇게 내가 내 상처의 고름을 직접 짤 수도 있습니다. 이런 분들은 그동안 살아오신 멋진 삶의 이력과 가족과 주변인들 덕분에, 고름 짜낸 이후의 새살은 상상할 수도 없을 만큼 빠르고 멋지게 차오릅니다. 이후로 온전한 행복감으로 지금보다 비교도 안 되는 행복한 인생을 살게 됩니다. 충분히 가능합니다. 그리고 충분히 할 수 있답니다.

* 혹시, 사과를 받거나 인정을 받고 싶으신 분이 있나요? 만약 떠오른다면…
어떻게 하면 위의 사람들처럼 공격성을 빼고 정중히 부탁할지 적어볼까요. 여러 번 지우고 다시 써도 괜찮습니다. 그 시도하는 모습만으로도 훌륭합니다. 용기가 필요하다면 주변의 격려를 받으세요. 시간의 차이는 있겠지만, 글을 쓰고 있는 저도 그 용기를 진심으로 응원 드리고 싶습니다.

엄마를 용서한 결과

중령님과 비슷한 경험을 갖고 있는 저의 사례입니다. 저는 직장, 현재 가족, 친구, 지인 등의 관계에서는 낮지 않은 자존감의 소유자였습니다. 하지만 당시 어머니 당신의 정서가 힘드셔서 제게 줄 수밖에 없었던 심리적인 문제들이 저의 자존을 낮게 만들었습니다. 결코 어머니가 의도하신 것이 아니었지만, 그로부터 받은 상처가 있었고 때론 무척 아파야만 했습니다. 사랑하지만 불편도 했던 어머니와의 관계 개선이 이루어지니 오랜 상처가 해결되는 것은 물론이며 이전과는 다른 삶을 맛보게 되었습니다. 어머니와의 관계개선 작업은 결국 나 자신을 위한 거였지요. 그 이후 저는 강의나 상담 때 자연스레 이런 말을 하게 되었습니다.

"어머니가 일부러 저를 괴롭히려고 그러신 건 아닐 겁니다. 어머니도 그때 너무 힘들어서 그럴 수밖에 없었다는 걸 진정으로 이해합니다. 아마 그때는 어머니가 위기 상담을 받으셔야 할 상황이었을 것 같아요. 엄마의 행동이 내 딸에게 상처를 주고 자존감이 낮은 사람으로 성장하게 될 줄은 꿈에도 알지 못하셨을 겁니다. 아셨다면 부모인데, 설마 그렇게까지 하셨겠어요. 몰라서 그러셨습니다. 정말 몰라서 그러셨습니다.

 몰라서 한 건 죄가 아니지 않습니까. 그런데 알지도 못하고 한 엄마의 행동들 때문에, 제가 멍이 들고, 치유되지 않아 불행한 삶을 살게 된다면 그것이야말로 억울하고 통곡할 일 아니겠습니까.
혹시 동의가 되시는지요?"

며칠 전에도 엄마 때문에 아파하는 내담자와 이런 내용을 나누며 상담을 했습니다. 한참을 생각하더니, 자신의 어머니도 일부러 그런 건 아니라고 조용히 말을 꺼냅니다. 반가움의 전율이 느껴졌습니다. 왜냐면 이제부터 이 내담자는 엄마를 용서할 희망을 발견한 것이거든요. 몰라서 그랬다는 걸 알게 되고, 그럴 수밖에 없었다는 것이 마음으로 수용이 된다면 훨씬 덜 억울합니다. 그래서 용서를 하고 받아들이는 과정이 수월합니다. 지금까지 큰 상처를 갖고도 잘 살아왔나요? 정말 수고 많았습니다. 더 대단한 겁니다. 이제는 그 상처를 회복하고 더 행복해지는 건 어떨까요?

어머니와의 관계개선을 한 후에 제가 보냈던 편지를 소개하겠습니다.

  사랑하는 어머니께.
어머니, 어쩔 수 없으셨다는 것을 잘 압니다. 일부러 그런 게 아니라는 것도 이젠 잘 압니다. 다른 사람들도 그런 말 많이 듣고 자랐는데 제 기질이 그래서 제 스스로 그렇게 만든 겁니다. 그러니 염려하지 않으셔도 됩니다. 어머니 덕분에 제가 단단해지고 성장했습니다. 어머니 덕분에 지금의 제가 있습니다.
 도리어 감사합니다! 죄책감이나, 서운함 갖지 마시기를 미리 부탁드립니다.고맙고 소중한 우리 김여사님. 아프시더라도 오래도록 제 곁에 계셔주시길 부탁드립니다. 많이 사랑합니다.

  저의 상처치유가 많이 진행되었을 무렵. 큰 용기를 내어 어머니에게 조용히 말을 꺼낸 적이 있습니다.
  "엄마, 내가 자존감이 낮은 이유 중에 엄마도 많은 영향을 주셨더라. 그래서 5년이나 상담치유를 했었네요."
  이렇게라도 말씀을 드려야 완전히 엄마를 용서할 수 있을 것 같아서 말을 했습니다. 그 과정이 많이 힘들었는지 그 중요한 장면이 명확히 기억나지 않습니다. 정신이 하나도 없었다는 표현이 맞을 것 같습니다. 하지만 용기있게 솔직히 드러낸 결과, 제 안에 감정의 찌꺼기가 남아있지 않는 완벽한 관계개선이 될 수 있었습니다.
  어머니께 제대로 된 사과를 못 받았어도, 미안해서 훔치시던 그 짧은 눈물 한 방울에 제 상처가 사라지는 느낌을 받았습니다. 그 한 방울의 눈물에 늙으신 어머니에 대한 미안함도 올라왔던 기억이 있습니다. 비난하려고 꺼낸 의도가 아니고 이젠 엄마를 향해 증오의 감정이 없는 사랑만 하고 싶어 시작한 노력이 전해져 상대도 받아줄 준비가 되었던 겁니다. 내 마음 안에서 웅크리고 있던 상처가 입을 통해서 세상으로 드러나는 순간, 빛의 역사가 시작되었습니다. 그동안의 마음의 어둠은 빛과 용기에 의해 사라지고 자유로워진 마음의 치유가 느껴졌습니다. 마음은 마음을 잘 알거든요.

내 생애 최고의 말

 상처를 안고 살아온 삶이었다 해서 꼭 불행하기만 했을까요? 아닙니다. 불행 속에서도 행운은 있기 마련이지요. 미술치료 중에는 손바닥 그림을 그린 후 손가락 다섯 개에 자신이 들었던 말 중, 가장 기억에 남는 말을 적으라고 하는 내용이 있습니다. 그럴 때 저에겐 망설임 없이 첫 번째 손가락에 채워 넣는 말이 있습니다.
 "우리 손녀 참 훌륭하다."
 바로 어렸을 적 외할머니께 들었던 칭찬입니다. 장녀인 어머니에게서 맏이로 태어난 저는 외할머니께 첫 손주지요. 덕분에 할머니의 사랑을 참 많이 받았습니다. 살아오면서 중심이 흔들리는 위기가 몇 번 있었습니다만 그때마다 외할머니께서 하셨던 말씀이 생각났습니다. 할머니의 한 마디가 제 무의식에 큰 힘이 되어주고 있었습니다. 저의 불행 속 다행은 할머니의 손녀였던 게 아닐까요?
 결혼 초기에는 할머니 모시고 여행도 하고 연락도 자주 드렸지만, 어느 순간부터 힘들어하는 아들에게 집중해야 했습니다. 저 또한 한 아이의 엄마가 된 탓이지요. 아들도 저도 같이 치유하면서 학위 과정을 밟고, 일하며 바빼 사느라 할머니께 전처럼 에너지를 드리지 못했습니다. 아들 때문에 마음 고생하는 제 얘기를 처음 들으시고 우리 아까운 미송이라며 슬피 우셨다는 얘기를 전해 듣고 죄송해서 얼마나 울었던지요.

제겐 그런 분이셨습니다. 1년 전만해도 고구마 재배하고 미역 말려 가까운 친척들에게 택배를 보내주셨어요. 93세 이신데도 여름 피서철엔 민박 손님을 받으셔서 그 돈으로 조카들 용돈도 두둑하게 주셨던 분이셨지요. 우리 모두 할머니는 거뜬히 백수 하실 거라고 믿을 만큼 건강하셨습니다. 그래서 제가 마음이 덜 급했었나 봅니다.

할머니께서 작년 초에 손을 쓸 수 없다는 말기 암 판정을 받으셨습니다. 정말 실성할 것 같은 충격을 받았습니다. 중요 논문이 완성될 시점에서 무기한 연기를 선택하고 할머니께 집중했습니다. 이대로 할머니를 떠나보내면 제가 평생 죄책감에서 헤어 나오지 못할 걸 잘 알았기 때문입니다.

친정엄마께선 요양병원에 최대한 늦게 입원시키려고 할머니 부탁대로 바닷가 근처 할머니 댁에서 간병을 하고 계셨어요. 먼 거리였지만 일이 끝나는 대로 차를 몰아 매주 할머님 가고 싶으신 곳도 가고, 드시고 싶은 식사도 함께 했습니다.

"미송아. 여기가 돌아가신 내 올케의 친정이다."

해안도로 쪽으로 드라이브하며 하신 말씀입니다. 힘은 없어도 반가워하며 알려주시는데, 운전하면서 눈물을 참느라 목이 무척 따가웠습니다. 씻겨드리는 동안 이런저런 얘기를 더 나누는데 하루가 다르게 점점 말씀조차 힘들어지고 죽도 드시지 못했습니다. 어느 한 주는 도저히 시간이 안 나서 못 내려갔더니, 다음 주 중반에 우리 미송이가 와서 손톱 깎아줘야 된다며 손톱을 안 깎고 계신다고 이모가 전화합니다. 그 얘기를 하며 모두 얼마나 웃었던지요. 할머니께서 참 귀엽게 저를 찾으셨죠?

"우리 할머니 손톱 깎으러 네 시간 반이나 운전해서 왔습니다."

큰 소리로 너스레를 떨며 들어가니 할머니께서 자리에 누워 껄껄껄 크게 웃으셨습니다. 그게 할머니 생전 가장 크게 웃는 모습이 되었네요. 두어 달이 지나서 결국 봄에 부리가 되었는시 강의 후에 쓰러져서 대학병원 응급실로 실려 갔을 때입니다. 과 호흡으로 쓰러졌기에 호흡기와 뇌 쪽 사진을 찍었습니다. 아무런 이상이 없다고 하며 호흡기과 교수님이 스트레스를 많이 받는지 물었습니다.

"네, 몸도 피곤하고 스트레스도 많이 받고 있습니다."

"그럼 상담이라도 좀 받으세요."

힘없이 '네'라며 대답하고 나오면서 참 웃펐습니다. 건강에 별 문제가 없어서 다행이라는 생각과 함께 상담하는 사람이 상담이라도 받으라는 말을 들었구나 싶어서요. 그래도 지금 생각하면 할머니께 그렇게 후회 없이 최선을 다했다는 게 큰 위로가 됩니다. 상태가 심각하게 악화되어 포항 호스피스병동으로 옮겨서 입원해 계셨습니다. 감사하게도 임종을 지켜드릴 수 있었습니다. 한 달 전에는 할머니가 꿈에 보였는데 저를 보는 그 믿음의 눈빛이 여전하셔서 깬 후에 보고 싶어서 얼마나 울었는지 모릅니다. 지금도 할머니 글을 만질 때마다 그리움에 눈물을 흘리고 있는 저를 만납니다. 그러면서 이 눈물의 의미가 죄책감이 아닌 그리움이라 참 다행이라 여깁니다. 그럴 땐 중요한 것을 포기하는 결단을 하면서 최선을 다했던 것이 정말 잘한 선택이었다는 생각이 듭니다. 책이 출간되면 맨 먼저 어머니를 모시고 할머니 계신 곳에 갈 계획입니다. 귀하신 저의 할머님께 책을 선물하고 싶습니다. 그때도 참 많이 울 것 같습니다. 이렇게 누군가의 한마디가, 그리고 눈빛이 한 사람의 삶에 얼마나 큰 영향을 주는지요. 제겐 외할머님이 평생 잊지 못할 귀한 대상입니다. 앞으로의 삶도 할머니 말씀처럼 어떤 어려운 상황이 오더라도 훌륭하게 대처해 나가며 살고자 합니다.

나에게 불행 속 다행이라 느껴지는 대상이 부모님일 수도 있고, 조부모님일 수도 있습니다. 형제, 친구, 선생님이 될 수도 있습니다. 정말로 나를 믿어주는 사람이 있으면 든든하고 고맙습니다. 상처를 안고서도 살아갈 수 있게 하지요.

* 나는 진정한 대상이 있나요?
   나는 누군가에게 영향력 있는 진정한 대상인가요?
* 나의 그 고마운 대상이 누군지 적어볼까요? 미소가 지어지지요?

* 지금 어디에 있나요. 가까이 있다면 우리 찾아가거나 연락을 해볼까요? 혹 하늘에 있다면 생각하며 잠시나마 그리워하는 시간이라도 가져보도록 하지요.

상처 준 이에게 내 상태를 솔직하게 털어놓고 용서를 바라는 것, 응어리진 감정을 속에서 비워내는 것. 어렵고 힘든 과정이지만 해내야만 합니다. 모든 게 끝났을 때, 그 순간부터 온전한 행복감으로 지금보다 비교도 안 되는 행복한 인생을 살게 됩니다.

많은 이가 해결되지 않은 상처를 끌어안고 오늘을 살아가고 있습니다. 평생 사라지지 않을 통증이며 아픔일지라도 말이지요. 굳이 치유하려 하지 않아도 괜찮습니다. 그렇게라도 내가 살아갈 수 있다면 다행이지 않겠습니까. 그러나 내가 도움이 필요하다 느끼는 순간엔 반드시 치유의 과정을 밟아야 합니다. 완벽한 상처회복이 되지 않더라도 내가 '나'이길 포기하지 않으려는 그 의지가 건강한 내일의 자신을 만들 테니까요.

1. 큰 상처가 있어도 행복할 수 있어. 치유하면!

얼마 전 내담자 중 한 분에게 조카가 태어났습니다. 갓난아이의 사진을 자랑하며 보여주는데 아가의 눈동자가 어찌나 맑고 크던지 저도 빠져드는 것만 같았지요. 갓 태어나, 순수하고 맑은 영혼의 아이처럼 우리도 상처 없이 행복하게 산다면 얼마나 좋겠습니까.

살아가는 동안 불행하고 싶은 이는 아무도 없을 겁니다. 그저 살아오면서 받은 상처나 트라우마 때문에 현재 생활이 불행해진 것이지요. 수직곡선 그래프에 행복감을 수치화해서 그린다면 분명 낮게 나타날 상태입니다. 높은 자존감을 갖고 행복해지려면 이러한 것들이 먼저 치유되어야 합니다. 이는 고름을 짜내는 과정과 동일합니다. 고름이 제거되지 않았는데 자존감 향상과 행복을 추구한들 무슨 소용이 있겠습니까. 상처는 계속 곪아가고 있기에 제대로 없애지 못한 상흔은 언젠가 덧나게 되어 있습니다. 우리에겐 처음부터 고름을 완벽하게 짜내는 과정이 필요합니다. 그래야 다시는 덧나지 않도록 막을 수 있습니다.

어렵게 느낄 것 없습니다. 우선 원점으로 만드는 단계라고 생각하면 됩니다. 원점의 모습은 갓난아이의 눈과 같습니다. 갓난아이의 맑고 깨끗한 눈을 마음으로 그려보세요. 그리고 긍정적인 다짐을 해보는 겁니다.

"나도 맑고 행복한 마음을 가질 수 있어!"

자신의 상처에 대해서 얼마나 알고 있나요?

　어머니가 암으로 투병하실 때에도 나는 아버지의 배려 덕분에 열심히 공부를 할 수 있었다. 극진히 간호하시는 아버지가 감사하고 남자로서도 존경스러웠다. 하지만 결국 어머니는 아버지와 나를 두고 먼 길을 떠나셨다. 넋이 나갈 만큼 힘들었지만 아버지 덕분에 버틸 수 있었다.
　그런데 어머니가 돌아가신지 얼마 되지 않아 아버지가 새어머니라는 여자를 데리고 왔다. 당시의 심정으로 말할 것 같으면, 아팠다. 그리고 미웠다. 너무도 미웠다. 나는 밥을 먹을 수도 없었고, 책을 들 힘조차 사라졌었다. 때문에 공부를 놓았다. 아니 놓을 수밖에 없었다. 정학 당하지 않을 만큼만 학교를 다녔고, 의사의 꿈은 아버지의 피 끓는 절규에도 오간 데 없이 사라졌다. 지방의 어느 대학에 입학 후 나는 집을 나오게 되었고, 아버지와는 그 이후 단 한 번도 같이 얼굴을 맞대고 제대로 웃어본 기억이 없다.
　어느 날 여자한테 새어머니라며 전화가 왔다. 아버지께서 교통사고로 위급하단다. 아버지가 나를 간절히 찾는단다. 병원에서 이루어진 오랜만의 재회가 이 생애 마지막 만남이 되었다. 나에게 미안하다는 한마디를 힘겹게 남기고 떠나셨다. 시간이 흐른 지금도 아버지에 대한 죄송함으로 몸서리가 쳐진다. 아버지를 향한 나의 원망이 의사아들을 만들고자 했던 아버지의 소망도, 수재 아버지라는 기쁨도 모두 앗아갔다. 문득 아버지가 생각날 때마다 참담한 심정으로 가득해진다. (40대 중반 회사원)
　상처 하나 없는 사람이 세상에 어디 있겠습니까? 신이 아닌 이상 모양과 크기가 다를 뿐 누구나 상처가 있습니다. 시간이 지나 아문 상처엔 흉터가 남을지언정 더는 내 삶에 큰 영향을 주지 않기에 우리는 상처와 더불어서 살아가고 있지요. 하지만 치유되지 않은 상처나 트라우마가 이분처럼 지금도 내게 통증을 가져온다면 더 이상 방치해서는 안 됩니다.
　상처가 아물지 않아, 정상적인 생활을 심각하게 위협할 때 문제가 생깁니다. 잊고 지내다가도 어느 순간, 갑자기 치유되지 않은 큰 상처가 등장합니다. 그때는 어김없이 이분처럼 아프고 힘든 동시에 화가 납니다. 높았던 자존감도 꺾입니다. 만일 앞선 이분과 같은 상황에 처해 있다면 어떤 치유방법을 통해서라도 노력해서 상처를 극복할 수 있었으면 합니다. 상담이든 종교 활동이든, 명상이든, 강연이든, 독서든, 여행이든 그건 중요하지 않습니다. 상처를 아물게 하는 것이 가장 우선입니다.

* 혼자만의 힘으로 해결하기 어려워 상담을 받고자 하지만 경제적인 부담으로 망설이는 분들을 위해서 부록에 무료상담기관을 안내해두었습니다. 사례로 소개된 분 또한 그다지 어렵지 않은 케이스이니 상담으로 건강하게 치유 받아 언젠가 아버지가 떠올라도 죄책감 없이 편안한 마음으로 그리워할 수 있길 바랍니다.

치유 후에 맛보는 자유

　상처 치유는 내가 바라는 정서적 건강함과 내가 바라지 않는 정서적 불건강함의 사이에서 어느 쪽이 승기를 거머쥐는지 따져보는 일종의 전쟁입니다. 전쟁에서 지면 포로가 되지요. 전쟁의 포로가 될 것인지, 승리해서 내 삶의 주도권을 손 안에 되찾아올 것인지 치유라는 이름 아래 정해집니다. 반드시 승리해야 하는 전쟁이지요.
　고름을 짜낸 후에 차오르는 새살은 과거와 같은 두려움이 없는 온전한 새 살입니다. 그때부터 소소하고 작은 행복이라 할지라도 마음껏 누릴 수 있는 자신이 됩니다. 직접 경험해보면 참 많이 달라졌음을 느끼지요. 전쟁의 승리자가 되면 삶이 얼마나 빛나고 행복한지 알게 됩니다. 제가 직접 경험해보았기에 당당히 말할 수 있는 부분입니다. 시작하기에 앞서 말했듯, 저는 아픔을 극복하여 자존감을 높이고 이전보다 건강한 마음을 갖게 된 사람이니까요.

덕분에 상담에서 무탈하게 지내는 것처럼 보여도, 자신은 아니라고 부정해도 제 눈엔 내담자가 현재 낮은 자존감의 소유자라는 것이 잘 보입니다. 애써 말하지 않아도 그들 속에 존재하고 있는 아픔이 느껴집니다. 그래서 나도 그랬었다며 내담자와 비슷한 저의 아팠던 과거를 열고 드러내어 이야기를 합니다. 그렇게 하면 강력한 자기방어를 멈추고 닫힌 마음을 조심스럽게 열어줍니다. 더욱 빨리 내담자들을 도울 수 있으니 극복된 저의 상처가 엄청난 장점으로 발휘되는 순간이지요.

빨리 생긴 상처는 외려 보약

제가 만난 두 가지 사례를 소개합니다.
첫 사례는 의사인 아버지로부터 성장기에 많은 혜택을 받고 자란 현직 의사입니다. 흔히 말하는 엄친아 지요. 좋은 집안에서 부모님의 도움으로 특별한 어려움 없이 윤택하게 자랐습니다. 실패를 모르고 살다가 결혼 후, 마흔을 앞둔 나이에 뒤늦은 첫 시련이 닥치고 병원 운영에 대실패를 경험했습니다. 인생의 첫 실패 경험이었고 원조를 받을 수 없는 상황이라 충격을 감당하기 어려웠습니다. 심각한 멘탈붕괴를 경험했습니다. 마음 또는 정신적인 의미로 생각하거나 판단하는 심리적 과정이 붕괴된 상황인데, 아내가 던진 실망과 불만의 말로 인해 더욱 지옥 같았습니다. 남편인 저의 실수로 황폐해진 부부 관계에 안타깝지만 지금은 호적상 부부로 살고 있습니다. 합리화를 하면서 괜찮다곤 하지만 마음 깊은 곳에서는 무척 공허합니다. (40대 중반 의사)

다음 사례는 현재 휴학 후 전문직시험을 준비 중인 여대생 효은의 이야기입니다. 경제적인 활동을 한 번도 하지 않은 아빠 밑에서 어릴 때부터 가난을 경험하며 자란 학생입니다. 지금은 부모님 이혼 후 엄마와 살고 있는데,

분노조절장애인 언니한테 맞은 적이 많아 언니에 대한 아픔과 분노가 큽니다. 그 상황에서도 좋은 대학으로 진학해 장학금을 받았고, 여러 알바를 하며 자신의 용돈을 마련했습니다. 그렇게 번 돈으로 공부를 시작한 학생이었습니다. 70년대 80년대 이야기가 아닌, 2019년 7월 현재를 살아가는 20대의 이야기입니다. 상담을 하는데 참 마음이 아렸습니다. 효은이 보내온 강점 중 자신의 현재성 강점 3개를 그대로 옮겼습니다. 효은의 스토리를 알기에 이 강점을 읽으니 저도 순간 울컥하게 되었습니다. 이 귀한 강점을 소개합니다.

1. 폭력적인 언니와 정서적, 물질적으로 아버지 역할을 하나도 못하는 아버지 시야에서 나름 잘 자랐다.
2. 힘들었지만 그 덕에 정신적으로 또래보다 성숙하다.
3. 힘들었지만 그 덕에 힘든 상황을 잘 이겨낼 수 있는 힘이 있다. 면역력이 길러졌다.

건강한 가정에서 유별난 상처 받을 일 없이 사랑 받고 곱게 자란 엄친아와 엄친딸, 그리고 요즘 생겨난 말인 금수저가 부러울 때가 있지요. 하지만 위의 효은씨 같은 이에겐 순탄하게만 지내온 이들보다 더 일찍 갖게 되는 재산이 있습니다. 실패와 아픔을 일찍 겪어본 사람들이 극복이 되면 그렇지 않은 사람보다 훨씬 깊고 풍성한 삶을 갖게 됩니다. 게다가 이미 겪어본 바가 있어, 어지간한 아픔과 충격에는 끄떡하지 않습니다. 마치 굳은살과 같은 것이지요. 처음엔 닿은 곳의 여린 피부에서 피도 나고 무척 아프지만, 이를 계속 단련하는 과정을 통해 단단한 굳은살이 생깁니다. 쉽게 찢어지거나 갈라지지 않을 만큼 강해지지요. 대인관계에서도 자신의 경험을 바탕으로 아픈 사람을 깊이 공감할 수 있습니다.
"그래. 그럴 것 같아"
"나도 그래봤다. 죽을 것 같이 힘들던데. 지금 네가 그렇구나."
위의 두 가지 공감은 서로 차원이 다르지요. 밑바닥에 떨어져 본 경험이 있고 눈물 젖은 빵을 먹어봤기에 겸손을 배우고, 마음도 일찍 성장을 합니다. 그렇기에 내가 원하지는 않았지만 이미 돈으로 살 수 없는 귀한 재산이 만들어진 겁니다. 위의 의사분도 어릴 때 상처를 극복한 경험이 있었다면 큰 실패경험이 찾아왔어도 덜 당황스러운 마음으로 조금 더 침착하게 대응할 수 있었을 겁니다. 빨리 생긴 상처는 외려 보약이라고 표현한 이유가 여기에 있습니다.

 저는 주위에서 작은 영웅들을 많이 만납니다. 가난으로 밥 대신 물을 마셔야 했던 분이 성공한 사업가가 되어 아동보호시설에 많은 기부를 하고 있습니다. 남들 공부할 때 일하느라 공부에 한이 맺혀 주경야독으로 했던 학문 덕에 지금은 노교수님으로 존경받고 있습니다. 알콜중독 아버지 밑에서 엄마도 자신도 폭력과 고통에 시달리며 컸지만, 지금은 아내와 자녀랑 남들이 부럽다 할 만큼 행복하게 살아갑니다. 위의 효은씨도 치유가 되고 전문가로 합격되어 틀림없이 세상 모두가 존경하는 작은 영웅의 삶을 살게 될 겁니다.
(효은이 보내 온 강점문자가 뒤에 수록되어 있으니 참고해주세요)

 '내 인생이 이랬기 때문에 내가 잘 살 수가 없었다. 내가 그럴 수밖에 없었다.'
 핑계 대며 대충 살 수도 있었을 겁니다. 많은 사람들이 그리들 합니다. 하지만 이분들은 상처가 별이 된 삶을 보여주는 산증인들이지요. 이분들의 말은 머리로만 가르치는 지식이 아니기에 강력한 힘으로 마음을 움직이게 합니다. 나이가 많든 적든 이분들이야말로 가장 위대한 스승이자 훌륭한 멘토라 여깁니다. 인생에 성공한 대단한 유명인이 아니어도 괜찮습니다. 큰 업적이 없어도 좋습니다. 내 삶의 큰 상처를 이겨낸 후에 지금 자기 자신에게 만족하는 삶을 살고 있다면, 우리 또한 작은 영웅이라 생각합니다. 그러니 자신의 나이에 비해 너무 큰 시련이 찾아왔다 하더라도 왜 하필 나에게. 왜 나만 이래야 돼, 등의 부정적인 생각은 하지 말고 그래. 싫고 억울하지만, 피할 수도 없는 노릇이니 까짓것 맞닥뜨려 보자. 그래서 이 산을 반드시 넘어서 반드시 작은 영웅의 삶을 살아볼 것이다. 다짐하며 낙담하지 말고 긍정적으로 받아들였으면 합니다.

 힘들지 않을 순 없겠지요. 하지만 이렇게 수용하는 긍정의 에너지는 극복에 많은 도움을 줍니다. 피할 수 없으면 받아들이고 즐기라는 말처럼 즐길 수 있는 상황이라면 정말 다행입니다. 면역력이 없는 상태에서 찾아온 시련과 고통이 너무 커서 도저히 견디기 어려우면 반드시 전문가나 주변인들에게 도움받기를 바랍니다. 저에게 누군가 타임머신을 타고 젊었던 20대로 돌아갈 것이냐 묻는다면 저는 정중히 거절할 겁니다. 상처투성이고 자존이 낮았던 20대의 저보다 늙었지만 치유되고 자존이 높아진 지금의 제가 훨씬 더 좋기 때문입니다. 현재 아프고 많이 힘든 분들도 후일엔 이런 말을 하며 살 수 있을 거라 믿습니다. 힘내세요.

> 우리 모두는 인생의 격차를 줄여주기
> 위해 서 있는 그 누군가가 있기에
> 힘든 시간을 이겨내곤 합니다.
> -오프라 윈프리-

2. 지금의 불행은 상처의 슬픈 열매였어. 알고 있니?

상처받은 사람들의 교집합

"선생님. 우울해서 화이트보드 들 힘이 없어요."
성인내담자 중 한 사람인 이십대 후반의 젊은 초등학교 선생님이 제게 한 말입니다. 바쁜 시간을 쪼개어 상담을 받고자 찾아온 이들을 만나다보면, 사람들이 부러워할 법한 것을 가진 내담자인 경우가 있습니다. 경제적인 여유, 명석한 두뇌 아니면 안정적인 직장 등 겉으로 보아선 큰 걱정 없이 잘 지낼 것만 같아 보이지요. 그러나 남들이 꿈꾸는 삶을 살면서도 본인은 그 삶이 너무도 불행하기에 저 같은 상담가를 찾아옵니다.

 자신의 불행감을 억누르고 참아오다가 어느 순간, 더 이상은 버티지 못할 것 같은 두려움에 도움을 청하는 것이지요. 이러한 분들의 공통점이 있습니다. 그것은 모두 자존감이 낮다는 겁니다. 부족함 없이 자랐고 그렇게 살고 있어도 그러한 삶이 무조건 높은 자존감을 만들어주지는 않습니다. 다만 주변에서 편견을 갖고 있는 것이지요. 때문에 이전의 저와 같이 자신의 자존감이 낮은 줄도 모르고 살아가는 분들이 많습니다. 이는 쉽게 넘어갈 수 없는 부분입니다.

 자존감이 낮은 가장 큰 이유는 상처의 영향입니다. 그 다음 이유가 자신의 타고난 성향대로 살지 못하기 때문입니다. 저는 이러한 내담자를 만날 경우, 선천적인 기질과 현재 모습이 따로 프로파일링 되는 심리검사도구를 사용합니다. 이 검사를 통해 얻은 결과에 의하면 선천성과 현재 살아가는 모습이 다른 분이 98%였습니다. 대단히 높은 수치입니다.

  기질이란 개인이 지니고 있는 성격적 특성으로서 외부 자극에 대한 민감한 반응 정도, 또는 특정한 형태의 정서적 반응을 보이는 모습을 말합니다. 98%라는 높은 수치를 보이는 이 결과는 타고난 기질대로 살지 못할 경우 행복하지 않을 가능성이 상당하다는 부분을 알게 합니다. 날 때부터 존재한 나의 기질대로 살지 못한다는 건 아주 큰 불행이지요. 이에 대한 원인으로 크게 문화에 관련된 집단무의식과 부모의 양육 태도가 있습니다. 예를 들어 D기질(가족, 사랑, 상처에 취약, 두려움, 평화)은 남자라도 따스하고 여려서 눈물이 많습니다.

B기질(도전, 자랑, 화끈, 한다면 한다, 자유)은 여자라도 활기차고 리더십이 많아서 대장노릇을 합니다. 지금은 시대가 바뀌면서 변화한 사회 덕에 전보다는 억압하는 틀은 약해졌으나 여전히 '남자는 울면 약해 보인다. 여자가 너무 나대면 보기 싫다'등의 잔재가 조금은 남아있다고 보면 됩니다. 하지만 크게 영향을 미치지 않기에 여기서는 부모의 양육 태도에 집중해서 다루겠습니다.

  부모가 자신과 기질이 다른 자녀에게 부모의 기질이 옳다고 여기고 이를 강요하는 양육패턴을 말합니다. 이때 자녀는 자신이 원하는 대로, 천성대로 행동하면 혼이 나거나 지적을 받으니 당연히 위축이 되거나 분노가 쌓입니다. 또 다른 패턴으로는 어린 아이가 으레 그러하듯 부모로부터 사랑받고 인정받고 싶기에, 부모가 원하는 모습으로 살아가려고 많은 노력을 하게 됩니다. 자기 옷이 아닌 다른 옷을 입고 살며 성장하게 되는 것이지요. 아이는 자신의 몸집이 커지고 자랄수록 억지로 끼워 맞춘 틀이 답답하게 느껴지기 시작합니다. 부모나 자신이 원하는 것과 달리 나오려는 자신의 천성 행동으로 인해 내적 갈등도 심해지지요. 낮은 자존감으로 자라날 수밖에 없는 겁니다. 상황은 쉽게 변하지 않기에 아이는 자라서 자존감 낮은 어른이 될 가능성이 큽니다.

상처에 더욱 쉽게 노출되는 낮은 자존감의 소유자가 큰 상처까지 경험할 경우 결국 자신을 지키지 못하고 불행에 삼켜집니다. 그래서 버티고 버티다 내담자로 찾아오게 되는 거지요. 자존감이 낮은 첫 번째 이유인 상처와 겹쳐지는 셈입니다.

이렇기 때문에 저의 경우, 내담자에게 상처치유와 더불어 상담 과정에서 자신의 타고난 기질대로 돌아가 지낼 수 있도록 하는 작업을 우선적으로 진행합니다. 그러면 내담자에게서 원래 내 기질대로 살아가니 마음이 참 편해진다는 말이 나옵니다. 자신도 모르는 새에 변화하는 것을 발견하고 표정이 밝아집니다. 내내 어둡던 마음으로 빛이 스밉니다. 이 과정에서 자존감은 급속도로 높아집니다. 현재의 모습은 내가 필요로 하여 노력한다면 반년 안에 바뀔 수 있기 때문이지요. 여기서 잊지 말아야 할 것은 변할 수 있다는 가능성입니다. 온연한 나로 돌아와 행복해질 수 있다는 게 얼마나 큰 희망이자 기쁨인가요. 나를 제대로 알고 원래의 나대로 살아가는 것이 잘못된 단추를 바로 꿰는 시작입니다. (나중에 소개해 드리는 자료를 통해 자신의 타고난 기질을 참고 해 보세요)

이제 상처를 보는 마음의 준비는 되셨나요?

자살 충동을 가진 여고생의 사연입니다.

대학병원에서도 특별한 병명은 못 밝혔는데요, 몸의 통증이 시작될 때는 차라리 죽는 게 낫겠다는 생각이 들 만큼 고통스러워요. 덜 아플 때는 옅게 화장하고 외출도 하고, 친구들과 노래방도 가요. 그러니 가족들은 제가 아파서 죽겠다고 할 때 '설마 그 정도로 아플까', 라는 생각이 드나 봐요. 그러니 제가 얼마나 아픈지 잘 몰라요. 끔찍한 통증이 다시 시작됐을 때 엄마까지 그걸 몰라주는 것 같다 느껴지면 죽고 싶어서 자해도 꽤 했네요.(여고생)

성추행은 아니었지만 5살 때 버스 안에서 경험한 10분간의 수치감이 트라우마가 된 서른 살의 내담자가 있었습니다. 단지 10분. 이처럼 심각한 상처를 입는 시간도 각자 다릅니다. 또한 같은 사건으로도 사람마다 받는 상처의 크기가 다릅니다. 그래서 받은 아픔의 크기도 각자 차이를 갖고 있습니다. 하지만 누구나 내 상처가 가장 크고 자신이 세상에서 가장 많이 아프지요. 타인의 상처에 나의 개인적 사고와 기타 객관적 잣대에 비교하면 돕고자 하는 의지가 있어도 그러기가 어렵습니다. 진정한 공감을 할 수 없기 때문입니다.

소중한 내 사람이 많이 아프다고 한다면 있는 그대로 들어주세요. 표현하는 그대로 받아들이고 인정해주면 그 사람은 자신의 상처를 이해하는 이가 있음에 위로와 힘을 얻습니다. 자신의 아픔을 누구도 헤아려주지 않을 때 더욱 괴로운 법입니다. 이 학생도 제게 가장 중요한 가족이 특히 사랑하는 엄마마저 이해해주지 않는다는 것에 삶까지 포기하고 싶었습니다. 관심을 얻기 위함이 아니라는 것을 확인하고 위기상담을 진행한 케이스입니다. 엄마가 생각을 바꾸고 자신의 아픔을 알아주니 극심한 통증 때문에 죽고 싶은 감정 외에는 자살충동이 없어졌습니다. 사람들이 낯선 치유자에게 도움을 청하는 이유 중 하나가 바로 여기 있습니다. 치유전문가는 상처를 있는 그대로 보고 받아들여주기 때문입니다. 간절히 바라던 도움을 줄 수 있는 것이지요. 물론 이 케이스는 어머니가 딸의 목숨을 지켜낸 경우입니다.

혹시 지금 저 여고생처럼 파괴적인 행동으로 자신의 슬픔을 표현해야 하는 분이 있다면 단호하게 말씀드립니다. 이젠 그만 멈추세요. 우선은 내가 있어야 합니다. 내가 살아있어야 상처를 치유하든, 극복하든 할 수 있지 않겠습니까.

"내 상처의 영향인줄 몰랐습니다."

　온 마음을 바칠 만큼 좋아한 게 처음이라 제겐 첫사랑이나 마찬가지였어요. 결혼까지 생각한 사이였는데 사정상 결혼이 늦어졌고, 기다리고 있을 무렵 남자에게 다른 사람이 생긴 걸 알게 되었어요. 배신감과 충격으로 숨을 쉴 수도 잠을 잘 수도 없어서, 정신과 약을 반년이나 먹어야 했네요.
　다만 이 일로 인해 긴 시간이 흐른 뒤 막상 만남의 기회가 있어도 좋아하는 감정이 생기기 너무 어렵더라구요. 이제 더 이상 내게 사랑은 없는 걸까, 하는 생각도 했었어요. 그래도 다행스럽게 지금의 남자친구가 적극적으로 다가와주어서 어렵게 연애를 시작했어요.
　그런데 어느 순간, 제가 말이지요. 정말 기절할 뻔 했어요. 살아오면서 단 한 번도 그런 적이 없는데 남자친구를 의심하고 있는 거예요! 연락이 닿지 않으면 너무 불안하고 혼자서 외도와 관련된 온갖 상상을 하고 있어요. 때문에 연락 문제로 싸우기도 하고, 정말 너무 괴로워요. 자존심 때문에 말씀드리긴 창피하지만 지금도 마음에 그때의 일이 남아있는 것 같아요. (30대 초반 석사 출신 전문직)

　제 자존감 특강을 듣고 찾아온 내담자입니다. 같은 여자가 보아도 참 매력적인 첫인상을 가진 멋진 여성입니다. 강의를 듣다가 자신이 트라우마를 가지고 있었다는 것을 통찰하고 자존심을 버리고 용기 있게 상담 신청을 했다고 합니다.
　첫 상담에서 이전에 만나던 애인의 배신으로 생긴 후유증이 아직까지도 자신을 괴롭혀, 무의식중에 남자에 대한 의심이 생긴 것을 깨달았습니다. 표정이 일그러졌고 거세게 요동치는 제 감정을 주체할 수 없다는 듯 몹시 괴로워했습니다.
"바람. 배신. 충격까지는 알고 있었지만, 제게 이런 거지같은 잔재물을 주다니요."

감당할 수 없는 분노는 끝내 오열을 하게 만들었습니다. 당장에라도 무너질 듯 아슬아슬한 모습에 문제의 원인은 내가 아니라는 것부터 인식할 수 있도록 했습니다. 잘못은 내가 아닌 그 사람이라고 말이지요.

  지금의 행복하지 못한 연애에 대한 원인은 그 사람이 남기고 간 슬픈 열매라는 것과 과거의 상처로부터 지금을 분리하는 과정을 진행했습니다. 동시에 자신의 가치와 자존감을 높이는 상담을 함께했습니다. 굉장히 능동적으로 적극적으로 과제를 수행해 온 덕분에 상처치유가 쉽게 되었고 일시적으로 낮아진 자존감이 금방 회복이 되었습니다. 덕분에 지금 만나는 사람에 대한 불신이 많이 없어져서 이제는 전과 같은 이유로 싸우는 일이 사라져 행복한 연애를 할 수 있다고 합니다. 제가 자신의 생명의 은인 같다는 찬사까지 보내주며 밝게 웃는 모습이 만개한 꽃 같았습니다. 지금도 가끔 화사하게 안부를 전해주고 있습니다.

20년 전에 옆집 언니랑 놀이터에서 놀고 있었는데, 언니가 화장실을 간 사이, 자주 보던 동네 할아버지가 말을 걸더라구요. "언니 없을 때 과자 줄게." 해서 따라가서, 끔찍한 성추행을 당했습니다. OO는 지금까지 아픈 기억을 까맣게 잊고 살고 있었네요. 그런데 불안과 우울증이 너무 심해서 왔어요. (20대 중반 여성)

  민주는 지도교수님의 소개로 우울증과 강박증세로 인연이 된 내담자입니다. 처음 방문해서 상담실 문을 열면서 가벼운 인사와 함께 들어오는데 아무런 표정이 느껴지지 않았습니다. 미소도 없고 찡그리지도 않는 무표정함 자체, 흙으로 빚은 마네킹의 얼굴을 보는듯한 느낌이었습니다. 경계하던 차갑고 경직된 표정의 첫인상이 지금도 생생합니다. 숨기고 살았던 사건을 처음으로 얘기한다 말했습니다. 5살 꼬마였던 아이가 할아버지를 따라간 것이 자신의 잘못이라고 지금도 심하게 자책을 하고 있었습니다.
  "그건 네 잘못이 아니야!"

이 말이 받아들여질 때까지 제가 노력을 많이 해야 했던 기억이 있습니다. 기질 자체가 자기 틀이 강한 친구라 유난히 고집을 많이 부렸었거든요. 자신의 잘못이 아니라는 것이 진심으로 받아져야 자신의 용서가 시작됩니다. 그것이 고름을 빼는 작업의 시작인거지요. 상담 중에 던진 저의 우스갯소리에 민주가 웃는 모습이 참 귀여웠습니다.

"웃을 때 귀엽다."

칭찬이 아닌 있는 그대로를 표현해 준 것임에도 무척 어색하게 받아들였습니다. 그 놀이터사건 이후로 처음 들어보는 말이라고 했습니다. 마음이 짠할 수밖에 없었지요.

자신의 문제가 아니라는 부분을 반복했고 천성 기질대로 살도록 돕는 상담과 자존감을 높이는 작업에 들어갔습니다. 그때부터 가벼운 농담에도 덧니가 살짝 보이는 웃음이 가끔 나오곤 했습니다. 그동안 저런 웃음을 못 웃었구나. 생각하니 딱한 마음이 올라왔습니다. 트라우마 때문에 지금까지 남자친구를 사귄 적이 없었고, 사귀고픈 생각이 단 한 번도 들지 않았다고 합니다. 상담이 종결될 무렵이었습니다.

"선생님. 저 상담 대학원 갈까요?"

얼마나 반가운 질문이던지요. 격하게 응원해 주었습니다. 민주의 마음에 새살이 나오고 있다는 의미지요. 나중에 다이어트도 하고, 애인이 생기면 자랑해주기로 했습니다. 빼겠다던 살이 빠졌는지 궁금하고 지금도 웃을 땐 보이는 귀여운 덧니가 생각납니다.

현재 내 삶에 내가 경험한 상처나 트라우마가 내 삶에 이 정도로 무겁고 슬픈 열매로 작용하고 있는데 많은 사람들이 그러한 사실을 깨닫지 못하고 살아갑니다. 지금 이 순간, 과거의 상처가 아직까지 아물지 못해 나를 여전히 아프게 하고 있진 않은지 조심스레 되짚어보길 권합니다.

'그래서 지금 내가 이렇구나. 그건 내 잘못이 아니구나. 내 문제가 아니었구나.'

깨달음이 온다면 인지 치료(cognitive therapy)가 시작된 겁니다. 인지 치료란 내담자가 지닌 정서적 불편감 또는 행동문제들과 관련된 역기능적인 사고를 찾아, 협동적으로 역기능적인 사고를 수정하는 것을 말합니다. 다시 말해 자신의 잘못에 의하여 일어난 사고나 생각이 아니라는 것을 확인하면 정서적 불안감과 잘못된 행동을 바로 잡을 수 있다는 것이지요.

알고 보니 내 탓이 아니라면 더 억울합니다. 설령 나의 실수가 있었다 하더라도 이 정도로 힘들 필요는 없다는 것입니다. 과거에 붙잡혀 눈부신 자신을 놓치는 이들에게 저의 바람은 오직 하나입니다. 그러니 객관적으로 들여다보고 적절한 치유를 통해 마음의 짐을 내려두고 새로운 내일을 맞이하는 사람이 되길 바랍니다.

* 나에게 해결되지 않은 상처가 있으신가요?
  혹 있다면 그 상처가 지금 현재 내 삶에 어떤 영향을 주고 있을까요?

> 우리 모두 살면서 몇 번의 실패를 겪는다.
> 이것이 바로 우리를 성공할 수 있도록 준비시킨다.
> -랜디 멀홀랜드-

3. 나를 위한 상처치유,
어떻게 시작하면 될까?

제일 먼저 '자기용서'부터!

  내가 세상에서 가장 사랑해야 할 사람은 누구인가요? 오래 생각할 것도 없는 답입니다. 바로 나 자신이지요. 그러나 쉬운 답과 달리 문제를 해결하는 공식에 대입하는 게 어려운 것도 맞습니다. 그럼에도 나는 나를 사랑해야만 합니다. 내가 나를 사랑하지 않는다면, 어느 누가 나를 온전히 사랑할 수 있을까요. 어떤 순간이 찾아와도 날 배신하지 않을 거라 확신할 수 있는 건 자신뿐입니다.
  이렇게 말은 하지만, 사실 이러한 사실을 모르는 사람은 거의 없다고 보아도 무방하지요.
다 알고 있음에도 실천하기 어려울 뿐입니다. 그렇다면 왜 나를 사랑하는 일이 이토록 까다로운 걸까요. 찬찬히 짚어보면 나만 아는 상처가 있습니다. 그것은 열등의식으로 작용하기도 하고, 떠오르면 후회되고 수치스럽기도 합니다. 죄책감을 가져올 때도 있어 여러모로 복잡하고 미묘한 감정이지요. 나를 사랑하기에 앞서 지우고픈 과거가 떠오릅니다. 때문에 나보다 타인을 더욱 사랑하는 이가 있습니다. 의외로 그런 사람이 많기도 합니다. 씁쓸한 현실이지요. 저도 경험한 바가 있기에 모르지 않습니다. 지금의 나로 오기까지 쉽지 않았거든요.

그러니 더 더욱 진심으로 말씀드립니다. 못난 과거였어도 외면하기보다 먼저 손을 내밀고 껴안아주기로 합시다. 그때 했던 나의 선택이 사실은 우리의 최선이었잖아요. 정말 몰라서 그런 판단을 했기도 했고, 철이 없어서 그런 행동을 하기도 했습니다. 그동안의 상처나 낮은 자존감 때문일지도 모르는 일입니다. 환경 때문이나 경제적으로 급해서 어쩔 수 없이 했을 수도 있었습니다. 그러니 과거의 미숙하고 서툴렀던 나를 안아주었으면 합니다. 아무도 내밀어주지 않는 손을 기다리며 얼마나 외로워하고 있을지 아는 것 또한 나만이 유일하니까요. 이제부터 과거와 화해하고, 위로하며 앞으로 같은 일을 반복하지 않겠노라 변화하면 됩니다.

자신을 용서하는 것이 가장 먼저 해야 할 상처 치유입니다. 나를 용서하지 못하는 사람은 남을 용서할 수 없습니다. 사랑에도 순서가 있듯이 용서에도 순서가 있습니다. 그렇기 때문에 남을 위해 하는 것이 아닌 나를 위해 용서하는 것이라고 합니다. 나를 사랑하지 않을 때와 마찬가지로 남을 미워하면 그 부정적인 영향은 오롯이 내게 돌아옵니다. 좋지 않은 감정은 상대방이 아닌 내게 머무릅니다. 용서를 할 줄 아는 사람이 진정 강한 자라는 말이 괜히 생긴 게 아닙니다. 용서는 나를 그러한 해악적인 것들로부터 자유롭게 하는 힘이 있습니다. 그렇기에 내게 필요한 것은 과거를 탓하는 것이 아닌, 용서하고 그조차 나였음을 인정하여 사랑하는 것이지요.

그간 힘들었을 자신에게 이젠 편안한 숨을 쉴 수 있도록 다독여주기로 합니다. 진정으로 나를 받아들이는 것. 나를 용서하며 사랑할 준비의 첫걸음입니다.

* 힘들어서 아무도 모르게 숨겨둔 상처가 있다면 여기에 남겨두고 속에서 비워내는 게 어떨까요? 그리고 그땐 이럴 수밖에 없었다고 자기 위로를 적어보세요. 마음이 훨씬 편해질 겁니다.

> 용서는 과거를 변화시킬 수 없다.
> 그러나 미래를 푼푼하게 만든다.
> -파울 뵈세-

상처 드러내기

　내가 옛날에는 얼굴에 여드름이 너무 많아서, 소개팅만 나가면 아가씨한테 차였다. 근데 어떤 한 아가씨는 차만 얻어 마시는 게 아니라 자리 이동해서 밥까지 얻어먹고는 결국은 나를 차더라. (지금은 피부도 좋아졌고, 정말 예쁜 가족들과 다복하게 살고계세요.) -50대 남성

　내게 이런 상처가 있었다며 어려운 얘기를 용기 내어 들려주는 분들이 있습니다. 그럴 땐 참 반갑고 진심으로 뜨거운 박수를 쳐드리고 싶습니다. 그렇게 편안히 얘기할 수 있다는 건 이미 상처를 극복했다는 의미거나 이젠 전만큼 상처에서 허우적거리지 않는다는 의미로 통하기 때문입니다.
　현재까지도 상처로 인해 많은 어려움을 느끼고 있다면 외려 말하는 것에 주저하게 됩니다. 사람은 누구나 자기가 감당할 수 있을 만큼 마음을 여는 법이거든요. 저도 그랬습니다. 그 이상은 스스로 무너질까 두려워 억지로 삼켰습니다. 하지만 언제까지고 감출 수는 없는 법입니다. 큰 결심을 하고서라도 용기를 내어야 성장하는 나와 만날 수 있습니다. 그리고 그때가 되어 건강해진 나는 누가 보아도 칭찬 받아 마땅한 존재일 것이라 장담합니다. 여기까지 오느라 정말 고생 많았다고, 축하한다고요. 이렇게 자기를 인정하면 그간 노력해온 자신이 더욱 훌륭하게 여겨지고, 극복한 내가 자랑스러워집니다. 스스로가 떳떳해지는 건 당연한 일이지요.

* 전과 달리 용기 내어 말할 수 있게 된 과거가 있나요? 그렇다면 진심으로 축하드려요.
  상처를 덜어낼 수 있게 되어 다행이에요. 스스로에게 아낌없는 칭찬을 해주세요.

> 사과는 사랑스런 향기다.
> 사과는 아주 어색한 순간을 우아한 선물로 바꾼다.
> —마가렛 리 런벡

4. 영영 보지 않고 지낼 수는 없어. 그렇다면 관계를 회복해야지!

　상처의 근원을 없애야 하는데 그러자니 상처 준 사람이 여전히 존재하고 있습니다. 그럴 때 큰 난관에 봉착하게 됩니다. 이 사람과의 관계를 개선해야 진정한 치유가 일어날 수 있습니다. 평생 안 보고 살 수 있는 사람이 아니라면 악연을 원만하게 풀어나가는 것이 가장 성숙한 방법입니다.
　이 시점에서 어렵지만 앞에서 다 못한 제 얘기를 마저 꺼내보려 합니다. 저는 여러 사정으로 갈등이 많았던 부모님 아래에서 자란 딸이었습니다.
　"내가 너희 둘 때문에 이혼하지 않고 참고 산다."
　어머니는 제게 입버릇처럼 말씀하셨습니다. 네가 나의 희망이라고요. 버티기 힘든 상황마저 자식을 생각해 참고 사시는 어머니에게 고마움을 느꼈습니다. 공부라도 잘 해서 기쁘게 해드리고 싶었습니다. 그건 어느 순간, 제 발목을 잡게 됩니다. 공부를 잘 하지 않으면 불효녀인 것처럼 느끼게 된 것이지요. 고등학생 때 전액장학생에서 탈락된 적이 있었습니다. 어머니가 실망하고 슬퍼하시는 게 무척 싫었습니다. 부족한 장학금을 몰래 채우고 싶어, 한 식품공장에서 일을 한 적이 있습니다. 학생 신분으로 했던 생애 첫 아르바이트였습니다.
　"너는 왜 알바 하러 왔니?"
　공장에서 나이 많은 언니가 물었습니다. 아르바이트를 하게 된 사정을 말했더니, 그 다음부턴 무뚝뚝하던 언니가 전과는 다르게 대해주었습니다.

"여기는 앞머리가 나오면 안 돼. 이 녀석아."

위생모 안으로 제 앞머리를 직접 쓸어 올려 넣어주었지요. 평소와 다른 그 언니의 따스하던 손길과 눈빛이 지금도 기억이 납니다. 참 아쉬운 인연입니다. 지금도 언니를 알고 있다면 제가 따스한 식사를 대접할 텐데. 인연이란 게 이렇게 마음대로 되지 않는 것 같아서 슬프기도 합니다. 이처럼 해본 적 없는 일마저 할 정도로 엄마를 실망시킬 수가 없었습니다. 나를 믿는다는 고마운 어머니였으니까요. 혹 잘하지 못하면 제가 너무 부끄럽고 죄송했습니다. 그러니 그런 엄마의 말을 어찌 거절을 하고, 또 어찌 엄마에게 맘 놓고 어리광을 부렸겠습니까.

겉으로 보기엔 아주 착한 애어른이었는데 실상은 자존감이 낮은 성인이 되어가고 있었습니다. 직장생활이나 대인관계까지 연장된 악순환이었습니다. 가볍게 거절하는 것도 어려워하며 일복이 지나친 사람으로 지냈습니다. 자존감이 낮다보니 사람과의 사이에서 아주 사소할지언정 갈등이 일어나면 두려워서 겁부터 먹기 일쑤였습니다. 해야 할 말도 제대로 하지 못해 뒤늦은 억울함으로 밤잠을 못 이룰 때도 많았습니다. 그러면서도 내 자존감이 낮은 줄 몰랐기에 결혼을 하고, 아들을 둔 엄마가 되어서 힘들어하는 아이를 제대로 안아주지 못한 겁니다.

자존감이 낮았던 이유를 찾다가 어머니를 발견했을 때의 충격이란. 지금도 도저히 말로는 표현할 수 없습니다. 하지만 아들을 위해서라도 포기해선 안 되었기에 놀란 마음을 부여잡고 계속해야만 했습니다. 집단 상담을 통해서 어머니에 대한 억울함과 분노에 관한 치유를 아주 오랫동안 해야만 했습니다. 이제는 백발이 성성한 노인이 되신 어머니입니다. 남도 아니고 하나뿐인 어머니인데, 나의 자존감이 낮았던 이유가 다름 아닌 어머니였다는 사실을 떠올릴 때마다 원망하게 되었습니다.

가끔 어느 단란하고 행복한 모녀를 보게 되면 부정할 수 없이 열등감과 부러움을 느꼈습니다. 본능적으로 위축이 왔습니다. 그렇게 자존감 하락이 계속 반복되었지요. 긴 시간에 걸친 치유를 진행하지 않았더라면 지금도 그러한 악순환에 갇혀 지냈을 겁니다.

"내 안에 있는 분노가 충분히 해결되어야 진정한 용서를 할 수 있다."

　배워서 너무 잘 알고 있는 내용이었습니다. 하지만 그 이론을 실제로 접목하는 것이 쉽지 않았습니다. 하지만 이때를 놓치면 영영 바로 잡을 길이 없을 것 같았습니다. 아들뿐만 아니라 나를 위해서, 더 나아가 어머니를 위해서라도 아픈 마음을 괴롭혀서라도 치유하고 싶었습니다. 덕분에 지금은 의무감이 아닌 정말 친구처럼 가깝게 지내는 모녀가 되었습니다. 길가다 이상적인 모녀를 보게 되어도 더는 열등감과 부러움을 느끼지 않게 된 것이지요. 고생 끝에 낙이 온다는 뜻의 사자성어, 고진감래. 딱 그 의미대로 오늘을 갖게 되어 기쁠 따름입니다. 더할 나위 없이 매일 하루가 감사해요. 변화된 나를 만났기에 과거의 나와 같은 이들을 더욱 돕고 싶은 마음이 들기도 하고요.

> 현실의 사랑은 하루에
> 열 번 미안하다고 말하는 것.
> -캐시 리 기포드-

5. 관계 개선을 어렵게 생각하지 마. 이렇게 하면 되던데?

자존감, 관계개선, 의사소통 전반의 내용을 가지고 3천명 대상으로 한 7주간의 강의를 한 적이 있습니다. 어찌나 떨리던지 첫 강의시간에는 청심환을 먹었는데도 다리가 후들거렸습니다. 그 다음 주에 교육청 부모교육 전문가 수강생들과 점심 식사를 했습니다. 종강식사라 축하와 이별의 의미로 약간의 반주가 오고가게 되었습니다. 낮에 다들 차를 놔두고 지하철을 타고 이동할 때였지요. 지하철 저쪽 끝에서부터 한 노신사께서 우리에게 걸어와 90도로 인사했습니다.

"강의를 듣고 있는 한 사람입니다. 강의대로 했더니. 아들과 몇 년 만에 대화라는 것을 처음으로 하게 되었습니다. 눈물이 날 만큼 고맙습니다."

그분은 물기 어린 목소리로 감사하다 말씀하셨습니다. 처음엔 깜짝 놀랐고 나중엔 뭉클해졌습니다. 받은 것과 마찬가지로 아주 정중한 인사를 드렸습니다. 덕분에 앞으로도 더 열심히 강의해야겠다는 동기를 받았으니까요. 이렇게 개인 상담이 아니라 단체 강의를 듣고도 오래된 관계를 개선할 수 있습니다. 믿을 수 없다 하더라도 일단 해보고 나서 다시 믿을 수 있는지에 대해 결정했으면 합니다.

관계개선방법

관계개선방법
관계개선을 위한 행동방법입니다. 관계개선을 위해서는 필요한 절차가 있습니다. 절차라고 해서 거창한 것은 아니고요. 간단하지만 효과가 있는 것입니다. 관계를 개선하고 싶은 사람에게 내가 마음을 연 것처럼 상대도 마음을 열 준비를 하도록 시간을 주는 것입니다.

그런 후에 다가가시면 됩니다. 상대방이 놀라지 않게, 아니면 불편해서 도망가지 않게! 아래처럼 미리 문자를 보내 놓으시는 게 좋습니다.

"책을 읽고 오늘 많은 생각을 하게 되었어. 참 많이 찔리더구나. 네 생각이 많이 났었어. 우리 저녁에 잠깐 얘기 나누자꾸나."

  A. 내가 네 마음을 몰라줘서 힘든 적이 있었니?
     당신 마음을 몰라줘서 힘든 적이 있었어?
     쉽지 않겠지만, 솔직히 말해주렴, 어렵겠지만 꼭 말해주세요.

  B. 나에게 받고 싶은 칭찬이나 인정이 있니?
     여보, 내게 받고 싶은 칭찬이나 인정이 뭐예요?

  C. 혹시 내가 고쳐야 할 불건강한 부분이 있으면 얘기 해 줄래?
     솔직히 말해주면, 내가 고치려고 정말 노력 해 볼게. 진심이야.

위에 나열된 예는 사용법이 조금씩 다릅니다. A는 가장 관계가 심각할 때 사용하는 단계입니다. 처음엔 너무 힘들고 버거워 상대가 대화 자체를 거절할 수 있습니다. 강하게 거부하는 답을 할 수 있습니다. 그럴 때는 따라가는 공감이 필요합니다.

"아. 지금은 얘기하기가 힘들구나. 그만큼 네 마음이 상했구나. 미안하다. 내가 어떻게 하면 네 마음이 조금이라도 풀릴 수 있을까. 혹시라도 내가 할 수 있는 게 있다면 언제든 문자라도 보내주렴."

다른 말은 하지 말고 이렇게만 마음을 전하세요. 진심은 전해진답니다. 진실한 마음은 진실한 마음을 알아봅니다.

B의 예는 상대가 진심으로 관계 개선을 위해서 대화를 시도하는구나, 라

고 느껴지면, 그동안의 울분이 엄청나게 쏟아져 나올 수 있습니다. 간혹 억울해서 변명을 하고 싶을 때도 있습니다. 하지만 견뎌내야 합니다. 쉽게 해결되는 것들은 드뭅니다. 답답하더라도 시시비비를 가리면 안 됩니다. 자칫 화를 부르게 됩니다.

"그 정도였니? 그렇게나 힘이 들었니? 그래서 네가 그랬구나. 미안하다. 정말 미안하구나."

 충분히, 아주 충분히 듣고, 충분히 공감하세요. 그리고 사과하면 됩니다. 울분을 다 토하고 사과를 한 다음에 대화 할 기회가 있을 때 이야기하면 됩니다.

"근데. 지난번 얘기 했을 때 그 부분은 내가 변명을 조금 하고 싶은데, 얘기해도 될까?"

 동의를 구하고 얘기를 하면 서로의 마음을 이해하는 시간이 마련될 것입니다. C의 예는 얘기를 할 때 나의 단점이 나올 때가 있습니다. 그때는 발끈하지 마시고, 대화의 의도를 다시 한 번 되새기세요.

"얘기해 줘서 고마워. 내가 진짜 노력할게. 그런데 금방 고쳐지지 않아서, 혹시나 내가 또 그런 행동을 하면, 힘들겠지만 반드시 얘기 해 줘. 내가 조심하고 바로 멈출게."

 알다시피 심하게 깨진 관계일수록 개선이 되기까지는 시간이 오래 걸리고 상처가 클수록 기다림의 시간이 깁니다. 관계회복에는 인내가 필요합니다. 의도하진 않았다 해도 내가 상처를 준만큼 상처를 없애는데 시간이 필요하지요. 시간은 상처의 크기만큼 비례하는 법입니다. 만약에 금방 개선이 된다면, 그건 신이 내려준 선물처럼 감사한 일이지요.

 *관계 개선을 해서 같이 편안과 행복을 누리고 싶은 사람이 있나요?
 우선 적어보세요. 그리고 심호흡을 하세요. 신앙인이라면 기도도 하고 용기를 내세요. 선한 용기는 반드시 보답이 있을 겁니다. 한 번 시도해볼까요?

용서해주길 바란다.

　용서는 자신을 위해서 하는 것입니다. 어느 순간에는 상대가 굳이 용서를 빌지 않아도 내게 찾아온 깨달음을 통해 그 사람을 용서할 수 있습니다. 이는 더없이 좋은 해결방법이지요. 스스로 얻은 깨달음이니 세상을 그만큼 크게 받아들이고 이해할 수 있게 되었으니 말입니다. 이런 마음이 선물처럼 들 때도 있습니다. 깨달음은 사람을 변하게 하고, 세상을 다르게 보게 합니다. 전에는 그게 무척 버거웠으나 내 자존감이 높아지고 현재의 내 삶에 만족하다 보면 그 사람이나 과거의 사건을 다시 불러와서 왈가왈부할 필요가 굳이 없다는 생각을 합니다.

　반대로 내가 용서를 빌고 사과를 했다고 반드시 용서받는 것은 아닙니다. 상대가 나의 사과를 기다리고 있던 사람이었다면 바로 용서가 가능하겠지만, 경우에 따라서 용서가 바로 안 될 수도 있습니다. 의도하지는 않았어도 내가 준 상처가 클수록 용서를 얻는 시간은 길어지는 것이 이치지요. 진정한 용서는 내가 구한 시점이 아니라, 상대가 마음이 변하는 때입니다. 상대가 이젠 됐어, 라고 할 때까지입니다. 용서의 시간이 짧아지기만을 기원하며 기다려야겠지요. 이때도 성숙한 인내심이 요구됩니다.

　사과를 통해 치유시키는 방법도 있습니다. 부모교육전문가 과정을 강의하다보면, 분명 의도는 아이를 위해서 한 것이었지만 실상 알고 보니 자신이 아이한테 너무나 큰 잘못을 했구나, 하는 깨달음을 얻는 경우가 있습니다. 놀람과 아이에 대한 죄책감에 많이들 웁니다. 이럴 경우 아이와의 관계는 이미 불편하고 더불어 아이의 자존감이 낮을 확률이 높습니다. 그땐 우선 수강생의 깨달음을 축하드립니다. 그리고 진심으로 위로합니다.

깨달음과 위로를 얻은 수강생은 이제 다신 그렇게 안 할 거라고, 내가 왜 그걸 또 하겠냐는 듯이 고개를 연신 끄덕이며 다짐합니다. 부모의 자존심을 버리고 사과해서 상처받은 내 아이를 치유하고 오라는 과제를 드립니다. 다음 주 강의시간. 그 수강생이 과제를 실천한 결과에 대해 모두 숨죽이며 귀를 기울입니다. 엄마의 진정성 있는 사과에 초등생 딸이 품에 안긴 채로 울음을 그치지 못했다는 말을 듣습니다. 그 순간 강의장에는 어떤 소리도 나지 않습니다. 저도 수강생 엄마들도, 모두 눈이 벌겋게 달아올라 같이 울고 있으니 말이지요.

발표하던 수강생, 아이의 엄마는 얼굴색이 이미 피어있습니다. 울면서도 웃고 있습니다. 사랑하는 내 아이와 관계가 개선된 것만큼 행복한 일이 또 어디에 있겠습니까. 부모의 자존심을 버리고 했던 용기 있는 사과가 딸의 상처를 회복시킨 거지요. 덕분에 엄마 자신도 죄책감에서 자유로워질 수 있었습니다. 이처럼 가깝고 소중한 사람에게 상처를 준 것이 너무 죄책감 들어 자신마저 상처가 된다는 이들이 있습니다만 거기에서 물러나지 말고 제대로 사과한다면 그 사람에게 준 상처를 내가 직접 치유해줄 수 있습니다. 다른 누구도 아닌 내 스스로 그 사람을 더 이상 아프지 않도록 도울 수 있습니다.

살다보면 잘못이나 실수를 했지만 제때 사과할 기회를 놓치는 경우가 있지요. 지난 일이라도 진심어린 사과를 받으면 아픈 상처로 남아 있었다 하더라도 치유가 일어납니다. 다행스럽게도 지금에 와선 큰 상처가 아니라고 해도 그 사과는 상대에게 아주 특별한 의미를 가진 뜻밖의 선물이 됩니다. 사과를 해야 되나, 이미 고민되고 있다면 하는 편이 좋습니다. 나의 오랜 마음의 짐마저 훌훌 털어낼 수 있는 좋은 계기가 될 테니까요.

* 혹시 사과해야 할 일이 떠오르시나요?
* 누구에게 제대로 된 사과를 하지 못했던가요?
  그렇다면 용기를 내어 다시 한 번 사과하는 게 어떨까요?

돈을 잃는 것은 적게 잃은 것이다.
그러나 명예를 잃은 것은 크게 잃은 것이다.
더더욱 용기를 잃는 것은 전부를 잃는 것이다.
-윈스턴 처칠-

두 번째 꾸러미

반창고는 떼어내면 그만, 자존감은 높이면 그만!

두 번째 꾸러미 : 반창고는 떼어내면 그만, 자존감은 높이면 그만!

 우리는 항상 뭔가를 평가하기도 하고 받기도 합니다. 신체적인 눈으로는 우리 주변의 삶의 현장을 평가하면서 마음의 눈으로 자신의 심리적인 상태를 평가하지요. 만약 마음의 눈으로 나 자신을 평가한다면 스스로에게 몇 점을 부여할 수 있나요? 현재 나에게 문제점이 있다하더라도 자신에게 높은 점수를 주게 된다면 스스로가 자신의 가치를 존중하는 셈입니다. 동시에 낮은 점수를 부여한다면 자신의 가치를 덜 존중하는 사람이지요. 자존감이 높은 사람들은 심리적으로 건강하다고 할 수 있습니다.
 "어떻게 하면 스스로 나에게 높은 점수를 줄 수 있을까?"
 그렇기에 고민을 하게 됩니다. 이 고민은 더 나아갑니다.
 " 나를 존중하는 정도가 얼마나 될까?"
 질문이 생기는 것이지요. 이러한 질문을 '자존감(自尊感)'이라고 표현할 수 있습니다.
자존감은 자기 자신을 사랑하고 귀중하게 여기는 마음입니다. 자존감에 대한 정의와 자존감 향상에 관한 책은 이미 넘쳐납니다. 그래서 자존감이 삶에 얼마나 중요한지는 이미 모두들 잘 알고 있습니다. 그럼에도 낮은 자존감과 깊은 불행감으로 상담을 받으러 와야 하는 사람들이 넘쳐납니다. 또한 예전의 저처럼 자존감이 낮은 줄도 모르고 마냥 살아가는 분들이 많습니다.

자존감을 다른 측면에서 설명하면 자신을 스스로 높이고 지키는 마음이라고도 합니다. 자신을 높이는 마음이 너무 적은 경우에는 자존감이 없다고 표현합니다. 반대로 자신을 너무 높임으로서 오히려 건강하지 못한 마음을 가질 수 있습니다. 자신을 너무 높임으로서 부정적인 영향을 미치는 것을 달리 표현해서 자만심(自慢心)이라고 하죠. 자만심은 자신의 능력이나 모습 또는 자신과 관련이 있는 물건이나 상황을 지나치게 자랑하는 마음으로서 부정적인 의미로 인식되고 있습니다.

상담심리학의 영역에서는 자만심보다 자신감이 낮아서 발생하게 되는 심리적인 문제를 해결하는 데에 도움을 줄 수 있는 방안에 대해서 더 많은 관심을 가지고 있습니다. 자존감은 내가 하는 모든 선택과 사람 관계, 그리고 능력발휘 등 삶의 전반에 걸쳐 엄청난 영향을 줍니다. 내가 나답게 행복하게 잘 살아가기 위해서 반드시 장착해야 할 핵심무기라고 할 만큼 기본적이면서도 중요합니다. 기본에 문제가 생기면 그 어떤 강연이나 교육도 최대의 효과를 기대하기는 어렵습니다. 그래서 저는 상담을 할 때는 물론이고 진로든 학습이든 소통이든 리더십이든 어떤 특강이라도 첫 부분에는 반드시 자존감에 대해 다룹니다.

자존감의 정의와 중요성을 설명하고 자신의 자존감을 점검하는 시간을 가집니다. 본서에서는 자존감 검사지가 없어도 점검이 가능하도록 했습니다. 그동안 수천회 이상의 자존감에 관한 강의와 상담을 했던 내용을 기반으로 자존감에 관한 정의, 향상법, 유지법에 대해서 함께 생각하겠습니다.

6. 단점을 가졌어도 자존감은 높을 수 있어.

자존감을 깎는 문젯거리, 구멍

나의 문제를 제대로 인식하는 것은 참으로 중요합니다. 문제가 해결되지 않았어도 문제에 함몰되진 않기 때문입니다. 나아가 내 문제를 드러낼 수 있다면 훨씬 자유로운 사람이 됩니다. 아닌 척하고 위장할 때 쓰는 에너지가 엄청 크거든요. 또한 문제없는 사람은 한 사람도 없기 때문입니다. 어떠한 문제를 가지고 있을지라도 나를 아끼고 사랑하는 오늘 하루가 되어봅시다.

제가 올렸던 SNS 글입니다. 이 글에서는 문제라고 적었는데, 이 문제를 저는 10년 전부터 '구멍'으로 표현해 왔습니다. 제가 사용하는 구멍의 의미는 다른 말로 '문제, 단점, 아쉬운 점, 보완하고 싶은 점'입니다. 현재 내 삶에 심각한 불편함이 있을 때, 내 구멍으로 지칭합니다. 살아가는데 큰 지장이나 불편함이 없으면 굳이 구멍으로 넣지 마세요. 괜히 자존감만 낮아집니다. 가끔 자신의 자존을 갉아 먹는 부분 즉, 자신의 구멍을 적어보라고 하면 다음과 같은 말들을 합니다.
"우유부단하다, 소심하다, 리더십이 없다, 성격이 너무 급하다, 예민하다."
그런데 위와 같은 말들을 정확히 말씀드리면 구멍이 아닙니다. 단지 타고난 성향이 그러할 뿐입니다. 글을 읽는데 도움 되길 바라는 마음으로 단어

연상 검사기법을 활용한 성향별 단어를 수록했습니다. 이 4가지 기질 유형은 144가지 유형 중 가장 기본이 되는 유형입니다. 약식유형으로는 선천성 기질보다는 지금 현재 살아가는 모습의 기질을 판단할 수 있습니다. 독자분도 어떤 성향을 많이 쓰시는지 나를 가장 잘 표현한 단어그룹 순위를 2가지로 결정해서 2가지 기질을 선택 해 보세요. 개인적으로 저는 순위 차이가 별로 안 나는 B기질과 D기질입니다. 다원재능심리학회의 투사 검사지를 인용해서 4가지 유형의 기질을 소개합니다.

A기질 : 성실, 책임, 질서, 규칙, 소유, 물질적 안정, 유지, 계획, 모범, 최선, 인내, 자책, 유비무환, 전통, 필요한 사람, 하던 대로, 고진감래
B기질 : 도전, 모험, 화끈, 이끎, 자랑, 박수, 내 뜻대로, 순수, 뒤끝 없음, 주인공, 한다면 한다. 못할게 없다, 자유, 최고
C기질 : 대화, 호기심, 이해, 토론, 다양성, 생각, 이성, 논리적, 공정, 균형, 독특함, 재미, 개혁, 새로움, 책,
모임, 아이디어
D기질 : 가족, 느낌, 보살핌, 사랑, 진실, 정서적 안정, 상처 힘듦, 두려움, 평화, 자연, 고요함, 기도, 신, 자연, 협력, 옛날이야기

구멍의 내용 중에 A기질은 리더십 부족이라는 내용이 많이 나옵니다. 동적이며 외향적인 B기질, C기질은 누구나 느낄 수 있는 이끄는 에너지의 리더십이 있습니다. 반면 A기질에겐 아주 안정된 카리스마의 조용한 리더십이 있습니다. 말수는 적지만 신중하게 말을 하니 말에 힘이 있습니다. 말실수를 적게 하니 더 신뢰가 되기도 합니다. 리더십의 모양이 다를 뿐이지 리더십이 부족한 것이 아닙니다. B기질에는 성격이 급하다는 구멍이 많습니다. 근데 동적이며 외향적인 사람이 성격이 급한 건 추진력이 있기 때문입니다. 그래서 실수도 하지만 큰일을 도모합니다. 시도라는 것을 일단 시작해 보기에 성공할 가능성 또한 생기는 것입니다. 그 추진력으로 시도하지

않았다면 성공도 실패도 없습니다. C기질에는 우유부단이 많습니다. 내가 한 결정에 행여나 피해 보는 사람이 있을까 걱정이 되어 이런저런 생각을 많이 하다 보니 그렇습니다. 사실은 신중히 배려하는 것입니다.

D기질의 구멍에는 예민이 자주 등장합니다. 예민한 건 생물학적으로 불편할 수는 있지만, 심리적으로 둔한 것보다는 낫습니다. 저도 상당히 예민합니다. 그래서 연수를 가거나 잠자리가 바뀌면 수면이 제법 불편합니다. 하지만 이 예민으로 대화할 때 상대의 감정을 잘 느낍니다. 그래서 공감이 잘 되어 상담에 더 도움이 됩니다. '까칠'하고는 다릅니다.
A기질과 D기질의 구멍에는 '소심, 소극'이 많습니다. 정적이며 내향적인 사람은 원래 소극적입니다. 그런데 소극적이라도 자존감이 높으면 아무 문제가 없습니다. 한국의 대단한 전문가 집단에 정적이며 내향적인 A기질과 D기질의 분들이 엄청나게 많이 포진해 계십니다.
자신의 기질적 특성인데 단점이라고 여기고 구멍에 적는 사람들이 많습니다. '성격이 급한 것'을 예를 들자면, '단점'이라 생각하고 고치려고 하면 추진력이 없어집니다. 추진력이라는 재능을 잘 살리게 되면 당연히 자존감이 높아지고 그러면 자연스럽게 급해서 하던 실수를 잘 조절해가며 살아가게 됩니다.
"아, 이건 고쳐야 하는 단점이 아닌 기질의 특성이구나!"
자신의 기질을 정확하게 깨닫는 순간 '인지치료'가 일어나는데 자신의 구멍에서 하나를 빼면서 무척이나 기뻐들 합니다. 자신의 단점이 아니라는 것을 아는 순간 어떤 분은 사이다를 100캔 마신 기분이라고 표현을 합니다. 이제 이것 때문에 내 자존감이 낮을 필요가 없으니 제대로 아는 것만으로도 엄청난 선물을 받은 셈입니다.
"넌 너무 소심해, 너무 우유부단해, 너무 예민해, 너무 답답해, 너무 딱딱해, 너무 산만해"
내면의 힘이 약한 사람들은 이처럼 타인으로부터 부정적인 평가나 지적을 받으면 방어를 잘하지 못합니다. 그러면서 무의식적으로 그 평가들을 받아들이고 있습니다. 어떤 경우에는 그런 평가를 기다렸다는 듯이 단정해 버립니다.

"그래 맞아. 역시 난 그래."

자신을 원래 구멍이 있는 사람으로 낙인을 찍습니다. 이는 낮은 자존감과 관련이 많습니다. 그러니 자기가 생각하고 있는 것이 자신의 구멍인지 기질상의 특성인지 제대로 확인해 볼 필요가 있습니다. 앞으로 나오는 기질에 관한 설명을 참고하시면 도움이 될 겁니다.

일상에서 흔히 만날 수 있는 구멍

(1) 얼굴에 콤플렉스가 있다. 키가 작다. 뚱뚱하다. 가난하다. 연봉이 적다. 직업이 맘에 안 든다. 부부사이가 나쁘다. 자녀가 내 말을 무시한다. 학벌이 낮다. 이혼이나 별거를 한다. 감정조절이 어렵다. 분노조절이 안 된다. 자신감이 없다. 체력이 나쁜 편이라 항상 힘들다. 사회성이 부족하다. 리더십이 부족하다. 너무 의존적이다. 자기표현을 못 한다. 우울하다. 대인관계가 어렵다. 몸에 지병이 있다. 해결되지 않은 트라우마가 있다. 특정한 무언가에 중독이 있다.

자신의 구멍에 대해 적으라고 했을 때 나오는 다양한 종류의 아픔입니다. 그런데 구멍의 내용 중에 아버지와 어머니, 동생 그리고 자녀와 건강처럼 단어로 짧게 적힐 때가 있습니다. 내담자가 밖으로 드러내는 게 두렵거나 조심스러운 마음이 반영된 겁니다. 이럴 땐 조심스레 물어봅니다. 그러면 다른 사람들을 둘러 본 후 작은 소리로 이야기 합니다.

(2) 알코올 중독에 빠져 폭력적인 아버지가 계신다.
　　조현병을 앓고 있는 어머니가 계신다.

부모님이 능력이 안 되어 내가 책임져야 할 지체장애인 동생이 있다.
발달장애를 가진 자녀를 양육하고 있다.
나 자신이 큰 지병으로 투병 생활 중이다.

이런 이유를 듣게 되면 저절로 그 자리에 석고상처럼 굳어버리게 됩니다. 용기 있게 말씀해주신 그분의 고된 삶을 강의장의 다른 사람도 느낄 수 있도록 돕습니다. 그러면 모두 감정이입이 되어 참여자가 됩니다. 우리 모두 온 마음을 다해서 그 분을 위로해 드리려고 노력합니다. 그리곤 진심어린 응원의 박수를 드립니다. 그분은 처음 받는 따듯한 위로와 공감에 뜨거운 눈물을 흘립니다.

(1)번 구멍은 자신의 노력으로 치유나 개선이 될 수 있습니다. 또한 자존감을 높여서 수용해가며 구멍을 친구처럼 다스리며 살아갈 수도 있습니다. 하지만 (2번) 구멍은 나 자신이 통제하기 어렵습니다. 지금 현재 내 삶이 아무리 힘들게 느껴진다 하더라도, (2)번 구멍이 없다면 얼마나 다행이고 감사한 일인가요. 하지만 우리는 그 감사함을 잊고 살아서 덜 행복한지도 모르겠습니다.

* 크든 작든 구멍은 누구나 있습니다. 현재 나의 구멍은 무엇일까요? 한번 적어볼까요?

덧붙여 조현병(調絃病, schizophrenia)은 정신분열병이라고도 하는데 정상적인 사고를 할 수 없거나, 감정과 의지의 충동으로 인해서 인격의 분열이 나타나는 심리적인 질병입니다. 조현병은 한국에 약 50만명 정도로 우리가 생각하고 있는 것보다 흔한 병입니다. 환자로 인해 고통 받는 가족을 4명으로 계산하면 2백만명 이상으로 추정됩니다. 중요한 것은 환자들이 일반인들에게 비해 유별난 폭력성을 갖고 있진 않다는 겁니다. 대부분 혼자 있길 원하며 타인과 갈등을 일으키지 않으려하는 경우가 더 많지요. 꾸준한 치유로 스스로 독립적인 삶을 영위할 정도의 호전을 기대할 수 있습니다. 무조건 격리시켜야 할 사회악 또는 미친 사람이라는 편견에서 조금만이라도 유연한 사고를 갖게 된다면 환자와 그 가족에게 큰 힘이 될 겁니다.

현재 내 자존감은 몇 점 정도일까?

  내가 가진 구멍 즉 문제를 정확히 알고, 또 그것을 인정합니다. 그리고 그 구멍을 가능하면 오픈(드러냄)합니다. 저의 경우처럼 도저히 해결하기가 어려운 구멍일 수도 있습니다. 만약 그러시다면 평생 친구처럼 수용하며 살아가도 됩니다. 그 외의 경우라면 그 구멍을 해소하기 위해서 포기하지 않고 노력하면 됩니다. 그것이 성숙을 추구하는 삶입니다. 우리는 신이 아니기에 삶이 다하는 날까지 성숙을 추구하는 삶을 살면 됩니다.
그러니 현재 구멍이 있어도 자신에게 높은 점수를 주며 자존감 높은 삶을 살 수 있습니다. 다행스럽게도 제가 그렇습니다. 반면 자신을 인정하지 못하고 자신에게 점수를 낮게 주면 현재 자존감이 낮은 삶이라고 볼 수 있습니다. 저는 현재라는 점을 항상 강조합니다. 왜냐하면 우리는 언제든 변할 수 있기 때문입니다. 그동안 자존감이 낮았다면 높은 자존감을 경험하지 못했기 때문에 자존감 높은 삶이 무엇인 줄 모르는 경우가 있습니다. 특히 부모가 자존이 낮으면 자녀를 자존감 높게 키우기가 어렵습니다. 만약 자신에게 자존감을 높이고자 하는 의지가 있다면 다음과 같은 작업을 해보겠습니다.

  1단계 : 조용히 확인해볼까요?
          현재 내 자존감은 몇 점인가요?
          100점 만점에 몇 점을 줄 수 있을까요?

  2단계 : 그럼 내 구명이 뭐지? 내 문제가 뭘까?
          어떻게 하면 그 구명을 보완할 수 있을까?

계획을 세울 때는 부담스럽지 않도록 긍정적으로 세우세요. 다음과 같은 〈예시〉를 참고하길 바랍니다. 내 구명과 보완하는 방법을 함께 두고 자주 보는 것이 좋습니다. 의미 있는 관계자 (가족, 연인 등) 들도 함께 아는 게 더욱 효과적입니다.

〈예시〉
'저녁에 술자리 줄이기'대신 '저녁에 취미 생활 시작하기'
'화내지 말기' 대신 '화날 때 자리 피하고 나만의 분노카드 쓰기'
'담배 끊기'대신 '담배 생각날 때 00하기'
'야식 먹지 않기'대신 '7시까지만 충분히 먹기'

> 남들보다 더 잘하려고 고민하지 마라.
> '지금의 나'보다 잘하려고 애쓰는 게 더 중요하다.
> −윌리엄 포크너−

7. 자존감을 좌지우지하는 두 기둥, 알고 있니?

자존감을 형성하는 기둥은 두 가지인데 외적인 기둥과 내적인 기둥으로 나누어집니다. 외적인 자존감은 부모, 가족, 교사, 친구 등 자신의 의미 있는 관계자들로 받는 피드백 (feedback)을 통해서 형성이 됩니다. 즉 외부영향입니다. 내적인 자존감은 자신이 자기를 가치 있게 여길 때 형성이 됩니다. 쉽게 말해 자기 자신의 내부영향입니다.

두 가지가 함께 높아야 자존감이 높다 말할 수 있습니다. 그렇지만 우리는 안타깝게도 의미 있는 관계자에게 상처를 받는 경우가 많지요. 의미 있는 관계자란 특정한 개인에게 심리적인 영향력을 미칠 수 있는 사람을 얘기합니다. 부모님 같은 외부적 기둥은 내가 선택한 것도 아니고 통제하는 것조차 쉽지 않은 점이 있어 사실상 억울하기도 합니다. 그렇기 때문에 억울한 상처가 있다면 자신의 행복을 위해서라도 스스로 그 상처의 고름을 빼고 반창고를 붙이는 노력이 필요합니다.

성숙한 외적 기둥 사례입니다. 사람에게는 기둥이 필요합니다. 자라나는 학생에게는 더욱 필요하지요. 수능성적이 5등급과 6등급 정도 되는 지방대 1학년과 2학년생들을 자아성장 집단 상담을 했습니다. 그룹의 참여자가 7명이었는데 6명이 구멍에 성적이라고 썼습니다. 성적이 낮아서 부모님께 상처를 받거나 부모님이 자신을 부끄러워해서 자존마저 위축된 겁니다. 그런데 그중에서 한 학생이 유난히 달라서 반갑기도 하고 독특해서 물어보았습니다.

"지금까지 단 한 번도 엄마, 아빠가 성적 때문에 절 한심해 하거나 상처 준 적이 없으셨어요. 그래서 성적 때문에 부모님 눈치 본적이 단 한 번도 없어요. 그리고 이 성적으로도 제가 하고 싶은 전공을 하도록 기다리고 지원해 주셨어요!"

"정말 성숙하신 부모님이구나! 그런 부모님이 우리나라에 많지가 않으시다. 넌 참 복이 많구나. 부모님한테 정말 잘 해야겠다."

자랑스럽게 말하는 그 학생에게 부모님께 감사하라는 당부를 했습니다. 이때 했던 학생의 말이 명언입니다.

"근데요. 교수님. 제가 이 학교 입학해서 난생 처음으로 장학금을 받았더니 엄마, 아빠가 진짜 엄청나게 좋아하시더라구요."

그렇게 킥킥대며 말하는 학생의 눈동자는 반짝이며 빛나고 표정엔 이미 자존이 가득해 있었습니다. 맞습니다. 성적이나 실력이 비슷한 등급의 집단에서는 '마음먹고 공부 해야겠다.' 라고 동기부여가 된다면 자존이 높고 정서가 편안한 학생이 이기게 되는 것입니다. 이렇게 만든 것이 학생의 부모님 즉 성숙한 외부적 기둥입니다. 같은 성적인데도 자녀를 창피해 하고 못마땅해 하는 부모가 대다수인데 학생의 부모님은 아이의 자존감을 보호해 주고 기다려준 것입니다. 그러니 장학금까지 받으면서 행복한 대학생활을 하게 것이지요.

학교생활을 웃으며 잘 하니 교수님이 예뻐하고 좋은 곳에 취업도 책임져 주겠다고 하신답니다. 행여나 이 학생이 대단한 곳에 취업이 안 되면 어떻습니까. 또 1인 기업을 하면 또 어떻습니까. 잘 보호된 자존과 창의력으로 만족하며 산다면 그게 행복 아니겠습니까.

* 의미 있는 관계자가 성숙한 외적기둥 역할을 해주었나요?
  그렇다면 엄청난 복을 받은 겁니다. 축하합니다. 고마움을 꼭 표현하세요.
* 지금 나는 의미 있는 관계자에게 이런 성숙한 외적 기둥이 되어주고 있나요?
  100점 만점에 몇 점정도 될까요?

당신이 되고 싶었던 어떤 존재가 되기에는
지금은 결코 늦지 않았다.
-조지 엘리엇-

조절할 줄 아는 내적 기둥

자존감 형성을 하는 기둥 중 내부적 기둥은 '나 자신이 어떻게 나를 평가하느냐'입니다. 쉬운 예로, '지금 나는 뚱뚱하므로 외모적 자존감이 낮다. 이 살이 빠져야 낮아진 자존감이 높아질 것이다'이런 굳은 결의로 자존감을 높이기 위해서 30키로 감량 목표로 폭풍 다이어트를 시작할 수 있습니다. 그런데 과정에서 아프거나 복병이 생길 수 있습니다. 과한 목표를 잡으면 노력으로 인해 좋아지고 있는데도 불구하고, 어떤 사정이 생겨 목표치에 도달하지 못할 때 위축됩니다. 혼자 실망하고 열등감에 빠집니다. 하다가 포기할 수도 있습니다. 주변의 누군가가 앞선 마음에 소라도 때려잡을 것처럼 목표를 높이 잡을 때는 우선 그 열정을 인정해 주고 목표를 조금 낮춰도 괜찮다. 천천히 해도 괜찮다고 얘기해준다면 최고의 멘토입니다. 그런 말을 듣는다고 해서 노력을 덜하게 되진 않을 겁니다. 하지만 그 말 한마디가 그 사람의 무의식에 안심할 수 있는 위로가 됩니다.

든든한 안심을 바탕으로 '혹시 실패하면 어쩌지?'하는 불안감 없이 더 열심히 하게 되지요. 이건 시험을 앞둔 수험생들에게도 해당되는 경우입니다. 자신이 정한 목표가 순차적으로 달성되고 향상될 때마다 자기에게 칭찬과 보상을 주면 내적인 자존감이 더 높아집니다. 그때 주변의 칭찬과 격려가 있으면 최고의 성장이 나타납니다.

여기서 A기질 (**성실, 책임, 규칙, 모범, 인내**)의 성향을 가지신 분들은 자신에게 낮은 점수를 주는 경우가 많습니다. 당연히 이 정도는 해야 한다고 생각하기에 자신의 목표나 성공 잣대를 높입니다. 완벽을 추구하는 A기질 성향이라면 그런 자신의 모습을 깨닫고 자책이 올라올 때 멈추는 훈련을 하면 됩니다. '맞아. 내가 실수는 했지만 이렇게까지 자책할 필요는 없어. 다른 기질은 이정도로 자책하지는 않는다고 했어'

나도 모르게 자책하고 있는 자신을 위로한 후 그 에너지를 성장을 위한 다른 곳에 쓰도록 노력하면 됩니다. 이런 훈련이 두 달 이상 지속되어 습관이 된다면, 자연스레 자신에게 주는 자존의 점수가 조금 더 높아지게 됩니다. 이런 생활이 습관이 된다면 마음의 여유와 편안함을 갖게 되고 자책을 줄여, 타인과 나를 향한 불편한 완벽추구를 줄일 수 있습니다.
　처음에 잡은 목표가 있고, 열심히 잘 해나가다가도 여러 가지 문제로 삐끗거려서 난관에 부딪힐 때가 있습니다. 그럴 때 무척 힘듭니다. 원안대로 가려고 발버둥을 치지만 도저히 불가능할 때도 있습니다. 결과적으로 약속을 지키지 못한 자신도 부끄럽고 싫어집니다. 행여나 다른 사람들이 실망하거나 욕을 할까 조바심이 오고 극도의 스트레스에 마주하기도 합니다. 정서가 괴롭고 자존감이 떨어지는 건 당연합니다.
　그럴 땐 결단이 필요합니다. 한 가지를 잠시 포기하던가 아니면 성취 시간을 연기시키는 선택이 필요합니다. 왜냐하면 나의 심리적인 안녕을 위해서입니다. 일의 중요성에 따라서 엄청난 용기가 필요하기도 합니다. 하지만 그 용기 있는 결단이 심리적인 고통에서 벗어나 나의 무의식에 평안을 선물합니다. 심리적 쫓김에서 벗어나야 마음의 여유가 생깁니다. 그래야만 그동안 바닥으로 떨어진 자존감을 올릴 힘이 생깁니다. 그렇게 생긴 작은 힘으로 포기하지 않고 목표를 향해 다시 한 번 시작할 수 있습니다.
　우리가 흔히 내려놓으라는 말을 저는 포기하라는 의미보다 잠시 쉬어가라는 의미로 사용합니다. 나중에 아무리 가 봐도 그 길이 아니었다면 그땐 또 다른 길이 있습니다. 틀림없이 있습니다. 그러니 천천히 가도 됩니다. 내가 가려는 길을 포기하지 않고 가기만 하면 됩니다. 조금 늦어진다고 인생의 패배자가 절대 아닙니다. 자신을 믿으세요.

* 내적인 자존감을 높이고 싶다 생각하나요?
* 목표를 정하고 가는 게 있나요?
* 처음부터 너무 높게 잡진 않았나요? 차근차근 조금씩 높이면 됩니다.

> 자신을 사랑하는 것은 평생에 걸친
> 연애의 시작이다.
> -오스카 와일드-

8. 나를 지키기 위한 방어와 단절.
꼭 해야 해!

내 자존은 내가 방어한다.

  자존감에 대한 학부 강의를 할 때였습니다. 내 자존감에 가장 상처를 준 말이나 상황을 적어보자고 했습니다. 60명 학생들이 워크북을 작성할 때 돌아다니면서 내용을 보는데 며칠 전 엄마께 들은 말이라며 다음과 같이 적었습니다.
"이 쓸모없는 놈아, 나가 죽어버려라."
  적혀진 글을 보고 깜짝 놀랐습니다. 누가 봐도 깡마르고, 얼굴에 핏기가 없는 내향형의 자존감이 낮은 학생이었습니다. 그 학생에게 많은 위로를 한 후 정중히 부탁했습니다.
"혹시 내가 이 내용을 지금 강의 내용으로 공개해도 되겠니?"
"저는 발표를 못하겠지만 교수님이 하시려면 하세요."
  조심스러워 하면서 나지막하게 말했습니다. 승낙의 말이었습니다. 진심으로 고맙다고 하고 사례발표 시간에 그 내용을 공개했습니다. 일순간 모든 학생이 놀라 강의실이 조용해졌습니다. 학생이 어머니를 원망하지 않도록 하는 분리 상담과 위로를 거듭한 후에 선택권을 주었습니다. 관계 개선을 시도할 것인지 아니면 이대로 포기할 것인지를 말이지요.
  돌아온 대답은 힘없는 목소리였지만 해보겠다는 의지를 담고 있었습니다. 혹시 학생이 엄마에게 상처를 받고 와도 제가 반드시 자신을 도와주겠다고 약속했습니다. 그리고 일주일 뒤, 모든 학생들이 숨죽이고 기다리는 가운데 엄마에게 어떻게 하고 왔는지 작은 목소리로 발표했습니다. 배운 대로 의사소통법을 적용하여 말하는데 떨려서 가슴이 터지는 줄 알았다고 합니다. 엄마의 반응을 물어보았습니다. 엄마는 아들의 말을 듣고, 어떤 대꾸도 안하시고 가만히 계시더랍니다.

"그런데 교수님! 그 말 이후로 엄마가 저에게 저주의 말은 안했고요. 이제는 제가 무슨 말을 하면 바로 무시하지 않고 제대로 들으십니다. 처음 있는 일입니다."

훈이가 조용히 웃는 것을 보며 몸에 전율이 올라왔습니다. 훈이를 일어나게 했습니다.

"그렇게 막말을 하시고 사과도 하시지 않으시는 불건강하신 엄마를 정서적으로 포기하고 단절 할 수도 있다. 그런데 훈이는 엄마를 포기하지 않고 가슴이 터질 것 같았다는 두려움을 참고 방어하는 대화를 해 내고 왔다. 우리 이 용기에 박수를 쳐주자."

저의 제안에 59명의 학생들과 저 모두가 손바닥에 불이 나도록 뜨거운 박수를 쳤습니다. 그 어떤 누구도 심지어 부모님이라 하더라도, 나의 인격이나 자존에 상처를 낼 자격이 없습니다. 그러니 용기 있고, 반드시 정중하게 방어해야 합니다. 불가피한 상황이란 것은 존재하지 않습니다. 어떠한 이유로도 나를 상처 입힐 권리를 가진 이는 없습니다. 훈이는 내향형이라 말수가 적은 편입니다. 하지만 그날 이후로 얼굴 표정이 밝아지고 웃는 횟수가 부쩍 늘어났습니다. 참 기특하고 장했습니다. 정중한 방어는 이렇게 자존을 보호하고 또한 상대의 성숙하지 못한 부분도 고쳐주거나 치유를 하는 계기가 됩니다.

(훈이가 사용한 의사소통기술은 네 번째 꾸러미를 참조하세요)

살기 위해 해야만 했던 일시적인 단절

　수정이는 장애인 언니와 집안은 팽개치고 외부 활동만 하는 '자기애성 인격장애'엄마를 둔 20대 후반의 아가씨입니다.
　자기애성인격장애(Narcissistic Personality Disorder)는 자기도취와 자기중심성의 성격이 굳어져 부적응적인 상태가 지속되는 성격장애입니다. 또한 자신에 대한 과장된 평가, 인정받고 싶은 욕구, 다른 사람에 대한 공감의 결여를 특징으로 하는 인격장애입니다.
　자기애성인격장애 환자는 끝없는 성공욕으로 가득 차 있습니다. 주위 사람들로부터 존경과 관심을 끌기 위해 애씁니다. 지위나 성공을 위하여 대인관계에서의 착취, 공감 결여, 사기성 같은 행동 양식을 보이지요. 공무원 시험을 준비 중이었는데 짧게 자른 머리에 립글로스조차 바르지 않은 핏기 없는 얼굴이었습니다. 체육복차림이었고 멋하고는 아무런 상관없는 그냥 깡마른 친구였습니다. 20대 후반이라는 걸 알고 깜짝 놀랐습니다. 운동선수 여고생처럼 자신을 꾸미지 않은 모습이었거든요.
　'식도염, 장염, 우울, 무기력, 자살충동'이라는 말을 할 때는 차라리 덤덤했는데 가족 얘기, 특히 엄마 얘기를 할 때 참았던 울음이 터져버립니다. 어릴 때부터 엄마의 사랑과 보호를 받아 본 적 없었던 서러움과 원망들로 얼마나 오랫동안 우는지 아픈 마음이 전해져서 저도 눈물을 훔치지 않을 수가 없었습니다.
　"엄마로 인한 경제적 사고 때문에 부모님이 자주 싸우시니 집에 가면 더 몸이 아파요. 몸이 아파도 공부에 집중하고 싶은데 도저히 안돼서 그래서 지금 더 슬퍼요."
　이런 정서로 어찌 공부에 집중을 할 수가 있겠습니까. 꼭 빨리 합격해서 아빠의 힘이 되고 싶다고 하는데 저렇게 몸이 아픈데 무슨 공부를 할 수가 있겠습니까. 정말로 마음이 아팠습니다. 몇 번이나 코를 풀어가며 울었고 음료수를 주어 가면서 한참 후에야 상담을 시작할 수가 있었습니다. 충분한 위로와 공감 후 가족 특히 엄마를 원망하지 않도록 분리 상담을 진행했습니다.

 자존감 향상과 진로상담을 통한 동기부여를 시켰습니다. 공부를 제대로 할 수 있는 환경적인 학습치료가 절실했습니다. 지금 자신이 엄마를 통제할 수 있는지를 생각해보게 했습니다. 자신이 엄마를 치료하고 변화하게 할 수 있는지를 물었습니다. 엄마가 자신의 말을 듣지도 않고 지금으로서는 불가능하다고 합니다. 이럴 때 결단이 필요합니다. 아버지를 설득하고 지원을 받아서 집중적으로 공부할 수 있는 고시원으로 독립하게 했습니다. 그리고 공부에 초집중하기 위해서 아빠에게 당분간은 집안의 문제를 자신에게 전달하지 말아 달라 정중히 부탁드리게 했습니다.
 이럴 때 자신이 못되고 이기적인 딸이 되는 죄책감에 함몰 될 때가 있습니다. 절대 그렇지 않습니다. 집에서 도망가는 책임감 없는 못된 딸이 아니라는 것을 자신이 인식해야 합니다. 합격이 되어야 착한 수정이가 원하는 것처럼 아빠도 아픈 언니도 도울 수가 있습니다. 힘이 있는 사람이 되어야 엄마가 딸의 말을 귀담아 듣기라도 합니다. 아무런 변화 없는 상태로 지속이 되면 합격은 고사하고 수정이의 건강까지 더 만신창이가 되어버립니다. 이럴 때는 잠시 정서적인 분리와 일시적인 단절을 선택해야 됩니다.
 그리고 1년 6개월 후 공무원 합격자 대상 강의 중 쉬는 시간이었습니다.
 "선생님! 저도 합격해서 이 강의 듣고 있었어요."
 얼굴이 벌게진 상태로 앞으로 나오는 것을 보며 눈물이 왈칵 쏟아졌습니다. 많은 학생들 앞에서 저도 모르게 꽉 안아버렸습니다. 엄마에게 사랑받지 못한 설움을 잘 알기에 너무 기뻤습니다. 무척 고생한 수정이가 자신을 먼저 돌보면서 더 행복해지길 바랍니다. 수정이가 사랑하는 아빠와 언니를 도울 것을 압니다. 그리고 언젠가는 불건강한 엄마의 치유도 시작되기를 진심으로 기원합니다. (본인에게 받은 상담 후기 자료가 뒤에 수록되어 있습니다.)

* 살아가다보면 내가 통제할 수 없는 경우가 있습니다. 그렇다면 그 부분은 정확히 분리하고 잠시만 미뤄두어도 됩니다. 더 현명하고 행복한 미래를 위해서 반드시 필요하다면, 일시적으로 정서적인 분리와 단절을 해도 됩니다. 목표 달성 후에 더 훌륭하고 건강한 모습으로 평생 더 잘하면 됩니다. 반드시 잘할 거고요. 자신을 믿으세요. 자신이 결코 악하고 나쁜 사람이 아니라는 것을요.

살아있는 자체가 칭찬이 될 수 있어요

 나를 지키기 위해 방어와 단절이 필요하단 내용을 앞서 소개했습니다. 이에 조금 더 나아가 상처 입은 나를 회복시키기 위한 필수적인 칭찬이 있습니다. 굳이 내가 아니어도 좋습니다. 상처가 많은 타인을 위한 칭찬이 될 수도 있겠지요. 여기에서 가장 선행이 되어야 하는 것이 **존재 자체를 칭찬**하는 겁니다. 내가 어떤 노력도 하지 않아도 되는 타고난 성향에 대해 칭찬해야 합니다. 앞서 소개한 4유형 중 자신이 선택한 기질의 단어가 들어간 칭찬만 받아도 자존감 향상과 상처 회복에 도움이 됩니다. 태어날 때부터 가지고 태어난 나의 선천적 재능을 칭찬받으면 당연하다고 느끼면서도 기쁩니다. 그 부분이 더욱 강화됩니다. 칭찬의 효과가 배로 증가합니다. 그 다음으로 **살아가면서 내 노력으로 일궈낸 부분을 인정받는 칭찬**을 하면 좋습니다.

 학부강의 때 가정의 달 주제로 수업 중에 부모님께 감사의 문자를 보내는 과제를 냈습니다. 대체로 돌아오는 답장이 '사고를 쳤냐는 둥 무슨 일이 생긴 거냐 또는 너 용돈 필요하냐.'처럼 놀래서 묻는 게 절대적으로 많았습니다. 얼마나 웃었는지 모릅니다. 평소 집에서 어떻게 하는지 눈에 선했습니다. 그래서 인성시간 미션이라고 다시 솔직히 보내라고 했습니다.

부모에게 보낸 학생의 문자와 부모님의 답 문자를 확인하고 스티커를 나눠주는 시간이었습니다. 학생들은 부모님한테 답 문자가 오면 좋아라하며 쪼르르 확인받으러 나왔습니다. 문자를 보며 같이 웃으며 스티커를 주었습니다. 분주한 시간이 지난 한참 후에 덩치가 큰 남학생이 조용히 왔습니다.
"교수님. 저는 어머님께 답장은 못 받습니다. 그래도 제가 보낸 문자는 이겁니다."

남학생이 휴대폰을 내밀었습니다. 문자내용은 이러했습니다.
"어머니. 돌아가시지 않고, 제 곁에 살아 있어주셔서 감사합니다."
"혹시 어머니께서 편찮으시니?"
"네, 말기 암수술을 하시고 지금 많이 힘들어하고 있습니다."

말을 끝내고 고개를 떨군 그 모습을 보니 울컥하고 치고 올라오는 것이 있어 강의가 어려웠습니다. 급히 쉬는 시간을 만들고 이 학생의 등만 연신 쓰다듬었습니다. 그 어떤 말도 할 수 없었습니다.
"힘 내거라. 공부 더 열심히 해서 좋은 성적으로 아픈 어머님 기쁘게 해 드리거라."

당부하며 문자는 안 왔지만 다른 학생처럼 스티커를 꼭 쥐어주었습니다. 그것이라도 힘이 되기를 바라는 마음이었습니다. 살아있는 것만으로도 칭찬받을 수 있으며 그것만으로 칭찬할 수 있음을 이 학생에게서 또 배웠습니다. 존재만으로 칭찬하는 것에 있어 최고라 말할 수 있는 학생이었지요. 내가 잘해서 고마운 게 아니라 나의 존재 자체로 고맙다 해준다면 얼마나 힘이 나겠습니까. 내 안의 작은 허물과 상처가 있은들 뭐 중요하겠습니까. 이런 칭찬이야말로 내 상처의 반창고를 제거할 수 있는 힘을 주는 말입니다. 자존감이 높아지는 건 당연하지요.

* '자퇴하지 않고 학교 잘 다녀줘서 고맙다. 몸도 마음도 아픈 친구도 많은데 아프지 않고 건강하게 자라줘서 고맙다.'처럼 욕심과 바람을 전부 빼고 존재 자체로 칭찬하는 말이나 문자를 보내는 건 어떨까요?

멈추지 않는 성장

　인문계 고교에서 전교 4등 하는 남학생이 부모의 손에 거의 끌려온 느낌이었습니다. 몸과 다리를 비스듬히 꼬고 눈을 제대로 마주치지도 않았습니다. 나 여기 오기 싫었다. 지금 진짜 불편하다는 에너지를 온몸으로 발산하고 있었습니다.
　"오기 싫은데 억지로 왔구나. 많이 화나겠다. 그래도 따라 와줘서 나는 고맙구나. 혹시 부모님 나가 계시라고 할까?"
　그제야 처음으로 저를 제대로 쳐다보고 제 눈을 마주쳤습니다. 강한 YES죠. 정중히 부모님이 쫓겨나신 후에 가벼운 농담과 함께 말을 걸었습니다. 방금 전의 그 독한 눈빛이 제법 누그러져 있었습니다. 부모님과의 거리를 벌려준 것이 가장 효과적인 라포(rapport)를 형성 한 셈입니다.

　지금도 첫날의 낯빛과 눈빛이 생생하게 기억납니다. 얼굴빛이 아주 어둡고 공격성이 강한 까칠한 눈빛이었습니다. 감정이 이 정도로 나쁜 상태에서도 공부를 잘 하는 친구라면 치유가 되었을 때 어떤 결과가 나올지 사실 궁금하고 기대되었습니다. 보통 똑똑한 사람이 상처로 인해 마음을 닫아버리면, 그 마음 여는데 훨씬 더 많은 에너지가 필요한데 이 학생도 그런 케이스였습니다. 부모와 단 한마디도 말을 섞지 않고 집에서 화만 내기에 부모님이 겨우 데리고 온 경우였습니다. 부모와의 관계 개선이 시급한 상황이었습니다.
　성적과 생활면에서 오랜 기간 부모로부터 받아온 스트레스가 원인이었습니다. 너무 힘든 상태에서 아빠의 도움을 요청했으나, 부부관계가 좋은 아빠가 아들의 방패막이가 되어주지 못했던 겁니다. 아빠도 엄마와 같은 생각이구나, 라는 마음에 이제는 모든 것을 포기하고 마음을 닫아버렸습니다. 이 집을 빨리 독립해서 제대로 먹고 살고 싶다면 공부라도 잘 해야 하기에 성적관리를 하고 있던 겁니다. 부모님 면담을 통해 아들이 이렇게 된 이유와 부모의 잘못된 양육태도를 깨닫게 했습니다. 다행히 금방 알아차리고 하나뿐인 아들과의 관계 개선을 위해 움직이기 시작했습니다. 진심으로 하는 부모님의 사과와 행동변화에 아들의 상처회복이 진행되었습니다.

  상담종결 즈음엔 부모님이 더 많이 고마워했습니다. 귀한 외아들이 감당 안될 만큼 차갑고 사회성이 파괴가 되어 두려웠다 합니다. 지금 이 친구는 가족과 행복하게 잘 살고 있습니다. 머리가 유난히 좋은 사람들이 상처로 인해 인성이 파괴되면 그야말로 사회가 감당하기 어려운 문제를 일으키는 모습을 자주 봅니다. 그런 일이 예방되도록 가정에서 더 노력해야 합니다. 이처럼 가정에서 비롯된 갈등이 해소되면 학습 동기에 대한 긍정적 부여로 성적이 오르는 등의 선영향이 이루어지게 됩니다.

  누구나 인정을 받으면 마음이 편해지고 그로 인해 움직이게 됩니다. **제주의 어느 중학교**에서 12명의 학생들을 대상으로 2박 3일 캠프를 진행했던 적이 있습니다. 주제는 선천성과 현재성 기질검사를 통한 자기 이해와 자존감 향상이었습니다. 세부과정으로 진로상담 및 동기부여, 학부모 참관 의사소통 강의 및 관계개선을 위한 개별상담이 있었지요.

  이야기는 상황이 안 좋았을 때로 돌아갑니다. 특히 성적이 상중하 중에서 '하'의 수준인 남학생이 한 명 있었습니다. 학원에 결석도 잦고 출석해도 집중하지 않아 성적이 낮을 수밖에 없었습니다. 가족이 자신의 학교생활에 너무 신경을 안 써서 속상하다고 해서 의사소통강의에 엄마를 초청했습니다. 그러나 너무 바쁘셔서 참석을 도저히 못한다고 하시기에 어머님과 전화 통화를 했습니다. 미리 캠프의 내용과 저에 대한 얘기를 했었는지 마음을 터놓고 말씀하셨습니다. 통화 중에 아이의 학업에 관심은 많은데 일이 많아서 신경을 못 쓰는 것이고 자녀를 진심으로 아끼고 사랑한다는 느낌을 많이 받았습니다. 그래서 다음날 학생과 그 부분을 집중적으로 상담했습니다. 아이도 그 부분은 인정하며 이제부터는 부모 핑계대지 않고 공부에 신경 쓰기로 약속했습니다. 약속내용이 '학원 안 빠지고 열심히 다니기. 그래서 성적 올리기'였습니다. 첫 시험 목표를 90점으로 잡기에 너무 높다고, 그러다 포기한다고 70점까지만 목표를 정하라고 조정해주었습니다.

결과는 평균 성적이 20점이 올랐다고 기쁜 마음을 마구 전해오는 아이였습니다. 그 이후에는 그렇게 계속 5점씩만 올리자고 약속했습니다. 결국 성적이 높아졌고 성적이 낮아 꿈도 못 꾸던 인문계 고교를 진학했습니다. 종전처럼 공부하기 싫어지면 힘을 달라고 문자하고, 더 하고 싶어질 때는 빡공(빡세게 공부)하게 응원해 달라 문자할 만큼 정말 정이 많은 아이입니다. 최근 SNS프로필에 'S대에 꼭 입학하자'라고 쓰여 진 것을 우연히 보고 얼마나 기뻤던지요. 마지막에 공개한 문자처럼 안부문자가 왔기에 제가 힘들다고 응원부탁 한다고 했을 때 깜짝 놀라며 제게 힘을 주는 멋진 학생이지요.

이번 사례는 전교회장입니다. 당연히 좋은 성적에 지도력이 있으며 자신의 위치를 잘 알고 있는 학생입니다. 아들을 많이 사랑하기는 하지만 일방적으로 공부를 너무 강요하는 엄마를 이기지 못해서 항상 속이 상하고 답답하다고 말합니다. 밝지만 한쪽으로는 슬픈 표정이 가끔씩 비쳤습니다.

엄마가 자신의 모습을 깨닫고 변화가 필요한 상황이었습니다. 학생이 자신의 엄마를 변화시켜주기를 적극적으로 부탁해 온 드문 사례입니다. 학부모를 초청해서 의사소통에 대한 강의 후 엄마와 개별 상담을 했습니다. 감사하게도 엄마가 마음을 바꿔서 다음부터는 모자간의 진정한 대화가 오고 갑니다. 아이는 제게 너무 고맙다는 표현을 거듭했고, 긍정적인 변화로 건강해진 덕에 장학금 500만 원을 받고 고교 진학을 했습니다.

학생의 의뢰로 부모 상담을 통해서 관계가 개선된 사례입니다. 자신 안에 갇혀 있던 아이들이 세상으로 나오기 시작하면서 변화의 속도는 더 빨라집니다. 자신감이 생긴 아이가 감사의 문자를 보내왔습니다. 자신의 마음을 표현하는 것도 이전보다 밝고 건강해졌습니다. 이 문자를 읽고 이젠 걱정을 내려둘 수 있었습니다.

제주 3명의 트리오가 성적 올랐다고 자랑하면서 서로 전화를 바꿔가면서 '쌤, 보고 싶어요. 쌤, 사랑해요. 제주오세요'라던 기억이 지금도 저를 행복하게 합니다. 책이 출간되면 바로 제주 가서 이 사랑스러운 고등학생들을 만날 생각입니다. 이처럼 마음의 힘듦이 해결이 되면 맑은 정신으로 공부나 업무에 집중이 가능합니다. 이 학생들은 대부분 가족 간의 갈등이 해결이 된 케이스입니다. 이처럼 상처가 해결이 되면 동기부여가 쉽고 자존감이 높아져서 성적이나 업무에 효율을 가져올 수가 있다는 증거입니다.

상담사례집을 출간하고자 모아둔 세 학생 자료와 문자를 뒤에 수록했습니다. 참고가 되면 좋겠습니다.

> 인생에서 가장 슬픈 세 가지,
> 할 수 있었는데, 해야 했는데, 해야만 했는데
> -루이스 E. 분-

9. 변할 수 있다는 건 참 다행이지

내 마음의 거울

 객관적으로 결코 미남, 미인이 아니어도 인상이 좋은 분들이 많아요. 고학력에 고소득자인데 인상이 별로인 분들도 있어요. 좋은 인상! 어디서 어떤 일을 하든, 마음 편히 잘살고 있다는 것. 정서가 안정적이라는 의미죠. 그러면 되는 거 아닐까요. 근데 오늘의 제 인상이 너무 무표정하네요.ㅠ 뭔가 일을 도모해야겠어요. ㅎㅎ (SNS에 올렸던 글입니다).

 저는 상담을 하는 사람이니 사람을 볼 때 자연스레 인상을 먼저 보게 됩니다. 객관적으로 미남, 미인, 추남, 추녀 상관없이 사람의 인상과 표정 등을 보게 됩니다. 개인적으로 외적인 매력보다 내적인 매력이 더 힘이 있고 오래 간다 여깁니다. 태어날 때의 외모는 내 선택이 아니니 책임질 필요가 없습니다. 내가 만약 현재 인상이 좋지 않다면 마음 아프지만 '나의 문제'입니다. 인상은 지금까지의 내 삶과 현재의 내 정서 상태를 반영한 거울이기 때문이지요.
 기질상 A기질들은(성실, 책임, 규칙, 모범, 인내) 다소 무표정하고 경직되어 보이긴 합니다. 하지만 인상이 나쁜 것과는 다릅니다. 가끔 인상이 그다지 좋지 않은 분들을 봅니다. 인상이 나쁘고 싶어서 나쁜 사람은 아무도 없을 거예요. 그러니 그런 분을 뵈면 그동안 얼마나 힘든 삶을 살아오셨기에, 아니면 지금도 얼마나 고되기에, 라는 생각으로 마음으로라도 위로를 보내는 우리가 되면 좋겠어요. 지금의 내 인상이 마음에 안 드신다면 힘들게 살아온 자신의 삶을 먼저 위로하세요. 상처치유를 하면 편안한 인상으로 돌아갈 수 있습니다. 위에 포스팅이 된 내용처럼 일시적으로 인상이 나빠 보인다면 요즘 많이 힘들다는 거잖아요. 애쓰고 있는 자신을 많이 위로해 주시고 다섯째 꾸러미에서 다룰 자기 충전이나 자기에 대한 보상을 해주세요. 그러면 인상은 자연스레 편안해집니다.

일시적인 상황이라면 빠른 시간 안에 원래대로 회복이 충분히 가능합니다. 외모에 콤플렉스가 있다는 사람도 좋은 인상을 소유하게 되면 충분히 매력적으로 보입니다. 저는 성형수술 하지 않고도 인상이 편하고 선하게 변할 수 있다는 것이 참 고마운 일이라 생각합니다.

이번에는 다른 이야기입니다. '**대물림 걱정 마세요. 충분히 변화 가능한 자존감입니다**' 라는 같은 제목을 달고 싶은 이야기입니다. 중국인 석사출신 주부가 있습니다. 다문화지원센터에서 제게 부모교육을 수강 후에 2차로 자존감향상 프로그램을 신청한 수강생이지요. 강압적이고 무섭게 야단만 치시는 아버지 밑에서 칭찬을 한 번도 듣지 못하고 자랐습니다. 3등을 해도 1등 못했다고 야단치시던 아버지가 참 무서웠다고 합니다. 한국인 유학생이었던 남편을 중국에서 만나, 국제결혼 후 한국에서 살게 되었는데 새로운 환경에 위축된 자신에게 남편이 항상 응원을 해준다고 해요. 기회가 있을 때마다 두려워하지 말고 해보라고 힘을 실어주었다고 해요. 그래서 남편 덕분에 시도해볼 수 있었고, 성공 경험으로 인해 자존감이 점점 높아질 수 있었다고 말합니다. 부부의 자존감은 대개 같은 높이에서 공명을 하기 때문에 보통은 비슷한 자존감 수치의 남녀끼리 결혼을 하게 됩니다. 하지만 이분들은 달랐습니다. 자존 높고 성숙한 남편을 통해서 아내의 자존감이 회복이 된 사례입니다.

수업 과정 중에 자녀에게 공감하기. 선택권 주기 과제를 해 온 후에 발표를 할 때입니다.

아이들이 너무 좋아하고 엄마를 더 좋아하더라는 발표를 하면서 웁니다. 부모에게 받지는 못했지만, 대신 아이에게 제가 줄 수 있다는 것이 얼마나 감사하고 다행인지 모른다며 흐느낍니다. 그렇습니다. 내가 사랑받지 못하고 자랐기에 자녀에게 사랑을 줄 수 없는 것이 절대 아닙니다. 저는 가끔 이런 분들을 만납니다. 그럴 때마다 많은 위로와 존경을 드립니다. 부모에게 받지는 못하고, 자녀에게 줘야만 할 때 다소 억울함이 생길 수 있습니다.

억울함을 극복하고, 또 경험하지도 못했던 좋은 부모 역할을 하려 얼마나 애썼을까요. 그래서 더 훌륭한 겁니다. 혹 독자분 자신이 그러하다면 스스로에게 무지막지한 칭찬을 해주세요. 이처럼 **내가 치유되고 자존감이 굳건해지면 원가족의 건강하지 않음과 낮은 자존감의 대물림을 끊을 수 있습니다.** 두려워하지 않아도 됩니다. 아버지를 닮아갈까 두려워할 필요 없습니다. 엄마 같은 인생을 살까 무서워할 필요도 없습니다. 내가 우리 집안에서 굳건한 자존감을 가진 성숙한 사람의 원조가 되는 겁니다. 이 경험은 매우 짜릿할 거라 생각합니다. 이런 사람은 **나 닮은 아이가 밉지 않습니다.** 행여나 닮은 아이가 사고를 치거나 큰 실수를 하더라도 수습하고 관리하느라 놀라고 힘들 수는 있지만, 심리적으로 무너지진 않습니다. 왜냐면 내가 그랬듯이 나 닮은 아이도 회복되어 자신의 삶을 잘 살 것이라는 믿음이 있기 때문입니다. 결국 최고의 성숙한 부모 역할을 하게 되는 것입니다.

요즘은 예비부부를 위한 의사소통과 자존감 강의가 많습니다. 그런데 이 강의엔 함정이 있습니다. 커플끼리 서로 손을 '꼼지락꼼지락' 만지작대며, 눈으로 불꽃같은 하트를 주고받으면서 도무지 수업에 집중을 못합니다. 그래서 참다 참다 한 마디를 하게 됩니다.
"얼마나 좋은지 잘 안다. 하지만 강의에 집중 쫌 하자!"
소리를 좀 질러야 합니다. 그러면 '큭큭큭' 웃으면서 자세들을 고칩니다. 소리는 질렀지만, 사실은 정말 귀엽고 예쁩니다. 이런 강의를 경험 후 결혼

생활을 시작하면 이미 건강한 부부이기에 이혼이 많이 예방됩니다. 건강하고 성숙한 부모 밑에서 탄생한 아이는 **정서적 금수저**입니다. 그래서 꼭 추천 드립니다. 일반 학부모라면 공공기관 등에서 하는 8회 이상 부모교육 강의에 참여해서 자신의 자존감과 부모 역할의 모습을 점검해보세요. 혹시 문제가 있다면 수정하고 점검받는 기회가 될 겁니다. 특강에서는 경험할 수 없는 성장입니다. 매주 과제를 수행하고 서로의 피드백 등을 통해서 자존감 굳건한 성숙한 부모가 될 수가 있습니다. 자녀에게는 부모의 성숙이 가장 큰 선물이 됩니다.

존경스러운 친구가 있었습니다.
25년째 아빠는 가출 중이고 엄마 고3 때 암으로 사망.
혼자서 학자금대출로 대학 다니다 공무원 공부 시작한 25세. 외아들 남학생.
비빌 언덕이 없어, 극도로 불안해져서 상담 의뢰.
남학생에게 안쓰러운 마음으로 물었습니다.
"무슨 돈으로 학원비와 생활비 하니?"
"대학과 공익근무 할 때, 편의점 알바와 막노동해서 3천만 원 모아둔 거 갖고 해요."
눈물이 나고 감동으로 소름이 돋았습니다. 불안, 외로움 속에서도 선한 인상까지 유지한 대단한 학생입니다. 학원서 대접해 주는 '남도정식' 포기하고, 학생에게 점심과 커피를 먹였습니다. 그래야 마음이 편할 것 같았습니다. 별명을 보석으로 지어줬습니다. 깊은 감동으로 지금도 뭉클합니다.
(제가 올린 SNS 내용입니다.)

이 글에 200개 이상 댓글이 달렸습니다.
"진귀한 보석 맞다. 이런 친구는 반드시 성공한다. 무조건 응원한다. 장학금 주고 싶다. 따스한 집 밥이라도 해먹이고 싶다. 혹 공무원 떨어지면 학생의 인성을 믿고 취직을 추천해주고 싶다. 안일한 나 자신을 돌아보게 된다."

이 댓글들을 보고
'세상엔 아직도 좋은 분들이 너무도 많으시구나. 정이 살아있는 살만한 세상이구나.'를 느끼며 저도 감동 받고 힘을 얻었답니다. 이렇게 힘든 상황이라면 저를 포함한 보통 사람들은 인상이 좋기가 참 어렵습니다. 그런데 이 친구는 인상이 너무도 선했습니다. 그래서 제가 이 친구를 존경합니다. 종교를 가지지도 않았는데도 얼마나 마음을 잘 다스렸으면 이 상황에서도 저런 선한 인상이 나올까, 싶었습니다. 인상은 심상이기에 다스릴 수도 있고, 힘든 상황에서도 선하게 유지할 수도 있다는 걸 이 친구에게서 한 번 더 배웠습니다. 참 고맙고 대단한 친구입니다. 앞으로의 미래를 진심으로 응원합니다.

마음이 편해지면 얼굴로 드러난다.

앞서 말했지만 상담이 잘 되어 종결할 때에는 마음에 여유가 생겨, 인상이 많이 바뀌어 있습니다. 그 때문에 상담의 효과는 흡사 성형 수술한 것 같다고 상담가들 끼리는 말합니다. 내면의 편안함과 아름다움이 뿜어져 나와 그리 보이나 봅니다. 자존감을 높이는 강의나 집단 상담을 마칠 무렵에는 수강생들이 타인들에게서 예뻐졌다는 칭찬과 피부 좋아졌다는 말을 많이 듣는다고 합니다. 마음이 편해져서 잘 자고, 생체적 에너지가 잘 순환되어서일 수도 있습니다.

첫 시간 때 유난히 인상이 좋지 않았던 어떤 학부모에게 다른 분들이 이구동성 인상이 너무 좋아졌다 말합니다. 정말이냐 놀란 얼굴로 되묻고 굳이 확인을 받고 난 후엔 엄청 좋아하기도 합니다. 자존감 향상 과정이나 성숙한 부모교육 과정은 10주간 정도 진행하는데요. 종강쯤이 되면 상처가 있었던 분도 대부분 치유가 되어 편한 인상이 됩니다. 그런데 아주 가끔은 종강 날까지 인상이 그다지 달라지지 않는 분도 있습니다. 그럴 때는 종강 날 강의 중에 공식적으로 무료상담 기관을 몇 군데 안내해 드립니다. 무료 기관인 이유는 첫발을 딛는 문턱을 낮추기 위해서입니다. 집단 강의라 용기 부족으로 자신의 문제를 솔직하게 끝까지 드러내지 못하는 경우가 있기도 하거든요. 개개인에게 마지막으로 인사와 개인 피드백을 할 때, 진정 돕고 싶은 심정으로 조심스레 정중히 여쭈어봅니다.

"혹시. 아직 치유가 덜 끝난 거 맞으세요?"

그러면 조용히, 그리고 어렵게 인정합니다. 그럴 때는 강의 중 소개했던 기관의 개인 상담을 추천 드립니다. 물론 개인 상담을 받고 안 받고는 본인의 선택이지요. 가끔 그런 분들로부터 1년이 더 지나서 연락 올 때가 있습니다. 두렵고 부담스러워서 몇 달을 미루다가, 결국은 개인 상담을 받으러 갔답니다. '덕분에 이젠 자존감도 높아지고, 삶이 많이 자유로워졌다'며 고맙다고 전화하면서 웁니다. 가슴 벅찬 일입니다. 그 기쁨의 눈물을 보면 고맙고, 다행스러움에 저도 같이 찡하게 감동합니다.

* 거울 한 번 볼까요? 지금 나의 인상은 어떤가요? 만족스럽나요?
그럼 정말 축하받아야합니다. 자신을 칭찬해주세요.
혹 그렇지 않은가요? 그럼. 자신에게 먼저 위로와 함께 자기 돌봄을 하세요.
가능하다면 상처치유도 함께! 6개월 후엔 틀림없이 인상이 많이 편해졌을 겁니다.

변화해라. 억지로 변화해야 할
상황이 오기 전에
-잭 웰치-

세 번째 꾸러미

|

난 어떤 사람일까?
자기이해의 마침표.

세 번째 꾸러미 : 난 어떤 사람일까?
자기이해의 마침표.

우리는 한평생 살아가면서 알아야 할 것이 너무 많습니다.

"나는 얼마만큼의 지식을 가지고 있는가?"
"내가 태어나고 살고 있는 지역은 어떠한 특성이 있는 곳인가?"
"나는 나의 직업과 관련해서 얼마만큼의 정보를 가지고 있는가?"
"내 주변에는 어떤 사람들이 있는가?"
"나는 우리 가족들에 대해서 얼마만큼 알고 있는가?"
"나는 직장동료들의 인간적인 어려움에 대해서 알고 있는가?"

한 번 시작하면 꼬리에 꼬리를 물게 됩니다. 다른 사람들과 더불어 살아가기 위해 타인에 대해 알아야 할 필요가 있다는 걸 이미 알고 있습니다. 그러나 인생의 주체가 자신이기 때문에 나에 대해 먼저 알아야 한다는 것을 모두 동의합니다.

자신에 대해서 알아 가는 과정을 '자기이해'라고 하는데 '내가 누구인가?'에 대한 답을 하는 과정입니다. 자기이해를 하려면 먼저 자신에 대한 분석이 선행되어야 합니다. 자신이 자신을 객관적으로 바라볼 수 있어야 합니다. 객관적으로 들여다본 자신의 장단점을 모두 수용하고 있는 그대로 자신을 사랑할 수 있어야 합니다. 그 바탕 위에 보완하여 가는 것을 멈추지 않으면 됩니다.

  동시에 다른 사람들에게 자신을 개방할 수 있어야 됩니다. 우리들 개인의 건강한 인간관계의 출발은 자기이해와 자기개방의 영역을 이해하는 것에서부터 시작해야 합니다. 그러려면 먼저 나를 바라보는 모습이 무엇인지를 살펴볼 수 있어야 하지요. 동시에 나를 개방하는 정도를 파악해야 합니다.

  조셉 루프트(Joseph Ruft)와 해리 잉행(Harry Ingham)는 자기이해와 자기개방의 상태를 파악하는 데에 도움을 주기 위해서 '사분면의 창(window)'을 제안합니다. 자기이해와 자기개방을 통해서 자신의 위치가 어디인지를 알 수 있게 도와줍니다.

* 공개된 영역(open window) : 자기이해가 잘 되어 있고 자기개방도 잘 되는 상태
* 맹점 영역(Blind window) : 자기개방(자기표현)은 잘 하지만 오히려 자신에 대해서는 잘 모르는 상태로 잘난 척 하지만 자신이 진짜 어떤 사람인지 잘 몰라 깊은 관계가 힘들어짐
* 은폐된 영역(Hidden window) : 자기이해는 잘 하고 있지만 타인에게 자신을 개방하지 않는 상태로 일반적으로 잘 표현하지 않으니 다른 사람들이 접근하기 힘들고 오해하기 쉬움
* 미지의 영역(Unknown window) : 자신도 잘 모르고 자신을 개방하지도 않는 상태.

  내가 누구인지를 알아 가는 방법은 매우 다양합니다. 여러 방법 중 자신의 기질에 대해 정확히 아는 것이 가장 중요합니다. 기질(temperament)은 타고난 특성으로, 태어나면서부터 관찰되는 정서, 운동, 자극에 대한 반응성, 혹은 자기 통제에 대한 안정적 개인차를 말합니다. 기질은 아동의 양육 과정이나 문화권, 경험 등에 의해 다양한 형태로 표현되어 삶에 지대한

영향을 끼칩니다. 기질적 차이는 사람들의 경험이나 그들이 접하는 문화적 가치에도 작용하여 발달에 궁극적인 영향을 준다고 보고되어 있습니다.

자신의 기질을 정확히 알면 자신을 이해하기 때문에 내적갈등으로부터 상당 부분 자유로워질 수 있습니다. 당연히 자존감향상에 도움이 됩니다. 그럼 읽으면서 자신의 기질을 한 번 체크해보세요.

> **인생의 위대한 목표는 지식이 아니라 행동이다**
> −헉슬리−

10. 내 기질을 제대로 알고 싶어.

기질에 대한 이해

사람에게는 '타고난 기질'과 '타고난 재주'가 있습니다. '재주'는 기술이나 예술, 지식 등을 잘 할 수 있는 능력과 소질인데 주로 직업과 경제활동에 사용되지요. 타고난 재주는 체험을 통해서 알 수 있고 교육이나 훈련을 통해서 발휘됩니다. 기질이란 사전적으로 자극에 대한 민감성이나 특정한 유형의 정서적 반응을 보여주는 개인적인 성격적 소질인데 '심리재능'이라고도 해요.

기질은 교육이나 훈련보다는 부모 등 의미 있는 관계자에게 **지지와 인정 이해와 관심을 받으면 발현되어 자존감이 높아집니다.** 타고난 기술, 예술, 지식능력을 통해서 직업을 가져서 성공하더라도 타고난 기질을 인정받지 못하면 자존감에 구멍이 생깁니다. 그 때문에 완벽한 행복이 어렵습니다. (다원재능심리학 교재 인용)

검사결과 나의 선천적인 기질과 현재 모습이 일치하는 사람이라면 내가 나답게 잘 살고 있음을 확인하게 되었으니 자존감이 더욱 굳건해집니다. 불일치하는 사람은 불일치의 이유를 찾다보면 내가 받았던 상처와 만나게 됩니다. 이를 통해 핵심 치유가 시작됩니다. 자신의 '장점과 단점' '선호와 비 선호'를 명확히 알 수 있으니 살아가면서 내적갈등이 현저하게 줄어듭니다. 독자님의 경우, 자신이 타고난 기질과 현재 모습이 같이 사는 분이라면 앞서 본인이 선택한 2가지 기질유형의 단어가 타고난 장단점이 됩니다.

약식이지만 자신의 기질유형의 단어가 타고날 때부터 장착된 개성이고 강점이기에 본능적으로 편안하고 좋습니다. 노력하지 않아도 되는 그 강점을 지지받고 격려 받으면 자기 자신이 좋아지는 게 당연하지요.

대개 자존감이 약한 사람은 자신의 단점이 드러나는 것을 극도로 방어합니다. 제대로 검사하면 누구나 '장점과 단점'이 프로파일에 나오게 됩니다. 기질별로 다를 뿐이지 단점은 누구에게나 다 있습니다. 그러니 너무 자신의 단점 때문에 힘들어할 필요 없습니다. 저도 처음엔 제 기질상의 단점이 적나라하게 나와 뜨끔했던 기억이 있어, 내담자와 해석 상담을 할 때 저의 단점을 솔직히 드러냅니다. 그러면 자신의 단점이 들킬까 긴장하고 위축해 있던 내담자도 그제야 겸연쩍게 웃으며 고백합니다.

사실은 이 프로파일 내용처럼 '내가 꽤 까칠하다, 내가 자주 욱한다, 내가 사실 사람을 많이 가린다.'라고들 말해줍니다. 그다음부턴 내담자도 상담자도 상담이 아주 재미있어집니다. 먼저 마음을 열면 상대도 마음을 열게 되는 게 진리니까요.

자기가 좋아지면 심리적으로 여유가 생깁니다. 그러면 그때 자연스레 타고난 단점, 즉 자신이 부족하게 보이는 모습도 보완해 보려는 시도를 하게 됩니다. 나의 단점을 고치고 보완하려고 하는데 먼저 너무 애쓰지 말고, 나의 강점과 재능을 살려서 '나란 사람, 참 괜찮은 사람이네.' 라는 심리적인 만족감과 행복감을 먼저 느끼는 게 더 중요합니다.

버티는 힘이 필요한 기질도 있습니다. 우리가 어렵게 취업한 곳에서 그만두는 가장 큰 이유는 실력보다는 인간관계의 영향이 더 크지요. 관계에서 큰 갈등 상황이 생기면 도망가는 분들이 있습니다. 아니라고는 하지만 자신의 마음속을 잘 들여다보세요. 그것은 자신만이 압니다. 내가 내면의 힘이 부족해서 버티지 못하고 도망이나 회피하는 것이라면 진지하게 생각해 볼 필요가 있습니다. 이렇게 되면 퇴사를 하거나 모임을 탈퇴한 후에, 상대방 때문이라고 원망하기도 하고, 살아남지 못한 자신을 자책하기도 합니다.

　지난 생각이 떠오를 때면 자존감이 더 떨어지지요. 특히 마음이 여린 D기질(**가족, 사랑, 상처 힘듦, 두려움, 평화**) 들이 싸우는 게 싫거나 두려워서 지레 포기하거나 도망을 잘 갑니다. 하지만 D기질도 내면의 힘이 많으면 깡을 발휘할 수 있습니다. 물론 깡을 펼 때 다른 사람보다 훨씬 많은 에너지가 들어가긴 합니다. 그렇기에 그 노력을 더 응원 받아야합니다.

　소은양이 이랬어요. 친구와의 말다툼 이후 서로 사과는 했지만, 관계가 아주 소원해져서 강의실에 들어가는 게 너무 힘들다고 합니다. 마음이 힘드니 공부가 안되고 그래서 온라인 강의로 바꿀 생각을 하고 있습니다. 착하고 여린 D기질 (**가족, 사랑, 상처에 취약, 두려움, 평화**) 이었기 때문입니다. 기질상의 특성이란 점을 이해를 시키고 낮은 자존감을 높이는 과정을 거쳤습니다. '너도나도 같이 힘든데, 내가 먼저 도망갈 필요가 없다.'를 적어놓고 읽으며 자신에게 용기를 주도록 했습니다. 상담 후에 버텨보았답니다. 정말로 힘들었지만 가능하더랍니다. 어려운 산을 넘고 다음 상담에 왔을 때 내향적인 기질이라 시원하게 표현은 못 하지만 조용하지만 아주 강렬하게 기뻐했던 기억이 있습니다.

　내가 불편하면 상대방도 불편합니다. 그러니 버티는 경험을 해보세요. 버텨보면 또 다른 게 보입니다. 힘들고 버거웠음에도 도망가지 않고 이겨낸 자신이 무척 대견하고 좋아집니다.

독특한 기질

　제가 유난히 길치입니다. 길치는 길에 대한 감각이나 지각이 매우 무디어 길을 바르게 인식하거나 찾지 못하는 사람이지요. 그래서 사람들에게 넌 내비게이션을 만든 사람에게 밥을 한참을 사도 모자란다며 놀림을 받기도 합니다. 지인 교수님이 있는데, 그분은 자신을 가족에게 구박을 받는 '생활

장애자'라고 표현합니다. 1년 사이에 고속도로에서 기름이 떨어져서 긴급출동 서비스를 세 번 받았습니다. 보험회사 직원이 긴급출동 내역을 보고 웃더랍니다. 대한민국 최고의 이과대학 교수님이 그런 실수하는 걸 보고 얼마나 웃었는지 모릅니다. 제가 교수님께 '교수님이 저보다 갑'이시라고 놀렸네요.

사람의 에너지는 한계가 있는데 에너지를 연구에 전부를 쏟다 보니 다른 면에는 소홀할 수밖에 없는 겁니다. 빼어난 예술가 중에도 이런 분들이 많습니다. 창의와 예술성을 가진 기질은 아주 예민하기도 합니다. 아주 독특한 기질들이지요. 중요한 것은 이런 기질은 의미 있는 관계자 특히 가족들의 각별한 주의와 배려가 필요합니다. '단지 생활면에서의 부족'을 '사람 자체의 부족'으로 동일시해 버리면 부족한 사람으로 낙인찍는 결과가 생깁니다. 또한 자신이 이상한 사람 취급을 받는다는 느낌을 받지 않아야 위축되지 않습니다. 이렇게 '보호받은 자존감' 안에서 성장과 생활을 해야 자신의 핵심 재능을 살릴 수 있습니다. 이런 분들이 예술이든 연구든 자기 분야에서 엄청난 작품과 업적으로 큰 공헌을 하게 됩니다. 그건 돈으로도 살 수 없는 재능입니다. 그런데 이런 분들과 사는 가족들은 가끔 사리가 생깁니다. 이를 어쩌겠습니까. 그래도 구박을 주고받으면서 가족과 행복하게 살아가는 모습을 보면 흐뭇한 미소와 함께 그 사람의 미래를 기대하게 됩니다.

오해가 생기기 쉬운 기질적인 특징이 있습니다.

A기질(성실, 책임, 규칙, 모범, 인내)은 대한민국에서 칭찬을 가장 많이 받는 기질입니다. 알아서 잘하기 때문에 다른 사람도 이 정도 하는 건 당연하다고 생각합니다. 그래서 A기질은 타인 칭찬에 인색한 편입니다. 그리고 자신과 타인에게 완벽을 추구합니다. 잔소리도 엄청 많아지겠죠? 이런 A기질이 자존이 낮고 '불건강'해지면 강박증에 노출이 되기 쉽습니다.

B기질(도전, 자랑, 화끈, 한다면 한다, 자유)은 리더십, 진취력, 추진력이

강합니다. 그래서 B기질이 자존이 낮고 '불건강' 해지면 공격성, 반사회성에 노출이 쉽습니다. 미술치유 검사를 하면 B기질은 '불건강하지 않은 정서상태'인데도 '총, 칼' 등 '공격적 그림'이 많이 나옵니다. 너무 놀라지는 말고 신중히 점검해보면 됩니다.

  C기질(대화, 다양성, 호기심, 논리적, 이성)은 말하기를 좋아합니다. 그러니 남성도 C기질이면 말이 많습니다. 그렇다면 남성 C기질이 중년이 지나면 호르몬의 영향을 받아, 더 말이 많아질 수도 있겠지요.

  D기질(가족, 사랑, 상처 힘듦, 두려움, 평화)은 여리고 감성적입니다. 그러니 남성도 D기질이면 상처도 잘 받고 눈물이 많기도 합니다. 남자가 운다고 걱정이나 구박하면 안 됩니다. D기질은 자존이 낮고 '불건강'해지면 우울에 쉽게 노출됩니다.

  기질은 각자 다릅니다. 같아질 수가 없어요. 그러니 내 기질을 잘 알아서 자신의 내적 갈등을 줄이고 다른 사람과의 다름을 인정하는 것이 관계에서의 갈등도 줄일 수 있습니다. 타고난 천성은 바꾸지 못합니다. 인격이 성숙될 뿐입니다. 많은 사람들이 노력해서 성격이 바뀌었다고 생각합니다. 잘 보아야 합니다. 원래 타고난 기질이 잠재되어 있었는데 그제야 발현되는 경우가 대부분입니다. 발현(發顯, revelation)은 속에 있던 것이 밖으로 드러나는 현상을 말합니다. 다음과 같은 상황을 생각해볼까요?
'밥을 3일 굶은 상태' '생명이 위협받는 위기상황'
'아무런 가면도 필요 없는 심리적인 무장해제 상태'
  네, 그렇습니다. 위와 같은 상황에서는 **자기 본연의 타고난 천성기질이 나오기 마련**입니다. 노력해서 되는 건 한계가 있다는 의미입니다. 어르신들 성격 잘 안 바뀌죠. 우리 남편은 바뀝디까. 우리 부인은 바뀝디까. 그러니, 그런 기질을 근본적으로 바꾸기를 바라거나 기대를 하면 실망에 부딪히게 됩니다. 게다가 강요까지 하면 서로가 힘들고 아픕니다. 단지 성숙하게 그리고 건강하게 각자의 기질을 쓰기를 바라고 도울 뿐입니다.

아하. 그래서 그랬구나.

공무원 합격생 270명을 대상으로 선천성과 현재성 기질검사를 했습니다. 현재성 문항검사결과가 참 재미있었습니다. 100% 전원이 현재성이 공무원에 적합한 A기질(성실, 책임, 규칙, 모범, 인내)로 나왔습니다. A기질처럼 완벽하고 체계적으로 준비하고 인내를 해야만 합격할 수가 있다는 의미지요. 합격생들에게 기질해석을 하면서 이 사실을 알려주니 자신들도 당연하단 듯이 모두 '껄껄'웃습니다. 그 중에 유독 눈에 띄는 프로파일의 합격생이 있었습니다. 동수는 선천기질이 역동적인 B기질 (도전, 자랑, 화끈, 한다면 한다, 자유)중 가장 강력한 B1B1기질(일을 할 때나 쉴 때의 기질)이었습니다.
"선천기질 B1B1이 A기질로 5년 동안 고시생 생활하느라 참 힘들었겠다."
"선생님. 검사에서 티가 나는 군요. 저 진짜 죽는 줄 알았습니다."
"그래, 동수는 성향상 다른 수험생보다 훨씬 더 수고했겠다. 그러니 너의 노력을 더 인정받고 축하받으렴."
"햐아. 선생님의 그 말씀을 들으니 온 몸이 뜨거워집니다. 고향에 계신 부모님한테 꼭 이 말씀 전해서 제가 얼마나 고생했는지 아시도록 하겠습니다. 그리고 인정을 받아 내겠습니다. 그리고 이제는 저에 대해서 안심을 하겠습니다."
이렇게 대화를 나누다가 눈시울을 붉힙니다. 공무원 생활을 하더라도 부서는 좀 더 역동적인 파트에 근무하는 게 좋겠다고 직무적성 조언을 덧붙여준 사례입니다.
다른 수험생들 보다 이상하게 더 많이 힘들었을 때 이유를 모른 상태에서 시험에 실패할까 불안하고 많이 괴로웠을 겁니다. 몇 번이나 포기하려고 했다고 말합니다. 검사를 통해 자신의 선천기질을 알고 난 후에 이유를 깨닫고 동수가 짓던 편안한 표정이 지금도 기억이 납니다. 동수는 자신에게

별을 하나 멋지게 달아 준 셈입니다. 기질을 뛰어넘는 노력으로 그 어려운 공무원합격이란 성과를 이룩했는데, 뭔들 못하겠습니까!

　사람은 일할 때 기질과 집에서 쉴 때의 기질이 다른 경우가 많습니다. 저도 그렇거든요.
아이가 집에서는 시끄럽고 말도 많은 역동적인 C기질(대화, 다양성, 호기심, 논리적, 이성)의 아이인데, 밖에서 낯가리는 D기질(가족, 사랑, 상처에 취약, 두려움, 평화)일 수도 있습니다. 아니면 그 반대일 수도 있겠지요.
　집에서는 보통 자신이 쉴 때 사용하는 충전의 욕구를 사용하는데, 그 욕구를 충전하는 방식도 기질별로 다릅니다. 대화를 많이 하며 게임이나 놀이를 원하는 기질이 있는가 하면, 집에 오면 아무런 간섭도 받지 않고 오로지 내 공간에서 조용히 쉬고 싶어 하는 기질이 있습니다. '남편이 집에 오면 쇼파에서 일어나지를 않아요.'라며 불만을 토로하기도 하는데, 남편이 워낙 피곤해서 그럴 수도 있지만, 원래 기질상 그런 사람일 수도 있습니다. 이런 기질의 차이 때문에 가족 간의 갈등이 많이 생기지요. 하지만 서로의 기질을 정확하게 이해하면, '아. 그래서 그랬구나.' '일부러 내 말을 안 듣는 게 아니라 원래 이런 기질이었구나.' 라는 통찰의 말들을 합니다. 그제야 이해가 된 겁니다. 괜히 서운해 하고 미워할 이유가 없었던 겁니다. 오해가 있었던 가족관계가 순간의 통찰을 통해서 관계가 개선되는 경우가 허다합니다. 서운함 때문에 서로의 마음이 상할 일이 줄어들고, 이해하려는 마음이 되기 때문에 전과는 다른 평화가 찾아오기도 합니다.

* 자기 기질과 가족의 기질을 제대로 이해하면 갈등이 해결되고 삶이 훨씬 자유로워집니다.

11. 타고난 성향이 달라도 함께 어울려 지낼 수 있어!

완전히 다른 기질의 아빠와 딸

20대 후반의 은수이야기입니다. 은수는 단발머리에 반달 눈, 특히 눈웃음이 매력적인 아가씨입니다. 깡마르고 뽀얀 피부에 말투가 예의는 바르지만 건조하다는 느낌을 줍니다. 그리고 자기표현을 잘 하지 못 하고 조심스러워 해서 뭔가 벽이 있는 느낌을 받았습니다. 다른 사람을 많이 의식하고 있다는 것도 느껴졌습니다. 은수의 아버지는 딸을 무척 사랑하시는데 밖에 나가서 사람들과 만나서 대화하고 즐기면 에너지가 더 충전이 되는 활동적인 C기질 (대화, 다양성, 호기심, 논리적, 이성)이었습니다. 딸은 그와 반대로 집에서 조용히 책을 읽거나 음악을 듣거나 혼자 산책을 하면 더욱 체질에 맞는 정적인 D기질 (가족, 사랑, 상처 힘듦, 두려움, 평화)이었습니다.

부녀의 성향이 많이 달랐습니다. 여기에서 일어나는 갈등으로 인해 은수는 부모님의 이혼 후 아버지와 살다가 독립해서 생활한지 오래되었습니다. 수면 장애, 우울감, 무기력, 간헐적 호흡 곤란, 심한 자책감, 공황장애, 자해 등으로 저와 인연이 되었습니다. 은수는 D기질이라 특히 부모님의 보호 아래서 사랑을 많이 받고 자라야하는데, 어릴 때부터 부모의 불화와 이혼으로 결핍이 더 커진 사례입니다. 게다가 A기질 (성실, 책임, 규칙, 모범,

인내)이었던 은수의 엄마가 딸에게 자신의 A기질을 강요하는 양육을 했기에 억지로 완벽주의 A기질로 살아가기 위해 쥐어짜며 애를 써야했습니다.
　하지만 노력을 해도 자기 기질이 아니니 잘 안될 때마다 자신을 무척이나 자책하는 생활을 해왔습니다. 자신을 좋아하는 마음보다 탓하는 마음이 컸습니다. 당연히 마음상태가 건강할 수 없지요. 자존감이 낮았습니다. 참고 자료에 적은 것처럼 자신의 선천적 기질이 무척 마음에 든다는 말이 나오기까지 많은 시간이 필요했습니다. 그때부터 치유의 가속이 붙게 되었지요. 참 잘 인내 해 주었습니다. 여기에선 상담진행과정보다 기질의 차이를 먼저 다루려고 합니다.

　평소에 아버지는 딸을 매우 아끼지만, 자신의 기질대로 조언을 하고 그 딸이 활동적인 모습으로 살길 바랐습니다.
　"혼자 있지 말고 나가서 바람 좀 쐬라. 친구들 만나서 놀아라. 운동해라."
　딸을 걱정해서 항상 꺼낸 말씀입니다. 딸은 아빠의 조언을 따르는 것이 벅차고 어려웠습니다. 성향에 맞지 않는 것들이라서 못하고 있으니 아빠 말을 듣지 않는 셈이 되었습니다. 아버지는 조언대로 하지 않는 딸이 답답하고 또 섭섭하기도 합니다. 딸은 그런 아버지가 부담되고 숨이 막힌다고 표현합니다. 당연히 점점 대화가 끊기고 서로 사랑하면서도 관계가 소원하게 되었지요.

　상담이 잘 진행되어갈 때쯤, 아버지에게 아픈 걸 사실대로 얘기하도록 했습니다. 딸이 힘들어서 상담을 받고 있다는 문자를 보냈을 때 아빠의 답입니다.
　"상담 잘 받고 더 적극적으로 친구들 만나고 운동 열심히 하면 더 빨리 좋아질거야!"
　역시 아빠의 기질대로 조언하셨지요. 이제는 알려드려야겠기에 같이 연습했습니다. 몇 주가 지난 후, 딸이 마음을 단단히 먹고 아버지에게 자신의 기질에 대해 상세히 말씀드렸습니다. 자신과 아버지의 기질의 차이까지 야무지게 말했습니다.
"우리 딸. 밥 사줄까, 아니면 용돈 좀 줄까?"
끝까지 진지하게 듣던 아버지의 반응이었다고 합니다.
"근데 선생님. 아빠가 그때 충격 드신 것 같았었어요."
처음으로 통쾌하다며 깔깔 거리며 전해주는데 저도 한참을 같이 웃었습니다. 아버지에게 억눌렸던 부분이 승리한 순간이었습니다. 잔소리만 하던 아버지를 설득하고 이겼다는 마음으로 너무도 기뻐하고 자존감이 쭉쭉 높아졌습니다. 상담 종결 후 안부를 전해왔습니다. 그 동안 깊은 우울감에 한번 빠진 적이 있었는데, 금방 회복이 가능했다고 합니다. 예전처럼 그런 심각한 증상은 없었고, 있어도 자신이 잘 대처할 수 있기 때문에 별 걱정이 안 된다고 전합니다. 그리고 며칠 전에 만났더니 덕분에 조직의 리더 역할을 잘 수행해 가고 있다고 인사합니다. 더 밝아지고 더 예뻐졌습니다. 마른 건 체질인지 여전했어요. 그동안 타고난 자신의 기질대로 조금 더 다정다감해지려고 노력했더니 요즘은 주변사람들이 은수가 더 부드러워졌다고 말해준다고 자랑을 합니다. 저에게 자신이 좋아하는 향이라며 바디워시세트를 쭈뼛쭈뼛 내밉니다. 엄마의 사랑을 오랫동안 받지 못해서 많이 어색해 하고 쑥스러워했습니다. 정말 기쁘게 받은 걸로 하고 은수 쓰라고 돌려주며 마음이 너무 예뻐서 꼭 안아주었습니다. 평소 어른들과 접촉을 많이 하지 않고 살아온 녀석이라 포옹이 어색해서 엉덩이를 뺍니다. '이 녀석이!' 하며 빼는 엉덩이를 한 대 때려주며 꽈악 안았습니다. 많이 부끄러워는 했지만 얼굴은 씰룩씰룩 웃고 있습니다. 누구나 따스한 가슴이 그리운 게 맞지요.
누구나 내 기질대로 생각하고 내 기질대로 삽니다. 또 그게 맞다 여깁니다. 그렇기 때문에 자신의 의견이나 주장을 강요하게 되지요. 그런데 일방적으로 밀어붙이면 갈등이 생길 수밖에 없습니다. 강요하는 것을 멈춰야 합니다. 내 기질대로의 생각이 맞는 것처럼 다른 사람에겐 그게 맞는 것입니다. 그러니 먼저 서로 다르다는 것을 인지하는 노력이 필요합니다. 그런 후 강요가 아닌 부탁이 이루어져야 합니다. 어떤 경우엔 그 부탁도 받아들여지지 않을 때가 있습니다. 그땐 힘들고 속상하지만 겸허히 수용해야 합니다.

　이 부녀도 아버지가 성숙하게 받아들이셨기에 기질을 초월한 관계 회복이 된 겁니다. 이제 은수도 잔소리 같은 아버지의 조언을 더 이상 듣지 않아도 됩니다. 아버지도 딸이 고집만 부리고 말을 듣지 않아 답답하다는 생각이 사라졌을 겁니다. 이분들을 생각하면 지금도 미소가 지어집니다. 뒤편에 이 내담자가 제출한 자료를 꼼꼼하게 살펴보세요. 무엇이 달라졌는지 말이지요.

　이렇게 해소된 갈등에 따라 은수는 자신을 사랑하는 방법을 몸소 실천할 수 있었습니다. 낮은 자존감을 가진 사람에겐 그렇게 될 수밖에 없었던 여러 사정이 있겠지만, 사실 가장 흔하게 나타나는 원인은 가까운 가족 관계에서 갈등으로 인해 얻은 상처인 때가 많습니다. 좀 더 발언권이 센 상대방이 자신의 성향대로 강요를 하면서 그 강요를 받아내는 쪽이 무리하게 되는 거지요. 시간이 지날수록 맞지 않는 서로에게 충돌이 일어나고 그건 관계의 약자를 고립시킵니다. 상대방의 잘못을 자신의 잘못이라 인지할 만큼 낮은 자존감을 갖게 됩니다.

　위의 사례처럼 갈등으로 지친 마음을 알리고 변화를 원한다는 것을 밝혀도 이를 받아들여주지 않는 경우가 많습니다. 오히려 관계의 악화가 이뤄지기도 합니다. 만약 내가 이런 악순환을 반복하고 있다면, 이런 반복된 상황을 만드는 사람이 나라면 정말 상대방을 사랑하는 마음으로 위한 것인지 생각해보는 게 좋을 것 같습니다. 사랑하는 가족의 자존감을 갉아먹는 이유가 '나' 라는 사실만큼 슬픈 건 없을 테니까요.

기질이 달라도 잘 살 수 있어.

　연인은 기질이 많이 다르기에 더 끌립니다. 내게 없는 기질의 강점을 가지고 있기에 저 사람과 살면 보완이 가능해져서 내가 완전체가 될 수 있을 것 같습니다. 그래서 더 매력적으로 느껴지고 서로를 끌어당깁니다. 이런 무의식의 끌림으로 사랑하고 결혼까지 합니다. 이렇게 살다가 보면 콩깍지의 유효기간이 지나지요. 그땐 기질이 다르기에 어쩔 수 없이 일상생활에서 불편함이 엄습해 옵니다. 부부 각자가 현재 마음이 편하고 삶의 만족도가 높은 상태라면 기질상 많이 부딪히더라도 심각한 갈등까지는 가지 않습니다. 서로에 대한 사랑과 배려와 노력을 통해서 조화로움이 가능하다는 의미입니다. 하지만 기질이 많이 비슷해서 잘 통할 것 같은 부부라도, 부부 중 한 사람이 자존이나 성숙도가 낮은 경우에는 안타깝지만 부부갈등이 생기게 됩니다. 그래서 기질이 많이 다르면 각자의 자존감이 반드시 높아야 합니다. 부부간의 갈등을 제때 잘 처리하지 못하면 감정의 골이 깊어지죠. 요즘은 자의든 타의든 외도의 기회가 많이 존재하기에 이 상태를 방치하면 다소 위험해 집니다. 매력적인 사람이라면 더 하겠지요. 관계 회복이 안 된 상태에서 행여나 외도가 생겨버리면 대개 자신의 외도에 대한 합리화가 진행됩니다. 또 외도사실이 발각되어 걷잡을 수 없는 부부관계가 되기도 하지요. 그렇기 때문에 관계개선 대화를 통해서 관계를 포기하지 않는 것이 어렵지만 중요합니다. 가끔 이런 외도의 아픔을 경험했음에도 불구하고 부부 상담으로 회복하려는 노력을 하시는 분들을 보면 참 귀하고 존경스럽습니다.

　영혼이 통하는 멘토가 있습니다. 은수 부녀의 사례처럼 부모와 자녀가 기질이 많이 다를 수 있습니다. 아이를 돕고는 싶은데 부모님이 기질이 다르니, 솔직히 아이의 행동이 이해도 안 되고 또 노력은 하지만 아이를 돕는 게 쉽지 않지요. 지인의 부탁으로 학생의 기질에 맞는 멘토를 연결해준 적이 있습니다. 아이가 참 좋아했습니다. 그 멘토 만나는 날만 기다린다고 합니다. 만나고 오면 부모에게 말은 안 하지만 기분이 좋아져서 얼굴에 생기가 돌고 실실거리며 웃고 있다고 하네요. 부모님은 만나서 도대체 무슨 대화들을 하는지 매우 궁금해 합니다. 이처럼 부모의 기질 밖의 역량이라면 자녀와 기질이 멘토를 만들어주면 자녀 정서에 도움이 됩니다. 같은 맥락으로 상담이나 치유를 할 때 치료자도 같은 기질을 만나면 라포형성(Rapport building)이 더 빨리 되고 마음이 편안합니다. 그러니 치료자를 선택할 수 있다면 같은 기질의 치료자를 만나는 것이 더 효과적입니다.

> 할 수 있다는 믿음을 가지면 처음에는
> 그런 능력이 없을지라도 결국에는 할 수 있는
> 능력을 확실히 갖게 된다.
> -간디-

12. 원래 나는 어떤 사람이었지?

이렇게 행동하는 것이 정말 나다운 것일까?

소희는 시험장을 3년 동안 한 번도 안 간 고시준비생입니다. 유난히 뽀얀 피부에 얘기할 때 목소리가 아기 같은 참 사랑스러운 아가씨입니다. 어릴 때는 재미있고 행복하게 학창생활을 했는데 차츰 가난으로 인한 경제적 결핍이 생겼습니다. 그리고 부모님께 함부로 한 친척에 관한 분노가 아직도 많고 몇 년 전 남자친구의 배신에 상처가 있는 상태였습니다. 소희의 핵심 이슈는 자신이 시험장에 안간 건지 못간 건지 자신도 모르겠단 겁니다. 정말로 모르겠고 슬프고 힘들기만 하다고 합니다. 내 마음을 내가 조정할 수 있는 단계를 벗어나 있는 상태였습니다.

첫 상담부터 울면서 많은 얘기들을 쏟아냈지만, 정작 자신이 무기력으로 정신과 약을 먹고 있다는 사실을 말하지 않아서 제대로 도와줄 수가 없었습니다. 내담자가 가장 중요한 것을 오픈하지 않으면 변죽만 울리는 상담이 되거든요. 2차 상담 때 비로소 마음을 바꾸고 용기 있게 고백을 했기에 정확한 상담 진행이 가능했습니다. 몸 상태가 나빠 공부의 능률은 전혀 안 오르고 자칫하면 4년째 시험장에 못 갈 수도 있는 상황입니다. 이렇게 힘든 상황이지만 포기하지 않고 꼭 합격해서 부모님께 효도를 하고 싶다고 했습니다. 가난한 부모님을 원망하지도 않고 사랑하고 있는 모습에 잔잔한 감동이 왔습니다.

  약을 복용했던 시기부터 역으로 접근해 보았습니다. 약을 먹어야만 했던 계기와 시험장을 갈 수 없을 만큼의 두려움의 발생 진원지를 신중히 찾아 들어갔습니다. 엄청난 에너지를 쓴 후 드디어 느낌이 오는 순간이 있었습니다. 둘 다 동시에 알게 되었습니다. 다른 문제들로 자존감이 바닥인 상태일 때 있었던 남자친구의 배신이 가장 큰 원인이었던 겁니다. 이 후의 작업에서 소희는 상처를 덜 받았을 때의 생기 있고 똘똘한 어린 소희를 만났습니다.

"아! 제가 그런 빛나던 과거가 있었던 것조차, 까맣게 잊고 살았네요."

"그래. 지금의 이 모습이 사실은 너답지가 않지?"

  충분히 위로한 후에 제가 했던 '너답지가 않지'라는 말에 감당되지 않을 만큼 울었습니다. 저러다 쓰러지겠다 싶을 만큼 울었습니다. 이제는 약 기운 때문이라는 변명만 늘어놓지 않고 병원치료 하면서 열심히 공부해서 자신의 옛 모습대로 살아가 볼 거라고 다짐했습니다. 같이 별명도 지었습니다. '반짝이'라고. 정말로 반짝이는 매력의 친구였거든요. 자신의 반짝이던 원래 모습을 무척 좋아하고 그리워했습니다. 반짝이는 지금도 자신의 원래 모습대로 돌아가려고 엄청난 노력을 하고 있습니다. 면역력이 약해진 탓으로 팔에 피부 부작용까지 생기면서 열심히 공부하던 모습이 생생합니다. 약도 줄이는 중이며 힘들어도 꼭 극복해서 당당히 합격해서 효도하고 싶다고 다시 다짐했습니다. 그래서 더 귀하고 어여뻤습니다.

  어리거나 나이가 많은 사람이 아니었습니다. 신체 건강했던 20대 아가씨입니다. 이처럼 나이와 신체 건강과 상관없이 정신적인 큰 아픔을 겪으면, 정서적인 장애가 발생하기도 합니다. **그때는 자신의 현재 모습에 함몰되지 말고 자기의 본 모습을 자각해야 합니다.** 혼자 하기 어려우면 무료기관에서라도 전문가의 도움을 꼭 받으시길 당부 드립니다. 뒤에 첨부해 놓은 문자를 읽고 나면 이 내담자의 별명을 왜 반짝이라고 지었는지 동의하게 될 겁니다. 아주 사랑스러운 친구입니다.

숨어있던 나의 힘이 부정적 시나리오를 멈추게 했어.

상처에 함몰되고 실패감에 잠겨있는 사람들은 놀라울 정도로 자신에 대해 부정적인 시나리오를 씁니다. 우울하니 머릿속까지 부정적인 상태가 되어 앞으로의 미래도 엄청나게 암울하게 예측합니다. 왜 그럴 것 같냐 물으면 이렇고 이런 나쁜 일들이 생길 것 같다고 합니다. 그 실체가 없는 걱정들이 거의 일어나지 않을 기우(杞憂)에 해당한다는 걸 알아채기가 힘듭니다. 굳이 지금 하지 않아도 되는 것이고, 또한 걱정해도 해결되는 것도 아닙니다. 그런데도 그분들은 이 걱정 때문에 잠을 제대로 잘 수 없고, 생활에도 지장을 받고 있습니다.

이런 분들도 상담이 2~3회 진행이 되면 '자기의 기질'과 '왜 이런 심리적 문제가 생겼는지 원인을 인식'합니다. 그리고 허우적거리고만 있던 자신의 문제의 늪에서 빠져나와. 치유되어야 할 방향으로 가기 시작합니다. 첨엔 자기의 장점을 6개 적어 내던 내담자가 2~3주 지나면 40개 50개를 적어 옵니다. 그리고는 '나도 좋아질 수 있다'라는 희망으로 눈에서 빛이 납니다. 그래서 저는 언제나 깨닫게 됩니다. **내담자에게 이미 내면의 힘이 있었다는 것을** 말입니다. 자신의 어둠을 알아채고 떨치고 나오려는 마음이 사실은 준비되어 있었던 것입니다. 자신의 힘이 얼마나 강한지를 망각하고 지금의 힘든 상황에 묻혀서 그런 거였습니다. 단지 치료자는 그들이 갖고 있던 힘을 자각하게 해 주는 역할을 할 뿐입니다.

"지금 이렇게 힘들어도 나 잘 버틸 수 있겠지?"
"나 잘해 나갈 수 있겠지?"

가까운 사람에게 힘을 달라고 부탁하세요. 현재 나보다는 덜 힘든 사람에게 응원을 부탁하거나 도움을 받으세요.

반가운 것은 내면의 힘을 얻고 나면 자신의 미래에 대해 부정적인 시나리오를 훨씬 적게 씁니다. 자신이 치유되어 가고 있고, 앞으로 자존 높게 행복하게 살 수 있다는 자기 확신이 생겨서입니다. 그렇게 떨쳐내 버리고 싶어도 따라만 오던 걱정들이 자연스럽게 해결이 되는 거지요.

지금 많이 힘든 분들은 꼭 기억하세요. 현재의 아프고 괴로워하는 이 모습이 '나의 모든 모습'이 절대로 아닙니다. 그러니 상처에 매몰된 지금의 모습으로 나 자신을 평가하지 마세요. 자신의 내면의 힘을 믿고 부정적인 시나리오 쓰기를 부디 멈추세요. 그리고 힘내셔서 자기답게 서서히 다시 일어서도록 자신을 격려하세요. 조금만 참고 견디자. 나는 견딜 수 있다, 라고 자신에게 힘을 주세요. 분명 잘할 수 있을 겁니다!

* 지금 나의 계획이나 가까운 미래에 대해 어떤 시나리오를 쓰고 있나요?
부정적인 내용이라면 혹 기우(杞憂)가 아닌지 객관적으로 확인해보세요.

진가를 알아주도록 해요.

대화나 검사를 해 보면 학벌이나 이력이 그다지 좋지 않아도 깊이가 있고 성숙한 느낌을 주는 분을 만날 때가 있습니다. 그렇다면 대학을 나왔든 안 나왔든 현재 무슨 일을 하고 있든 내면의 잠재력이 대단한 사람일 경우가 많습니다. 역시나 배우고 싶은데 못 배워서 공부에 한이 있는 경우도 많았습니다. 누군가가 자신의 진가를 알아주고 존중해 줄 때 너무도 고마워하고 평생을 가까이 지내고 싶어 합니다. 가끔은 진가를 알아주는 사람으로 인해 동기부여가 되어서 공부를 시작하는 경우도 자주 봅니다.

제겐 참 귀한 스승님이 있습니다. 닉네임이 **비밀번호 선생님**입니다. 공공기관 강의에서 만난 강사님이고 제가 자존감이 낮다는 걸 깨닫게 하고 치유를 도와준 분입니다. 이분 덕에 제가 내담자에서 상담자가 될 수 있었습니다. 지금도 기억납니다. 이제는 나에게 말고 000선생님께 찾아가서 배우라고 안내까지 해주신 훌륭한 분입니다. 우리 비밀번호 선생님은 박사학위가 없습니다. 하지만 저는 온라인 회원 가입란에 비밀번호 분실 시 찾는 '잊지 못할 선생님'이란 질문에 언제나 이분의 성함을 적습니다. 그만큼 저에겐 크고 고마우신 분입니다. 앞으로도 그분이 어떤 일을 하시든 어떻게 살아가시든 저에게는 영원한 상담 은사님입니다. 그분의 본질적인 상담역량과 성숙함을 제가 잘 알기 때문이죠. 혹시 내가 이렇게 진가를 알아준 사람이 있나요? 반대로 나의 진가를 알아준 고마운 사람이 있나요?

나답지 않아서 갖는 열등의식이 있습니다. 공부를 제대로 했다면 잘할 수 있는 재능이 있는데 공부가 싫어서 안 했던 사람들이 있습니다. 공부 외에 다른 방면으로 성공해서 지금이 행복하다면 무슨 문제겠습니까. 오히려 부럽지요. 그런데 이런 분들은 대부분 열심히 공부하지 않았던 과거를 후회하고 학력이나 출신 학교에 열등감을 갖고 있는 경우가 많습니다.

열등감은 알다시피 자신의 자존을 파괴하는 힘이 아주 큽니다. 결과적으로 현재의 삶이 만족스럽지 못하니 무의식중에 자신에게 화를 내게 됩니다. 자신의 타고난 능력이나 역량보다 낮은 직업에 종사하고, 또 그런 대우를 받고 살고 있다고 생각이 듭니다. 가끔은 학벌 좋은 상사가 나보다 머리가 나쁘다고 느껴져서 지시 받는 게 싫습니다. 그래서 조직 생활에 적응이 어려운 경우가 많습니다. 사회에 대한 분노와 불평, 원망이 많은 건 당연합니다. 자신도 사회도 마음에 안 드니 잦은 짜증으로 대인관계가 원만하기도 쉽지 않습니다. 혹시 내가 그렇지는 않은가요? 그건 본인이 가장 잘 압니다. 만약 그렇다면 지금부터 움직이세요. 어떤 형태라도 좋으니 공부(학위)를 시작하세요. 통신이나 학점은행제, 야간대학원 등으로 시간과 경제적인 문제를 헤쳐 가며 자신의 열등감을 치유하신 분들도 많습니다. 이런 열등감 치유와 자존감 회복 노력이 더 빨리 시작 될수록 자신의 진가를 발휘하며 더 행복한 삶을 누릴 수 있을 겁니다. 지금이 변화할 타이밍입니다.

> 성공의 가장 큰 중요한 원칙은
> 한 걸음 더 나아가는 습관을 통해
> 행동하는 것이다.
> -나폴레옹 힐-

13. 너는 어떤 사람으로 남겨지고 싶니?

잠시 폼이 안 나면 어때?

'부족하더라도 진정성 있는 치료자가 될 것이고, 내 아이가 어떤 상태가 되더라도 성숙한 엄마 역할을 위해 노력하리라'는 신념이 저에게 있습니다. 아무리 하찮다 평가받더라도 삶의 신념을 포기하지 않고 가고 있다면, 모진 평가를 참아낼 겁니다. 지금 나의 직업은 나의 가치와 꿈을 완성시키기 위해서 가는 **과정**일 뿐이니까요.

혹 지금 내 일이 만족스럽지 못하더라도 현재의 직업이나 연봉으로 자신을 평가하지 마십시오. 기가 죽거나 위축될 필요가 없다는 뜻입니다. 취업난에 시달리는 젊은이가 참 많습니다. 이럴 때 이런 용기가 필요하지 않을까 싶습니다. 만족스러운 직장은 아니라도 '나의 신념을 성취해 나가는 중'이라고 생각할 수 있는 사람이라면 반드시 이룹니다. 이미 그 어떤 포장도 필요 없는 내면의 멋쟁이거든요. 시간이 걸릴지라도 성공을 맛볼 그 사람의 미래가 기대되지요.

"당신은 어떤 사람이고 싶은가요? 어떤 사람으로 평가받고 싶나요?
당신의 가치와 신념대로 지금도 위축 없이 잘 가고 있나요?
그렇다면 반드시 원하는 삶을 살게 될 겁니다. 조금만 더 힘을 내세요."

14. 각자 고유한 강점은 '너'라는 나무를 붙잡을 든든한 뿌리와 같아!

  심각한 상처가 치유가 되었거나 치유가 잘 되어가고 있을 때 강점 작업을 시작하면 좋습니다. 자신의 강점을 50가지 적고 30일 동안 매일 소리 내서 읽으면 자존감 향상에 엄청난 도움이 됩니다. 물론 그게 잘 안됩니다. 그래서 저는 알람을 맞춰놓고 읽으라고 과제를 줍니다. 50가지 강점을 적을 때 다음과 같은 사항에 중점을 두라고 하지요.

(1) 내가 생각하는 나의 강점
(2) 타인이 알려 주는 강점
(3) 기질 프로파일 상에 나온 타고난 자신의 강점
   – 검사를 하지 않은 독자들의 경우는 위에 적힌 A, B, C, D 기질 중 2가지 택해서
   문장으로 만들어서 강점으로 적으면 됩니다.
ex. C기질– 나는 '다양성'을 갖고 '대화'를 하여 편견이 없다
     B기질– 나는 마음만 먹으면 못할게 없다. 무조건 도전이다.

  현재 자기를 사랑하는 게 어려운 사람은 자신의 강점을 잘 적지 못합니다. 거의 안 나옵니다. 그런데 타인에게 부탁해서 받아 적어 올 때 많이 놀라서 옵니다. 여기서 타인은 가족, 친구. 지인들입니다. 가족도 타인입니다. 세상은 나와 타인으로 이루어져 있는데 나 이외의 사람은 타인이지요.

부모가 타인이 아니라는 생각은 버리고 이제 정서적인 독립을 하세요. 아주 가까운 타인입니다. 내가 나를 바라본 것과 타인이 바라본 것은 확연히 다를 수도 있습니다.
"제가 단점이라고 느끼던 것을, 제 강점이라고 말해 주더라고요."
타인에게 부탁한 자신의 강점을 듣고 놀라서 자주들 하는 말입니다. 이런 내용도 있습니다. 인성캠프 마치고 학부생이 진정성 있게 자신의 소감을 나눴습니다.
"캠프서 처음 만난 멤버들한테 '평온하다'란 칭찬을 들었네요. 내 자신이 산만하다고만 생각했기에 처음엔 너무 의아했는데, 모두들 진심으로 했다는 걸 확인하고 너무 기뻤습니다. 사실은 덜 산만하고 싶었거든요. 앞으로 이 칭찬이 제 학교생활과 인생에 정말로 큰 도움이 되겠습니다. 모두들 정말 고맙습니다."

치유가 진행되면서 '강점 50가지 매일 읽기' 과제가 30일 이상 지켜지면 거의 대부분의 내담자들은 자존감이 많이 향상됩니다. 이것은 제게 있어 수천 건의 임상결과이고 또 제 논문내용이기도 합니다. 강점 과제를 하는 내담자들의 문자 내용입니다.
"제가 점점 더 좋아지고 있습니다."
"정말 자존감이 높아지는 것 같네요."
"저 자신과 제 기질이, 점점, 아니 상당히 마음에 듭니다."
"선생님이 왜 이 과제를 내셨는지 알 것 같아요."
상담을 받으러 온 심각한 내담자도 이렇게 변화가 됩니다. 심각한 상처가 없는 독자님과 같은 일반인이라면 강점 작업으로 자존감을 높이거나 굳건하게 하는데 틀림없이 도움될 겁니다. 가끔은 가슴이 철렁 내려앉는 강점이 적혀 있기도 합니다. 서럽고 힘든 삶을 견뎌낸 각자 다른 분들입니다.
"자살하지 않고 지금 살아있다."
"지금 정신병동을 퇴원하고 밖에서 잘 이겨내고 있다."

"먹던 정신과 약을 줄여가고 있다."
"그 최악의 상황에서도 나를 포기 안하고, 방탕하게 막 살지 않았다."
　자살충동을 이기고 살아남은 자신이 자랑스럽다 합니다. 정신병원에 감금된 적이 있는 사람도 만났습니다. 5년 이상 먹던 약을 자신의 의지와 노력으로 조금씩 줄여가고 있다는 사람도 만납니다. 다른 사람처럼 물들지 않고 스스로 이겨내고 지켜낸 자신을 대견스럽다 하는 사람도 있었습니다. 이런 발표를 들을 때, 몸 안의 뜨거움이 올라오지 않을 수 없었습니다. 그 노력에 그리고 그 변화에 모두가 존경과 축하의 마음으로 뜨거운 박수를 보냈습니다. 그러면서 우리의 삶이 이 정도로 힘들지 않아서, 마음 깊은 곳에서 감사함이 올라오기도 합니다. 이런 분들은 자기성장 속도가 엄청나게 빠릅니다. 이미 최악의 상황에서 살아남았고, 이제는 행복 하고픈 동기가 너무도 강렬하기 때문입니다. 이런 분들이 상담이나 강의 후에 정서가 안정이 되면 다음과 같은 강점들을 추가해서 발표를 합니다.
"이제야 내가 나를 사랑하기 시작한다."
"나는 용기를 내어서 상담을 신청했다."
"잘 살아보려고 상처치유 강의를 처음으로 참관하러 왔다."
　치유가 되어가는 이 분들의 조용한 발표를 들으면서 우리는 함께 울컥합니다. 또 이렇게 멋지고 독특한 감정이 나오기도 합니다.
"나는 노래방 가서 웃기는 재능이 있다. 심각한 음치라고 놀리면서 친구들이 너무 재미있어 한다. 그래서 나는 걔들한테 웃게 만든 관람료를 달라고 한다."
"내 눈이 매서워서, '쨰려본다'고 오해를 많이 받았다. 그것 때문에 싸운 적도 있다. 전에는 콤플렉스였지만 치유가 된 지금은 카리스마 넘치는 내 눈이 좋다. 쌍꺼풀 수술 하지 않을 것이다."
　단점이 강점으로 승화된 경우입니다. 정말 멋있지 않습니까? 이런 강점들을 보며 어떤 생각이 들었나요?

강점 작업의 기적 같은 효과.

　법원, 검찰직 공무원 학원인 KG 에듀원의 내용입니다. 수험생 중에 정서가 심각한 학원생을 원장님이 1차면담을 하신 후에 제게 상담을 의뢰합니다. 마음이 심각하게 아프면 공부가 안 된다. 합격되기 전에 치유가 되어야 자존감 높은 공무원이 된다는 것이 학원이념입니다. 학원에서 검사비와 상담비용 전액을 지불해줍니다. 참 귀한 이념의 학원이기에 이날은 상담이 많아 몸살이 와도 언제나 최선을 다하게 됩니다. 학원과 수험생들의 여건상 한 달에 한번만 상담을 진행합니다. 그래서 상담 후에는 미션을 주고 일주일에 한번 문자나 전화로 미션 내용들을 점검하고 피드백하고 있습니다.

　사례의 주인공 은지는 20대 중반입니다. 어렸을 때부터 집에서 사랑을 받고, 지금까지 실패 경험이 별로 없었습니다. 그런데 처음으로 지병으로 수술을 하게 되었고, 건강상 공부를 못해서 처음으로 심각한 실패 경험을 하게 되었습니다. 자신감이 떨어지고 미래가 불안하고 두려워 죽고 싶기도 했습니다. 이야기를 하다 아픈 감정이 격해져 진정이 된 후에 미리 읽어 온 기질 프로파일에 관한 대화를 차근차근 나눴습니다. 그 과정에서 원래 강점도 나왔는데 어느 순간 자신의 힘을 깨닫고 불안에서 오뚜기처럼 일어나는 게 보이는 겁니다. 선물처럼 깨달음이 왔나봅니다. 그래서 첫 상담인데도 학습코칭을 해도 되겠구나 싶었습니다. 학습코칭을 할 때 나오던 눈빛은 저도 참 오랜만에 본 에너지였습니다. 눈동자에 불이 붙은 줄 알았습니다. 상담 잘 마치고 어김없이 강점 숙제를 냈습니다.
　한 달 후 진행한 2차 상담 때 실실 웃으며 들어왔습니다. 빨리 상담 날이 와서 자신이 얼마나 좋아졌는지 자랑하고 싶었다고 합니다.
　"좋아. 그럼. 네 장점을 말해봐!"
　활짝 웃는 얼굴과 함께 말이 술술 나왔습니다. 이렇게 자신 있게 나온다는 건 그만큼 자신이 사랑스럽고 좋아졌다는 겁니다. 이 학생은 강점 작업이 잘 되어서 자존감 회복은 물론이고 심각한 불안으로 온 자살충동도 해결이 된 상태였습니다. 더 이상의 상담은 전혀 필요치 않다면서 자기가 요즘 공부를 얼마나 열심히 하는지 자랑했습니다. 그 모습이 너무 대견하고 장했습니다. 내년에는 틀림없이 합격소식이 있을 듯합니다. 이처럼 매일 자신의 강점 작업을 열심히 하면 단 한 달 만에 상담이 종결되기도 합니다. 짧은 만남에도 치유가 끝나고 자존감이 회복될 수 있을 만큼 효과적이란 의미입니다.
(뒤에 첨부된 메일은 상담 종결 후 학생이 고맙다고 원장님께 보낸 내용의 원본입니다.)

이번에는 중성적인 이름의 건장한 청년의 사례입니다. 숙제로 적어 온 강점 내용이 너무 알차고 좋아 극찬했습니다. 이렇게 적고 매일 읽는데 어찌 자존감이 높아지지 않을 수 있겠습니까? 허락을 받고 올리니 우리 자현이의 강점을 참고해도 좋을 것 같습니다.

이자현 I3S1
자현's 장점 50가지는?

1. 자신의 실체를 마주하고 개선할 용기가 있다.
2. 자존감이 높아지면 훈훈한 30대가 될 가능성이 있다^^
3. 자신을 가꿀 줄 안다.
4. 다양한 분야에 관심이 있고, 배우는 것을 좋아한다.
5. 새로운 경험을 하는 것에 개방적이다.
6. 학문적, 지적 능력이 높다.
7. 어떤 문제에 대해 분석하여 해결책을 찾는 것을 선호한다.
8. 언어적 감각이 있다.
9. 사람을 대할 때 진정성이 있다.
10. 정체되어 있지 않고, 발전을 추구한다.
11. 명랑하고 활동적이다.
12. 동적이면서도 정적이다.
13. 불치하문하는 용기가 있다.
14. 타인과 협력할 줄 안다.
15. 타인에게 친절하며, 상냥하다.
16. 타인에게 공감할 줄 안다.
17. 때로는 열정적일 줄 안다.
18. 감성이 풍부하다.
19. 타인을 배려할 줄 안다.
20. 정적인 리더십이 있다.
21. 자연/생물/사람을 좋아한다.
22. 거짓을 싫어한다.
23. 여성의 섬세함이 있다.
24. 가족을 소중히 할 줄 안다.
25. 폭력/투쟁보다 평화를 좋아한다.
26. 지켜야할 규칙을 잘 준수한다.
27. 타인을 권위로 누르지 않고, 존중할 줄 안다.
28. 심성이 곱다.
29. 삶에 여유가 있다.
30. 남들이 동안으로 본다. 껄껄
31. 욕심이 지나치지 않다.
32. 강자에 강하고 약자에 약하다.
33. 나에게 주어진 일에 최선을 다한다.
34. 타인에게 감사할 줄 안다.
35. 소신을 지킬 줄 안다.
36. 나에겐 발전가능성이 있다.
37. 매력이 뿜뿜~
38. 신/구 조화를 추구한다.
39. 한쪽으로 치우침이 없이 객관적이려 노력한다.
40. 때로는 헌신적일 수 있다.
41. 창의적인 생각을 하는게 좋다.
42. 내 것/ 내 사람을 소중히 할 줄 안다.
43. 뭐든 배우면 기본은 한다.
44. 주위에 도움을 주시는 분들이 많다.
45. 연장자 분들과 편하게 잘 지낸다.
46. 주변에 힘이 돼주는 친구들이 있다.
47. 위생적이고, 청결하려 노력한다.
48. 인내심이 있다.
49. 부모님께서 관심을 가져주시고, 지지를 해주신다.
50. 타인과 소통할 줄 안다.

* 자, 이제 자신의 강점 50가지 이상 적어 볼까요?
  적은 후에 잘 보이는데 붙이면 됩니다. 이동시 읽을 수 있도록 폰에 저장도 하세요.
* 소리 내어 읽으면 훨씬 더 효과적입니다.
* 혹시 누구라도 강점을 물어보면 조용하지만 자신 있게 표현할 수 있어야 합니다.
  잘난 척과는 다릅니다.
* 직접 자신의 강점을 적어보세요 (50가지).

1	
2	
3	
4	
5	
6	
7	
8	
9	
10	
11	
12	
13	
14	
15	
16	
17	
18	
19	
20	

21	
22	
23	
24	
25	
26	
27	
28	
29	
30	
31	
32	
33	
34	
35	
36	
37	
38	
39	
40	
41	
42	
43	
44	
45	
46	
47	
48	
49	
50	

아무리 사상이 고결하다곤 하더라도
인간의 최종목표는 사상이 아니라 행동이다.
-토머스 칼라일-

네 번째 꾸러미

멋진 에너지를 공유하는 대화법을 아니?

네 번째 꾸러미 : 멋진 에너지를 공유하는 대화법을 아니?

'나'라고 하는 존재는 '시간과 공간' 속에서 존재하지요. '시간과 공간 속의 나'는 '오로지 혼자'로는 존재할 수 없죠. 그래서 같은 시간과 같은 공간에서 함께 지내야 하는 '우리'라는 존재가 필연적으로 있게 됩니다. '우리'란 나를 확대하는 개념이자 함께 지낼 수밖에 없는 서로 연결된 존재라는 의미지요. 우리는 실제적인 삶의 현장에서 '함께 잘 지내지 못하는 아픔'으로 힘들어합니다. 삶에 있어서 가장 현실적이고 어려운 고통 중의 하나입니다. 인간관계의 불편함으로 인한 마음의 고통을 경험했을 겁니다. 안타깝지만 우리가 살고 있는 현 사회엔 미성숙하고 심리적으로 불건강한 사람이 많이 존재합니다. 그러므로 우리는 앞으로도 이런 인간관계에서의 불편함과 마주할 수밖에 없습니다.

그래서 '어떻게 하면 다른 사람들과 좋은 관계를 유지할 수 있을까?' 라는 문장이 숙제로 내려왔습니다. 그리고 '어떻게 하면 나의 속마음을 잘 전달할 수 있을까?'를 고민하게 되었습니다. 미국의 베일런트 교수도 하버드 대학생 268명의 삶을 72년간 조사한 끝에 내린 결론이 이렇습니다.

"인생에서 가장 중요한 것은 바로 다른 사람들과의 관계이다. 행복하고 건강하게 나이 들어갈지를 결정짓는 것은 지적인 뛰어남이나 경제적인 계층이 아니라 인간관계다."

 뿐만 아니라 가정, 학교, 직장에서 화합과 발전을 저해하는 가장 커다란 요인으로 '원활하지 못한 소통'을 꼽습니다. 조직 내의 문제 중 70%가 '원만하지 못한 의사소통'에서 시작됩니다. 조직 내에서 원만하지 못한 의사소통은 개인적인 차원에서 원만한 의사소통을 할 수 있는 기술을 지니고 있지 못하는 것에 시작됩니다. 그러므로 좋은 인간관계를 유지하기 위해서 의사소통을 원만하게 할 수 있는 기술이 필요합니다. 오랜 임상을 통해 내린 저의 결론이 있습니다. 인간관계 자체로 힘든 경우가 있지만 의사소통 기술이 부족하여 어려움을 겪는 사람들이 많다는 것입니다. 의사소통은 매일 우리가 느낄 수 있는 행복감과 관련이 크지요. 거절을 못해서 질질 끌려다니는 사람에게 거절의 요령을 강의하면, 1박 2일 연수 동안 자신의 가장 큰 수확이 '거절을 배운 것'이라고 소감을 적습니다. 비폭력대화법을 배운 후에는 친구에게 이렇게 사과 요구를 할 것이라고 다짐을 발표합니다. 그리고 친구가 사과하면 용서해 줄 것이라며 친구에게 할 비폭력 대화를 적고 적극적으로 연습을 합니다. 마음속에 이미 희망이 가득합니다. 이처럼 거절이나 사과를 요구를 못하기도 하지만 소통 기술을 알지 못해서 힘들게 살아가는 아쉬운 사람이 많습니다.

 네 번째 꾸러미에서는 저의 임상 과정에서 사람들에게 도움이 된 사례를 통해 힘 있고 매력 있는 소통기술에 대해서 같이 나눠보겠습니다.

15. 공감만 잘해줘도 인복 많은 사람이 될 수 있어.

공감 대장 군산 할매.

공감은 남의 감정, 의견, 주장 등에 대하여 자기도 그렇다고 느끼는 기분을 말하지요. 공감에도 지식처럼 수준이 존재합니다. 높은 수준에 도달할수록 인간성과 관용 같은 숭고한 가치를 진심으로 이해할 수 있게 됩니다. 공감이 부족하면 사회갈등이 올라가지요. 또한 불만이 커지며 인간관계에 문제가 생깁니다. 공감은 사회성의 핵심으로, 타인의 감정을 이해함으로 인해 자신의 의견을 무작정 피력하기보다 대화와 타협을 통해 조율을 시작할 수 있는 능력입니다.

공감은 문제 해결이 아닙니다. 같이 있어 주는 것, 내 마음을 있는 그대로 알아주는 것입니다. 지금은 군산에 사시는 68세이신 선배님이 계십니다. 영화배우처럼 우아하십니다. 50세 넘어서 신학 공부도 시작하시고. 대장암 수술과 항암치료를 받고도 완전히 회복하신 대단한 분입니다. 아들을 신경써가며 열심히 사는 저를 많이 아껴주셨습니다. 바빠 산다고 반찬도 챙겨주시고, 한참 후배인데도 먼저 전화도 주세요. 서로 깊은 정을 나누기에 만나면 아무런 말 필요 없이 그냥 빙긋이 웃습니다. 평소에는 밝은 에너지인 제가 우울하고 참 슬플 때가 있습니다.
"우리 김 박사가 뭔 일이 있구먼."
제 마음을 읽으신 겁니다. 그냥 말없이 고개만 조용히 끄덕인 채 가만히 앉아있습니다.
그러면 옆에 오셔서 한 마디 합니다.
"아이고 딱해라."
어깨에 손을 가만히 얹어 주시는데, 몸에서 뜨거운 무언가가 꿈틀 올라옵니다.
"아. 겨우 참았는데, 왜 할매가 저를 울리시는 겁니까!"
가끔 농담으로 부르는 할매라는 호칭을 써가며 괜한 투정을 부립니다. 뜨거운 눈물을 잠깐 흘리고는 씨익 웃으며 팔짱끼고 도란도란 식사하러 갑니다. 참 든든하고 고마운 분이지요. 군산선배님은 공감에는 특별한 기술이 필요 없다는 걸 보여 주신 겁니다. 공감은 문제를 해결해 주는 것이 아닙니다. 그래야 한다면 그날 선배님은 제 아들의 문제를 해결해 주었어야하지요. 그냥 진심 어린 에너지만 전달이 되면 됩니다. 그것이 가장 큰 공감입니다. 마음만 제대로 알아줘도 치유가 일어납니다. 왜냐하면 자신의 문제를 가장 잘 아는 사람은 자신이기 때문입니다. 그냥 상대의 마음만 있는 그대로 알아주고 본인이 해결하도록 시간을 주고 기다리면 됩니다. 기다려주는 동안 가르치고 조언하고 싶은 충동은 참아야 합니다. 개입하고픈 욕구를 참고 곁만 지켜주세요.

'**공감을 한다**'는 것은 한 사람에게 한 사람으로서 나의 에너지를 얹어 주는 것입니다. 말로도 되고 표정으로도 되고 군산 할매처럼 어깨에 뜨거운 손 하나 얹는 것도 되고, 말없이 꼬옥 안아줘도 됩니다. 그 순간 이 세상에 그 사람밖에 없는 것처럼 단 1분이라도 온 에너지를 그 사람에게 집중하면 됩니다. 그러면 도와주려는 마음을 느끼지 않을 수가 없습니다.

기억해야 할 공감기술이 있습니다. 공감할 때 다른 사람 욕을 하면 안 된다는 것입니다.

"선생님이 그러셨단 말이야! 진짜 선생 자격이 없네. 내일 교장실에 전화할게."

아이가 담임에게 심하게 야단맞아 분한 마음으로 씩씩거릴 때에 마음을 달래줄 요량으로 위와 같이 말할 수 있습니다. 친구랑 크게 싸워 분노하는 아이에게 공감해준답시고 이렇게 말하기도 합니다.

"야아. 그 애는 진짜 개념이 없네. 인성교육이 안된 녀석이네. 앞으론 걔랑 놀지 마!"

형한테 대들다가 한 대 맞아서 울고 있는 동생에게 이렇게 말합니다.

"네 형이 원래 그렇잖아. 네가 이해해."

해서는 안 될 공감입니다. 왜냐하면 내일도 내 아이는 싸운 친구랑 만나야 하고, 전학 가지 않는 한 학교에서 교사를 만나야 합니다. 동생 때리는 철없는 형이라도 형과 평생 살아야 합니다. 가뜩이나 상대에게 나쁜 감정이 가득 차 있는데 공감해 주는 나의 편이 상대를 밟거나 욕을 해 주면 순간은 시원할 수는 있어요. 하지만 다음날 다시 만나서, 서로 화해하고 관계를 개선하는데 결코 도움이 되지 않습니다.

'우리 엄마도 그렇게 말했어. 내 친구도 그렇게 말했어.'라면서 자기의 잘못을 성찰하기보다는 상대 탓을 하고 마음속으로는 상대를 무시할 수 있습니다. 특히 '형제 관계의 갈등'의 원인이 됩니다. 동생이 형을 무의식적으로 무시하게 되기에, 형은 위축되거나, 동생에게 폭력적으로 됩니다. 형, 오빠, 언니 등이 동생과의 관계에서 손위 대접을 못 받으면 자존감에 나쁜 영향을 미칩니다. 그렇기에 도와주려던 의도긴 하지만 이런 공감은 특히 주의해야 합니다.

* 내 주변에 공감을 잘하는 사람이 누가 있나요?
* 공감해야 하는데 가르치고 조언하고 있지는 않았나요?
* 혹시나 급해서 맞장구를 쳤거나 같이 욕하는 공감을 했을 수도 있어요. 앞으로 덜하면 됩니다.

쉽지 않은 공감이 있습니다. **공감이라기보다는 인정**에 더 가깝습니다. 세상엔 기질이 다른 사람이 대부분입니다. 기질이 다르니 의견도 다릅니다. 기질에다가 자존감과 성숙도까지 다르면 더 엄청난 생각의 차이가 존재합니다. 관계를 계속 이어가야 할 사람인데 의견대립이 생긴다면, 그럴 때는 우선 끝까지 들으세요.
"아. 당신은 그렇게 생각하시는군요. 그런데 제 생각은 이러이러해요." 이렇게 자신의 생각을 이야기해서 의견접근을 해보는 겁니다. 그러면 말싸움 대신 대화와 조율이 시작되죠. 상대의 말을 무조건 따라가라는 게 절대 아닙니다. 단지 상대의 감정이나 생각을 있는 그대로 인정을 해주는 것입니다. 몰라서 또는 생각이 짧아서 그리 말했을지 모릅니다. 그렇다면 내 의견을 잘 설명해 줄 때 상대가 이해하고 자신의 생각을 바꿀 수도 있습니다. 결국 상대에게 도움을 줄 수도 있다는 의미입니다. 지금 내가 생각하고 있는 것이 절대로 진리라고 할 수 없습니다. 그러니 타인의 의견과 말을 무시하지 않고 우선은 존중할 필요가 있습니다.

충분한 공감을 해 준 거 맞니?

"그래, 화나겠다! / 근데, 그때 너의 잘못은 없었니?"
"화가 나서 그랬구나. / 그런데 때리는 건 좀 참지 그랬니."
"그래. 네가 힘든 건 안다. / 근데 이렇게 누워만 있는 게 너한테 무슨 도움이 되니?"

공감한 건 맞습니다. 그런데 어떤 느낌이 드세요? 답답함이 올라오진 않나요? 내 마음이 풀릴 만큼 충분히 알아주지도 않고 자기가 원하는 것을 은근히 강요하는 느낌을 받지요? 공감은 받았는데, 별로 고마운 마음이 생기지 않습니다. 공감은 충분히 해주어야 상대도 도움을 받고 또 고마워합니다. '공감대장 군산 할매'에서처럼 충분히 공감해주고 상대가 받아들일 마음의 준비가 되었을 때에 말해주어야 합니다.

"그런데 이 부분은 혹시 네가 실수한 건 아닐까? 넌 어떻게 생각해?"

라고 말이지요. 그러면 상대방이 충고나 조언을 오롯이 받아들입니다. 왜냐하면 내 마음을 잘 알아주는 사람이 하는 말은 나를 위해서 한다는 걸 이미 믿기 때문이지요. 나는 나의 가까운 관계인들에게 공감을 자주 하는 편인가요? 그리고 충분한 공감을 하고 있나요? 한 번 되돌아보시지요.

한국인들이 마음이 급하기도 하고 또 가르치고 조언하는 문화가 발달되었기 때문에 유난히 '충분한 공감'이 어렵습니다. 공감 강의가 끝나면 많은 사람들이 많이 찔린다고 고백합니다. 자신의 문제였다는 것을 발견하고 상대에게 사과하고 자신의 패턴을 바꿉니다. 훈련을 많이 한 저도 몸이 안 좋거나 급할 때는 가끔은 충분한 공감을 못할 때가 있습니다. 그러면 여지없이 딸이 서운하다면 불만 가득한 표현을 해옵니다. 그럼 빛의 속도로 사과하기도 합니다. 자녀의 사춘기 때문에 힘든 분이 참 많지요? 그런데 평소에 '충분한 공감'이 이루어지는 가정은 '전쟁 치른다는 사춘기'도 훨씬 덜 힘듭니다. 여담이지만 충분한 공감을 할 때는 에너지가 많이 듭니다. 우울하거나 에너지가 부족하면 제대로 된 공감을 못합니다. 밥을 두 그릇 먹고 시작해야 합니다. 그러니 나에게 충분한 공감을 해 주는 분이 곁에 있다면 그분께 정말 고마워해야겠지요.

16. 선택은 참 쉽지 않지.

 딸의 이야기입니다. 화장실에서 우연히 친구가 당한 폭행을 봤는데 학교폭력위원회 목격자 자리에 서야 할지를 심각히 고민했습니다. 딸 외에 몇 명 학생이 더 본 상황이라 반드시 자신이 서야 하는 건 아니었습니다. 가해자 학생들이 대놓고 폭력 하기보다는 교묘하게 괴롭히기로 유명한 학생들이라 진술 후의 학교생활이 많이 걱정되었던 것 같습니다. 엄마에게 어떻게 하면 좋겠냐고 묻는데 저 또한 결코 쉬운 선택이 아니었습니다. 모든 경우의 수를 함께 나눴지요.
 "네가 진술하기를 선택한다면, 혹시나 가해자들이 괴롭힌다면 엄마가 계속 도우며 같이 대처해 나갈게. 네가 진술 안 하기를 선택하게 되면, 피해자 친구한테 죄책감이 들것 같고, 너의 양심에 창피할 수도 있겠구나."
 많은 대화를 나눈 후 선택권을 주었습니다.
 "어떻게 하는 게, 너의 마음이 조금 더 편하겠니? 네가 어떤 선택을 하든 엄마는 무조건 너의 선택을 존중할게. 그리고 어떤 형태로든 널 도울게."
 잠도 못 자고 고민을 하더니 딸은 진술하기를 선택했습니다. 어려웠던 선택을 한 딸을 격려했습니다. 딸이 서야 하는 학폭위원회에 엄마도 참석하겠다며 용기를 주었습니다. 당일, 타지에서 특강 마치고 기차로 이동을 하면서 딸에게 교묘한 괴롭힘이 생기면 어떡하나'하는 걱정에 사실 저의 가슴이 쿵쾅쿵쾅 거렸습니다. 그러면서도 한편으론 딸의 선택이 반가웠습니다. 솔직한 제 마음은 아이가 진술을 선택해주길 바랬습니다. 아이가 다른 선택을 해도 도와야하는 것은 엄마의 입장으로 달라지지 않지만, 개인적인 제 가치관과 맞지 않아 혼자서 힘들 뻔했거든요. 그래서 참 다행이었습니다. 행여 아이가 다른 선택을 하더라도 공격하지 않고 혼자 내적갈등을 해결하려고 하는 성숙한 인내가 필요하다 여깁니다.

이 선택에서 더 힘든 사람은 딸이었겠지요. 선택 후에는 모든 책임을 본인이 지기 때문에 신중할 수밖에 없었을 겁니다. 하지만 이와 같은 상황을 통해 **문제해결력**이 길러졌을 겁니다. 상담을 해보면 내면의 힘이 부족한 사람들은 선택을 너무 힘들어하고 두려워합니다. 이럴 때 49:51 법칙을 생각하세요. 어렵겠지만 2개라도 더 많은 51을 선택을 해보고, 나머지 49에 대해서는 과감하게 미련을 버리는 훈련이 필요합니다. 그걸 포기하지 못하고 후회하고 자책하느라 현재에 집중을 못하면 내 삶이 황폐해집니다. 두 마리 토끼를 다 잡을 수 있다면 인생이 얼마나 행복하겠어요. 다만 그게 참 어려울 따름입니다.

어떤 선택은 지나고 나서 많은 후회가 들 때도 있고, 잘한 선택이라 생각하지만 그 결과를 감내하느라 너무 고통스러울 때도 있습니다. 그럴 때는 자신을 많이 위로해주고 다른 사람에게도 위로와 격려를 받으세요. '자기용서'에서 강조하지만 그때 그 선택이 나의 최선이었습니다. 후회되는 선택을 통해서 배웠기에 아프지만 성장하게 될 것이고, 지금의 고통은 시간이 지나면 틀림없이 나아질 것이란 걸 우리는 이미 알고 있잖아요.

때론 선택을 미뤄야 할 절박한 때가 있습니다. 화가 아주 많이 났을 때, 자존감이 바닥 칠 때, 상처에 함몰되어 있을 때, 힘들어서 모든 것을 포기하고 싶을 때, 참을 만큼 참았다고 느낄 때가 바로 그렇습니다. 이런 최악의 상황에서는 어떠한 말도 행동도 결정도 미루셔야 하는 것은 잘 압니다. 이런 상태엔 이성보다는 감정에 휘말려서 성숙이고 뭐고 안 보입니다. 결국은 자기 기질대로 선택을 하게 됩니다. 어떤 기질은 조용히 단호하게. 어떤 기질은 욱해서 미친 듯이 선택을 하지요.

그리고는 어쩔 수 없는 일이었고 난 그게 최선이었다며 합리화를 합니다.

간혹 자신의 선택에 엄청난 후회를 하지만 돌이킬 수 없는 경우가 있지요. 그래서 기질이 자신의 운명을 만든다는 말이 있습니다. 저도 몇 년간을 참고 버티는 괴로운 선택을 한 적이 있어요. 마음 같았으면 12번을 포기했습니다. 제 평소 신념과도 상반되는 상황이었지만, 이걸 견디면 저의 인생에 도움이 될 것이라는 믿었기에 참았습니다. '이러다가 내가 병 걸릴 수도 있겠다!'는 마음도 들었지만 포기하지 않았습니다. 그 결과 지금 인연이 끝나더라도 마음 편히 웃으며 끝낼 수 있을 것 같습니다. 신이 아니니 이 인연의 결말이 어떻게 될지는 모르겠지만, 울어가며 참아낸 것이 이미 제 인생에 도움이 되고 있습니다. 역시 정성의 끝은 있었습니다. 그래서 감사할 뿐입니다. 마음 같아서는 12번은 때려치우는 게 저의 타고난 기질이었습니다. 하지만 제 성질을 참고 인내로 그 산을 넘었던 겁니다. 저는 이것을 '기질을 뛰어 넘는 성숙함'이라 표현합니다. 결코 쉽지 않지만 이렇게 성숙을 추구하다보면 내 운명도 내 기질 안에서 더 아름답게 디자인됩니다.

현재 직장에서든 어떤 관계에서든 이런 인내를 하고 있나요? 그렇다면 반드시 자기 돌봄과 자기에 대한 보상을 수시로 해 주어야 합니다. 그리고 주위에 위로와 격려를 많이 받아야 합니다. 그래야만 마음과 정신을 건강하게 유지할 수 있습니다. 그래서 저의 이 에피소드처럼, 씁쓸하지만 이기고 웃으며 옛말하는 날이 오기를 진심으로 바랍니다. 부디 힘내세요.

* 충분히 선택권을 잘 주고 있나요?
* 선택을 잘하는 편인가요?
* 내가 한 선택에 책임을 잘 지고 있나요?
* 위기 상황에서 선택해버린 후, 그 결정을 후회한 적이 있나요?

17. 타고나길 경청하는 게 어려운 사람도 있어.

그럼 듣고만 있어 주세요.

저는 집에서 쉴 때와 밖에서 일을 할 때의 기질이 많이 달라요. 밖에서 일을 할 때는 열정적이고 진취적인 기질입니다. 그런 제가 주부가 되어서야 상담 공부를 시작하게 되었지요. 제 치유를 빨리 끝내고, 잘 배워서 아들을 돕고 싶은 심정이었기에 마음이 급했습니다. 그러나 교육과 워크숍에 참여해 보면 가끔 교수자가 강의 준비를 덜 해오거나, 강의장에서 에너지를 아낄 때가 있습니다. 바쁜 시간을 쪼개어 왔으니 그러한 교수자의 태도가 화가 났습니다. 덕분에 커다란 신념이 생겼지요.
'내가 앞으로 교수자가 된다면 나는 에너지를 아끼지 않으리라!' 저의 타고난 기질과 삶의 경험이 아우러져서 더 강화가 된 셈이지요. 덕분에 저는 끝나면 어떤 말도 할 수 없을 만큼 모든 에너지를 강의에 다 쓰는 것 같습니다. 강의 마칠 즈음에 공개 질문을 받고 피드백을 모두 끝내고 내려온 어느 날, 한 분이 따로 찾아와 개인적인 질문을 해도 되냐 물었습니다. 에너지가 고갈이 되어서 많이 죄송하다며 완곡한 거절을 했습니다만, 그럼 내 얘기 듣기만 해 달라 부탁하는데 더는 도저히 거부할 수가 없었습니다. 그날 집에 와서 몸살을 했습니다. 이분은 경청에 많은 에너지가 필요하단 것을 잘 모르셨던 듯합니다.
(강의 시간에 제 모습이 담긴 수강생의 소감문이 뒤에 있으니 확인해주세요.)

'EBS 다큐, 의사소통 123의 법칙'의 내용처럼 '경청의 중요성과 효과'는 누구나 다 압니다. 경청을 잘하는 것이 인간관계에 얼마나 보탬이 되는지도 다 압니다. 그래서 모두가 경청을 잘하고 싶어 합니다. 그런데 말을 잘하는 것이 쉬운 기질이 있고 말을 잘 듣는 것이 더 쉬운 기질이 있습니다.

타고난 기질이 원래 말이 많고, 말을 많이 하고픈 기질이 있습니다. 이 사람들은 '잘 듣기'보다는 '잘 말하는 것'이 더 쉽습니다. C기질(대화, 다양성, 호기심, 논리적, 이성)이 대체로 그렇습니다. 모임에서 거의 대화를 주도하게 되지요. '내가 말하는 것 보다 들어 주는 게 더 힘든 기질이구나.'라고 인정이 된다면 대화 중간에 다른 사람의 말을 낚아채지 않는 노력이 필요합니다. 다른 사람의 말을 끊지 않고, 경청하는 노력을 하고 있다면 그런 자신에게 엄청난 칭찬해야 합니다. C기질에게 절대로 쉬운 일이 아니거든요. 이런 노력이야말로 '**기질을 뛰어넘는 성숙함**'입니다. 경청하는 습관이 만들어지는 겁니다. 물론 그렇다고 해서 타고난 기질이 원래 신중하게 경청을 잘하는 사람은 못 따라갑니다. 하지만 말하기도 잘하고 경청도 제법 하는 사람이 될 수가 있습니다. 남의 말을 끊지 말고, 경청하다가 이젠 내가 말해도 될까? 등의 확실한 동의를 구하고 표현하는 것도 참 멋있는 방법입니다.

경청할 때의 반응도 다를 수 있어요. 현재 내가 컨디션이 좋으면, 리액션도 크게 하고 적극적인 질문도 할 수도 있지만, 컨디션이 나쁠 때는 에너지가 딸립니다. 그럴 때는 눈으로만 대화에 집중하고 고개만 끄덕이는 경청도 충분합니다. 집중과 경청의 에너지는 리액션이 작아도 잘 전달되기 마련이거든요.

경청능력자 갱옥이에 대한 이야기를 들어볼까요? 갱옥이는 제 친구의 애칭입니다. 말하기보다는 잘 들어주는 친구입니다. 경청의 재능을 타고 난 겁니다. 그렇기 때문에 큰 강의를 한 후 편히 쉬고 싶을 때 점심 먹자고 맨 먼저 찾게 되는 친구가 갱옥입니다. 이 친구는 특별히 무언가를 묻는 일이 없습니다. 그래서 함께하면 마음이 참 편안해집니다.
"오늘 강의 중에 이러이러한 일이 생겨서 지금 '다크써클'이 발바닥까지 내려왔어."

 조용히 있다가 저의 한 마디가 시작되어 강의 중에 있었던 우스운 이야기를 하면 반응이 한결같습니다. 그저 으이구, 하며 웃어줍니다. 친정에 가면 긴장이 풀려 몸살이 오는 것처럼 이 친구와 밥을 먹는 도중 몸살이 시작되기도 합니다. 그만큼 제 무의식마저 안심이 되는 고마운 대상인거죠. 갱옥이 남편과도 친분이 있어 가끔 식사를 합니다. 친구 남편과 일 얘기를 나누다가 얼핏 갱옥이를 보면 그냥 빙긋이 웃으며 우리 대화를 듣고 있습니다.

 경청이 잘 되는 갱옥이는 주변에 적이 없습니다. 남편만 적이라고 농담 삼아 말할 뿐입니다. 게다가 갱옥이는 자신이 받아들이기 정말 어려울 때에 거절하는 법도 알고 있습니다. 자존감이 높은 내향형이라는 거죠. 셋이 있을 때 제가 갱옥 남편에게 너스레를 떱니다.
"내가 남자였다면 못생긴 우리 갱옥이한테 아마 프로포즈 했을 거야."

 듣고 있던 갱옥이 남편은 참 잘들 논다며 놀리곤 하지요.

 경청이 더 쉬운 기질이 있기는 하지만, 모든 사람이 경청을 더 잘 하려고 하는 바람을 갖고 있지요. 여기서 경청의 수준을 더 높였으면 합니다. 우리는 누구나 자신의 이념과 가치가 가장 옳다고 여깁니다. 그것이 현재 자신의 최선입니다! 하지만 한구석으로는 듣는 귀를 열어 놓는 게 어떨까요? 인간은 완벽하지 않기에 언제나 오류나 한계가 있을 수 있습니다. 그러니 나와 다른 사람의 견해도 잘 경청해서 연구해 보려는 노력을 한다면 독선을 예방하고 더 성장할 수 있다 여깁니다.

  * 나는 경청이 쉬운가요? 말 잘 하는 게 쉬운가요?
  * 다른 사람 말은 끊지 않고 잘 들어주는 편인가요?
  * 주변에 자존이 높으면서 유난히 경청을 잘 하는 사람이 있나요?
  * '나' 자신은 다른 의견도 잘 듣는 경청자인가요?

18. 부정적인 분위기를 긍정적으로 변화시키는 대화!

정서적 일시 단절과 뒷담화

  나와 관계된 모든 사람과 잘 지낼 수 있으면 얼마나 좋겠습니까. 하지만 모든 사람과 잘 지내기는 불가능합니다. 기질의 차이든 성숙함의 차이든 어떤 이유라도, 유난히 나랑 안 맞고 가끔씩 상처까지 주는 사람이 있습니다. 그 사람 때문에 상처를 받고 자존감에 타격을 받는다면 신중히 고민 후 선택하세요. 그때는 정서적으로 잠시 멀어져도 됩니다. 이 책에서는 줄여서 '정서적인 단절'이라고 하겠습니다. 그런데 절대 하지 말아야 할 것이 있습니다. 바로 뒷담화입니다. 뒷담화는 반드시 더 보태져서 상대방에게 들어가 문제가 발생하지요. 그래서 생긴 갈등이 우리의 삶에 많은 불편과 지장을 초래하지 않습니까. 공격과 뒷담화만 하지 않고 가벼운 인사만 하고 지내도 됩니다. 사회적 관계에선 이런 경우가 허다합니다.

  멀어진 관계였어도 상대방이 뒤늦게 자기의 잘못을 후회하거나 행동이 변화되어서 다시 친해질 수 있어요. 뒷담화를 안한 상태였기에 가능한 것입니다. 뒷담화를 하는 건 일시적인 시원함은 있을 수는 있겠지만 성숙한 모습이 아닙니다. 정말로 할 얘기가 있다면, 다소 불편해도 '나 전달법'이나 '비폭력대화법'등으로 직접 하는 게 바람직하지요. (뒷담화에 맞장구치며 리액션 하는 것도 마찬가지입니다)

화가 난 상태에선 대화하지 마세요. 정말 필요합니다. 순간의 분노를 억제하지 못하면 더 큰 화를 불러와 영영 돌이킬 수 없는 강을 건널지도 모릅니다. 하지만 숨을 크게 들이마시고 잠깐 억누른 충동에 절제를 하고 나면 자신이 당당하고 자랑스럽습니다. 절제를 해서 인정도 받고 칭찬도 받으세요. 그렇게 성숙한 노력을 하는 상대를 보고 어찌 화가 안 풀리겠습니까. 그런 후 상대와 관계개선이 되었을 때, 다시 다음 페이지의 비폭력대화법으로 대화를 시도해보는 겁니다.

쌓인 감정이 많이 쌓인 사람과는 대화 자체가 어렵고, 또 하기가 싫습니다. 말을 해도 안 통할 것 같고, 또 싸울 것 같아서입니다. 그런 사이라면 관계개선이 먼저 필요합니다. 첫 번째 꾸러미의 관계개선 방법을 참고해서 진정한 사과 먼저 주고받으세요. 또한 아무리 좋은 대화법도 서로 용서가 된 상태에서야 유용합니다. 그렇지 않으면 공격과 부정적인 평가 등으로 첫 마디부터 실패를 하는 경우가 허다합니다. 요즘은 가족, 친인척 간에도 정서적인 단절이 많습니다. 이 시도는 관계를 포기하지 않고 회복해서 잘 살아보자는 의도입니다. 화날 때 하지 말고 처음 시작할 때 평가나 공격을 빼는 것만 유의하면 됩니다. 뒤에 소개 된 성숙한 대화법은 일단 경험을 해보면 싸울 일이 줄어든다는 것을 알게 됩니다. 그리고 그다지 어렵지 않다는 것도 느끼게 됩니다. 행여나 세련되고 매끄럽지 못하더라도 그 진심이 충분히 전달될 것입니다. 이미 대화를 시도한다는 자체가 훌륭하고 성숙한 겁니다. 그렇기에 성공적인 결과를 얻을 수 있을 겁니다.

19. 또 다른 방식으로 현명하게 소통하기.

'봉숙이와 속마음.'

 장미여관의 '봉숙이'라는 노래를 들어봤나요? '봉숙이'란 노래를 중간부터 듣게 되었는데 '술 다 묵고 가든지. 니가 내고 가든지~' 이 가사가 너무 재밌었습니다. 혼자서 아주 크게 웃었던 기억이 납니다. 남자는 봉숙이가 집에 안 들어가고 자기랑 있어주길 바라는 게 속마음이지요. 그런데 집에 가려면 계산하고 가라고 말을 해버립니다. 보통은 제가 오해한 것처럼 '어. 남자가 참 치사하네? 쪼잔하네.'라고 느끼며 계산하고 가라는 표현에 꽂히기 쉽습니다. 더 센 단어에 사람들이 보통 자극을 받기 때문입니다. 사실은 봉숙이가 맘에 들었던 남자는 졸지에 쪼잔한 남자가 되어버립니다. 관계에서 오해가 생기는 거지요.
 이처럼 진정 내가 원하는 것과 내가 하는 말이 다를 때가 있습니다. 내 감정과 내가 표현 하는 말이 다를 때가 있지요. 슬프면 슬프다고 해야 합니다. 슬픈데도 괜찮다고 합니다. 심지어 희미하게 웃기까지 합니다. 그렇게 가면을 쓰고 '아닌 척' 애쓰고 있습니다. 그건 자기 자신을 조금씩 시들게 만들고 있는 겁니다. 내담자와 상담을 할 때 이런 모습을 자주 만나게 됩니다. 이분들이 절대 일부러 그러는 것이 아닙니다. 그렇게라도 방어하고 가면을 써야 그나마 살 것 같아서 그렇습니다. 하지만 자신의 자존을 엄청나게 갉아먹는 선택입니다. 자신의 정서적 건강을 위해서 이제는 멈춰야 합니다. 내 감정과 내 표현이 일치하는 삶이 건강하고 자존이 높은 삶입니다.

물론 비즈니스 관계일 때나 상대를 배려하고 싶어서 '아니, 괜찮아'라고 해 주는 건 괜찮습니다. 그런데 배려라는 것은 배려해 준 후에 정말로 내가 괜찮아야 되는 것입니다.

그러니 실상은 안 괜찮은데도, 괜찮은 척하거나 힘든데 웃기까지 하는 건 이젠 그만해도 됩니다. 자신의 부정적인 감정을 정중하고 솔직하게 표현해도 절대 죽지 않거든요.

경고가 필요한 대화가 있습니다. 헤어지자는 말을 홧김에 하는 사람이 더러 있죠? 그럴 때는 내가 헤어질 생각이 아니라면, 그렇게 말하는 상대의 속마음을 이해해 줄 필요가 있어요. 그리고 정중히 부탁하세요. 미성숙한 사람과 교제할 때는 참아야 할 경우가 많습니다. 사랑하지만 관계를 유지하는 것이 꽤 어렵기도 합니다. 그러나 같은 일의 반복으로 지쳤다면 조용하지만 강하고 성숙하게 경고의 표현을 해 주세요. 비폭력대화법으로 예를 삽입합니다.

"자기야. 내가 부탁했었는데, 어제 자기가 화난다고 '끝내!'라고 말했잖아. 내가 참 힘이 드네. 나는 우리 인연이 끝나더라도, 홧김에 감정적으로 끝내고 싶지는 않아.
그러니 자기야. 이젠 절대 그런 표현 하지 마. 또 그러면 이젠 나도 정말 끝낼 것 같아."

관계에서 이런 정중한 경고도 없이 혼자 참고 참다 한계에 다다라 인연을 정리해버리는 경우가 있습니다. 그건 그렇게 정리한 나 자신도 그 사람 생각이 나면 상처투성인 영원한 피해자가 되지요. 또한 상대방도 준비가 안 된 상태에서 이별이라는 통보를 받았기에 충격을 받습니다. 언젠가 끝날 인연이라 하더라도 끝나기 전에 바꿀 기회를 해 주는 것도 참 의미 있는 노력입니다.

'봉숙이' 가사처럼 '속마음(감정)과 자기표현'이 다른 경우는 자존이 약해서 가면을 써야 하는 경우입니다. 그런분들은 이해와 위로가 필요합니다. 그렇지 않은데도 속마음과 표현이 다른 사람들을 가끔 만나게 됩니다. 소통하기가 참 어렵습니다. 저렇게 얘기는 하지만 또 다른 의미가 있나 한 번 더 생각을 해 봐야 하기에 피곤해집니다. 또한 말하는 그대로를 믿을 수 없기도 합니다. 가장 힘 있고 생명력 있는 대화는 솔직한 속마음으로 상대를 배려하면서 하는 것입니다. 그것이 인간적이며 바람직한 소통 패턴입니다.

* 나는 평소에 나의 감정과 같은 표현을 하고 있나요?
* 나는 겉마음보다 속마음으로 소통하는 편인가요?
* 정중한 경고를 해본 적이 있나요?

정말 훌륭한데 외로운 사람

조금만 보완하면 될 부분을 그러지 못해 혼자가 되는 이들을 위한 내용입니다. 구구절절 맞는 말을 하는 사람이 있습니다. 다만 그게 잘 와 닿지 않습니다. 듣고 있으면 그저 답답해집니다. 그래서 말이 길어지면 별로 듣고 싶지 않습니다. 왜냐하면 사실은 나도 거의 다 알고 있기 때문이지요. 몰랐어도 한 마디만 듣고도 내가 무엇을 잘못했는지 바로 알아챘거든요. 그리고 그 문제를 어떻게 해결해야할 것이고, 앞으로 어떤 조심을 해야 할지도 이미 느낌이 왔습니다. 조언이나 지도를 해 주시는 분의 의도는 도와주고 싶으신 거지요. 상대를 위한 큰 배려기에 사실은 참 고마워해야 하지요. 그런데 듣는 이에겐 그 배려가 잔소리로 느껴집니다. 당연히 점점 자신과의 대화를 피하려는 듯한 느낌을 받습니다. 그래서 서운하고 서서히 외로워집니다. 이러한 분들은 주로 A기질(**성실, 책임, 규칙, 모범, 인내**) 들입니다. 지금까지 무척 반듯하고 훌륭한 삶을 살아왔지요. 그래서 자신의 경험을 조언하고 싶은 겁니다. 그런데 상대가 싫어하거나 피하니 표현은 안 하시지만 상처도 받고 외롭기도 하지요.
  왜 그럴까요? **공감**을 제대로 하지 않고 조언과 충고를 먼저 해서 그렇습니다. '내가 이것에 대해서 조언을 해 줘도 될까?' 먼저 묻고 동의를 구한 후에 한다면 상대가 잘 받아들입니다. 마음에 들을 준비가 되어있기 때문이지요. 그렇게 대화 양상이 바뀐다면 절대 지금처럼 외롭고, 고독하지는 않을 겁니다.

매사 **가르치려고 하는 사람도 마찬가지입니다.** SNS에서 댓글을 쓰면서도 가르치려고 하는 사람이 있지요. 이런 사람은 잘 가르칠 수 있는 재능이 있을 가능성이 높습니다. C기질 (**대화, 다양성, 호기심, 논리적, 이성**)이 대개 그렇습니다. 덧붙여, 아무리 가르치는 직업을 가졌다 하더라도 공식적으로 가르치는 시간 외에는 자제해야 합니다. 이때도 동의를 구한 다음 자신의 지식을 나눈다면 듣는 사람에게도 훌륭한 정보제공자가 될 것입니다. 자신의 조언이나 지식이 가치 있게 받아들여질 때 행복감이 들 것입니다.

확인이 필요할 때가 있습니다. 잘 지내던 사람 때문에 묘하게 기분 나빠집니다. 놀랍기도 하고 황당하기도 하고 좌우간 나도 기분이 상당히 나쁩니다. 그래서 상대가 먼저 기분을 상하게 했기에 언짢아져서 나도 기분 나쁘게 반응을 해 버립니다. 공격성이 포함되어 버린 거죠. 다음부턴 서로 불편하고 이미 감정이 상해져서 이전의 관계로 돌아가기가 어렵습니다. 친하게 지내던 사람과 관계가 틀어지면 많이 불편해지잖아요. 이럴 때는 나도 같이 화를 내어버리기 전에 한 번만 물어봐 주세요.

"OO야. 왜, 무슨 일이지? 혹시 내가 너에게 뭐 실수한 거라도 있니?"

참 이상하다. 이유가 궁금하다고 느낄 때 내가 먼저 확인하는 것이 중요합니다. 그러면 전혀 예상하지 못했던 말이 튀어나오기도 합니다. 상상도 못 했는데, 나 때문에 마음이 상해있을 수도 있습니다. 내가 전혀 예상하지도 못한 얘기라면 내가 의도한 게 아니었다는 겁니다. 단순 실수였기에 그때는 무조건 사과하면 됩니다. 전혀 의도하지 않았어도 상대방이 나 때문에 힘들었다면 사과해 주는 것이 배려입니다. 그러면 어떤 실수라도 받아들여지고 혹시 오해였다면 정확히 풀어주면 됩니다. 이렇게 먼저 확인할 수 있다면 불편한 관계를 많이 예방할 수 있어요.

꼬리 내리는 사과법

통화가 시작되자마자,
"대표님. 제가 사과하려고 전화를 드렸습니다. 식사는 하셨어요. 대표님. 제가 지난번에 생각이 짧아서 큰 실수를 한 것 같습니다. 제가 실수 한지도 몰랐습니다. 정말 죄송합니다. 앞으로 진짜 주의하도록 하겠습니다."
다음처럼 문자로 해도 좋습니다.
"선배님. 생각지도 못했는데, 제가 어제 크게 말실수를 했더라고요. 선배님께 안 맞은 게 다행이라 생각이 들었습니다. 제가 10분 후에, 사과 전화 드리겠습니다."
이렇게 꼬리를 팍 내리는 사과, 어떤가요? 웃는 얼굴에 침도 못 뱉고, 진심이든 아니든 싹싹 비는데 마음이 풀리지 않겠습니까. 이렇게 사과할 줄 아는 사람. 참 매력적이지 않으세요? 왜 우리는 사과를 쉽게 하지 못하는 걸까요. 사과하면 권위가 깎일 것 같아서인가요. 내가 무시를 당할 것 같아서인가요?
누구나 실수는 하게 됩니다. 상대를 상처 주려는 의도가 아니었다면 용기 있게 사과하는 게 성숙한 모습이지요. 진심으로 자신의 잘못을 인정하고 진심으로 사과도 하는데, **행동이 고쳐지지 않는 사람**이 있습니다. 그런 사람과 이별하지 않고 관계 유지를 해야 할 때는 마음이 힘듭니다. 분노나 슬픔이 반복되기에, 자신에 대한 진지한 위로가 필요합니다. 잘 살펴보세요. 아마도 그 부분이 그 사람의 구멍일 경우가 많을 겁니다. 어쩌겠습니까. 사과도 안 하는 것보다는 그나마 낫지 않습니까. 반복하지 않기 위해 엄청난 노력을 하고 있으니, 시간이 걸리더라도 기다려주세요. 그 사람의 변화된 미래를 포기하지 말고 옆에서 사리가 생기더라도 참아주세요. 그 사람이 치유되고 성숙해 지면, 틀림없이 많은 변화가 있습니다. 칭찬과 격려와 지지만이 그 사람의 변화를 앞당기는 방법입니다.

받고 싶은 칭찬이 뭐야?

관계개선이 필요한 사이가 아니라도 가끔 듣고 싶은 칭찬을 물어봐주세요.
(1) 아들의 마음에 위축이 와서 힘을 주고 싶어 바쁜 일정 중에 전화했습니다.
"아들. 오늘 듣고 싶은 칭찬이 뭐야?"
아들이 퉁명스럽게 대답합니다..
"없는데요!"
아들의 대답이 그래요. 성의 없음에 서운함이 훅 올라왔지만 참았어요.
"그래? 그럼 혹시 생각나면 문자해!"
이렇게 말하고 끊으려고 했더니, 전화기 너머로 들려오는 아들의 목소리가 있습니다.
"아, 엄마! 나 오늘 학교에서 아무하고도 안 싸웠어요."
안 싸우는 게 당연하지만. 제 아이는 나름 사연이 좀 있기에, 싸우고 싶은 걸 참았는데 기분이 어떤지 물었습니다. 기분이 좋다기에 아주 기쁘게 축하해주었습니다. 여기서 다루고자 하는 것은 잘 돕고는 싶지만 제가 해 줄 수 있는 칭찬은 제가 아는 범위 내에서라는 겁니다. 아들이 듣고 싶었던 칭찬은 본인이 알려주지 않는 이상 알 수 없는 내용이었지요. 그렇기에 받고 싶은 칭찬을 물어보고 칭찬을 해 주는 것은 큰 의미가 있습니다. 심리적으로 가려운 부분을 제대로 긁어주는 셈이라 상대에게 더 고마움을 느끼게 됩니다.

(2) 내담자에게 듣고 싶은 칭찬이 뭐냐고 묻는다면 다음과 같은 답변이 옵니다.
"저, 다리가 후들거릴 만큼 떨렸는데도 거절해보기 과제 해낸 거요."
"저 아빠한테 사과 받아낸 거, 다시 한 번 더 칭찬받고 싶어요."
이 중에서도 자살을 시도하던 녀석에게서 이런 답변이 올 때 눈물이 찔끔 났습니다.
"저 연기자의 꿈이 생긴 거요."

(3) 듣고 싶은 칭찬이 뭐예요?
"칭찬이 아니라 듣고 싶은 말이 있어요."

영수씨는 깊은 우울감 때문에 자살충동까지 생겨서 인연이 된 30대 중학교 여교사입니다. 기혼이었고 아직 아이는 없었습니다. 성장 과정에서 잘한 건 항상 당연하고, 집안의 살림밑천 역할을 하는 걸 의무처럼 여기고 살아온 퍼주기만 하던 착한 장녀입니다. 친정엄마가 딸에게 당당하게 효도를 요구했고 돈도 수시로 요구해왔습니다. 그러다 아버지가 사업에 망한 후 엄마가 카드회사 대출을 받았고 당신이 변제할 능력이 안 되니 딸에게 빚을 다 떠넘겼습니다. 그때는 기간제 교사를 할 때였습니다. 기간제 교사의 차별과 안정적이지 않은 자리라서 너무도 힘든 상태인데 빚까지 떠안게 된 거죠. 우울감이 극에 달아 자살 충동까지 느끼는 상황으로 발전했습니다.

영수씨는 항상 1등을 할 만큼 똑똑한 학생이었음에도 엄마께 제대로 된 인정 한 번을 못 받고 자랐습니다. 엄마가 정서적으로 건강한 분이 아니었습니다. 게다가 타고난 기질이 D기질(가족, 사랑, 상처 힘듦, 두려움, 평화) 이니 가족에게 사랑을 받지 못해서 자존이 낮고 우울할 수밖에 없었습니다. 오랜 병원치료를 하며 약을 먹고 있었고, 많은 양의 심리학책을 읽었어도 자신이 자존감이 낮은 사람이라는 것은 처음 알았다고 고백했습니다.

그 이후부터 본격적으로 상처치유에 들어갔습니다. 그리고 자신의 자존감 향상에도 많이 신경을 썼습니다. 부당한 요구를 할 때는 '엄마에게 정중히 거절하기. 남편과의 친밀감 향상' 등의 개입으로 좋아지고 있을 때였습니다. 그날 상담을 마칠 즈음 듣고 싶은 칭찬이 뭐냐고 질문을 했습니다.
"저에게 영수야~ 사랑한다, 라고 한 번만 말씀해주세요."
너무 예상 밖의 주문이라 놀란 한편으로 가슴이 아팠습니다. 여성 어른에게 진심으로 사랑한다는 한 마디를 지금까지 제대로 못 들은 겁니다. 그때도 말해준 한 마디이지만 이 차례가 되어 다시 말해주려 합니다.
"예쁘고 착하신 선생님. 사랑할 수밖에 없는 고운 선생님. 사랑합니다."
듣고 싶어 하는 칭찬이 내가 생각하기엔 '칭찬 거리'도 아닌 것 같고, 또 아직은 칭찬받기엔 이르다고 느낄 수 있습니다. 하지만 나의 잣대로 평가하지 마시고 진심으로 칭찬해 주세요. 그런 칭찬을 받을 때. 상대방은 갖고 싶었던 커다란 선물을 받은 듯이 기뻐하게 됩니다.
위기 극복 후 상담이 종결되었는데 영수씨가 안부를 전해오는데 최근 상태가 전보다 아주 좋아졌습니다. 약도 충분히 줄일 수 있다 자신 있게 말합니다. 지금처럼 가속도를 높여 치유해서 몇 년 후에는 자신과 꼭 닮아 인형 같은 아기를 안고 찾아와 줄 것을 기대합니다. 그 예쁜 영수씨가 자신의 아가를 품에 안고 눈을 맞추며 '아가야 사랑한다,' 라는 말을 수없이 되뇔 수 있기를 진심으로 기원하고 있습니다.

거절과 생색

자존이 낮은 사람들은 정말 하기 싫을 때도 거절을 못합니다. 억지로 해주고, 상대도 미워하고. 자신 또한 또 호구됐음에 속상해합니다. 분리해야 합니다! 착한 것과 자존이 낮은 건 다르다는걸요. 그래서 간혹 상담할 때 거절해보기 숙제를 내는 경우도 있답니다. 정중한 거절은 힘입니다. 자신의 감정을 보살피는 겁니다. (2018. SNS)

강의 중에 '거절, 왜 못하는 걸까요' 라고 질문하면 이런 답이 나옵니다.
"관계가 지금보다 나빠질까봐서요. 못된 사람이라는 평가 받을까봐서요. 그 사람에게 버려질까봐서요."

결국은 모두 낮은 자존감으로 귀결됩니다. **할만 해서 부탁을 흔쾌히 들어주면 서로 좋지요.** 그런데 정말 하기 싫어서, 싫다고 티를 냈는데도 결국 억지로 하게 되었다면 인간인지라 상대방이 얄밉습니다. 사람이 얄미워졌는데 두 사람의 관계에 무슨 도움이 되겠습니까. 그러니 사람을 미워할 바에야 차라리 정중히 거절하는 것이 더 바람직합니다. 죄책감 가져가며 심호흡해가며 어렵게 거절했는데, 서운하다는 둥, 아니면 공격으로 돌아온다면 그 사람과는 좋은 인연이 아닙니다. 상대방이 나를 만나는 의도가 결코 순수하지 않을 수도 있고요. D기질 (가족, 사랑, 상처에 취약, 두려움, 평화)이 마음이 약해서 유난히 거절하기가 힘이 듭니다. 행여 자존감까지 낮으면 끌려 다니는 슬픈 호구가 됩니다. 하지만 D기질도 자존감이 높으면 정중히 거절할 수 있습니다.

거절 후 혹 미안한 마음이 생기면 밥 한 끼 사주면 됩니다. 아니면 자신이 해줄 수 있는 다른 부분을 잘해주면 됩니다. 그러니 이제부턴 마음 편히 거절하고 '착한 바보'에서 졸업을 한 다음 비참해지던 자기 자신을 보호하세요. 다시 강조합니다. 정중한 거절은 힘입니다.

이번에는 **생색이 가방이 된 사례**입니다. '생색과 선택권'을 연습한 후에 추석 명절이 있었습니다. 한 수강생이 시댁 출발 전부터 몸이 안 좋았는데, 참고 명절 동안 며느리 역할을 해내었습니다. 귀경하는 차 안에서 녹초가 되어 뻗어있는데 몇 시간이 지나도 남편이 고생했다는 말을 안 해주었습니다. 서운하고 서럽고 화가 치밀었습니다. 그렇지만 배운 게 생각나서 화를 억누르고 말했습니다.

"여보. 나 이번에 아픈데도 진짜 고생한 거 알지. 근데 당신 왜 고생했다고 말을 안 해주지??. 아, 진짜. 괘씸하네."

비장한 분위기로 말을 잇습니다.

"자~. 이제, 당신한테 선택권을 줄게. 내가 계속 이렇게 화내고 퉁퉁거리며 바가지 긁을까, 아님 당신이 가방 하나 사줄래. 지난주에 홈쇼핑에 25만원하는 가방 예쁜 거 방송하더구먼."

결국 25만원 뺏어서 남편 보는 앞에서 홈쇼핑에 주문해놨다는 말을 듣고 다른 엄마들이 물개박수를 쳐주었습니다. 다들 엄지척도 보내주면서 부러워했습니다. 화내기 전에 선택권을 줘서 선물을 챙긴 예입니다. 이런 지혜로움은 같이 사용할 만하지요? 살다 보면 마음 같아서는 진짜 하기 싫어서 거절하고 싶을 때가 생깁니다. 그런데 애써서 억지로 해 주었음에도 상대가 몰라주면 정말 화가 납니다. 서운합니다. 당연히 감정이 생겨서 어떤 모양이든 공격을 하게 되고 결국은 관계가 나빠지지요.

그럴 때는 이렇게 생색을 내세요. 그래서 인정을 받아내면 전보다는 훨씬 마음이 느슨하게 풀립니다. 적당한 타이밍에 내는 생색은 밉지 않습니다. 가끔은 귀엽기도 합니다.

"내가 바쁜데 해줬으니, 밥 사. 아니 고기 사!"

이런 생색도 괜찮습니다. 잘해주고 서로 맛있게 고기 먹으면 되지요.

* 나는 정중히 거절할 수 있나요? 생색도 낼 수 있나요?
* 하기 싫은데 억지로 부탁을 들어준 적은 있었나요? 기분은 어땠나요?

사과와 거절

내가 실수하거나 잘못한 부분이 있으면 단지 **그 부분만을 사과**하는 것입니다. 그래서 내가 사과를 했다고, 내 존재 전체가 자존심이 상할 이유가 없습니다. 그러니 자존이 높고 성숙하면 사과를 잘합니다.

"미안해. 내가 그 부분은 실수했네."
"내가 좀 과했던 것 같아, 미안해."

"아이고 내가 모르고 그랬지만, 네가 맘 상했다면 미안해.~"

이런 진정성 있는 사과가 관계에 도움이 되는 건 당연하겠지요? **거절도 마찬가지입니다.** 사과를 받지 못해 상대가 여전히 밉다면 상황에 따라서 어떤 사건에 관해서는 **나중에 사과를 요구**해도 됩니다. 다만 사건 이후에 내가 상대에게 화풀이를 하지 않았을 때에만 해당됩니다.

아내가 실수를 해서 남편이 화가 많이 났습니다. 자신의 실수를 아내도 인정을 했습니다. 그런데 남편이 식사를 하다가 일어나서 식당을 나가버렸습니다. 그랬다면 남편은 사과를 또 받을 수는 없습니다. 이미 아내는 혼자 남겨진 대가를 받았기 때문입니다. 혼자 남겨진 창피함과 서운함을 겪은 것이 이미 실수의 빚을 갚은 셈이 되는 거죠. 내가 골이 나서 성질을 부렸다는 건 잘못한 대가를 치르게 한 겁니다. 또 잔소리를 하거나 훈계 또는 사과를 요구하는 건 곤란합니다. 사과 요구나 훈계는 내가 화내지 않았을 때만 상대가 거부감 없이 받아들입니다.

하늘에 닿는 사과도 있습니다. 돌아가신 사람이 생각나고 그리울 때가 있지요. 그럴 때 많은 사람이 아쉬웠던 기억, 실수했던 기억, 불효했던 기억들로 슬퍼하고 힘들어합니다. 꽤 많은 내담자가 후회와 죄책감에 시달리고 있습니다. 죄책감은 자신의 행복을 크게 방해하는 무거운 감정입니다.

하지만 돌아가신 분을 생각하고 우는 건, '사랑' 때문에 그런 겁니다. 그게 후회든 죄책감이든 사랑의 에너지를 드리는 것이니 더는 마음 아파 울지 않고 그리움에 흘리는 눈물이었으면 합니다. 만약 그것이 부모님이라면 부모님께 효도하는 겁니다. 후회와 자책의 에너지를 내가 행복할 수 있는 곳에 쓰세요. 그리고 그분과 사과의 대화를 하는 거지요. 조용히 말씀해도 되고 편지글로 적어도 됩니다. 미안함이 떠오를 때마다 대화하세요.

"어머니(아버지), **여보**, 미안하고, 참 그립습니다. 제가 살아생전 못한 게 생각이 나서 후회스럽습니다. 너무 죄송했어요. 지금도 죄송합니다. 대신에 제가 여기서 열심히 살아서 행복한 모습 꼭 보여드리겠습니다. 사랑합니다. 많이 사랑합니다."

충분히 닿아 전해질 마음이리라 저는 생각합니다. 아무리 먼 곳에 있어도 진심은 통할 것이라 믿고 있습니다.

성공한 사람이 되려하기 보다 가치 있는
사람이 되려고 노력하라.
-알버트 아인슈타인-

다섯 번째 꾸러미

나의 마음을 안아주는 치유 꾸러미.

다섯 번째 꾸러미 : 나의 마음을
안아주는 치유 꾸러미.

　우리의 삶의 현장에는 수많은 상황들이 펼쳐져 있지요. 먼저는 물리적인 환경을 통해서 우리들의 모습이 결정되고, 눈에는 보이지 않지만 내부의 심리적인 환경에 의해서 생각과 행동하게 됩니다. 이런 물리적인 환경과 심리적인 환경은 우리들에게 다양하게 적용되기 때문에 이에 대한 적절한 대처가 필요합니다. 적절한 대처를 잘 하기 위해서 필요한 과제가 자기관리(自己管理)입니다. 자기관리는 자신의 외부적인 물리적 환경과 내부적인 심리적인 환경을 잘 정돈함으로서 상황에 대처하는 마음의 힘을 의미합니다. 자기관리의 성패는 주변 환경과의 적응에 직접적인 영향을 미치게 됩니다. 즉 "자기관리를 잘하고 있으면 성공적인 성취를 할 수 있다."라고 표현되지요.
　이에 대한 가장 일상적인 사례를 소개하겠습니다. 미국 일류의 실업가이자 트럭회사 사장인 '로이플 하우프'는 바쁜 아침 시간의 문제를 해결하기 위해 특별한 방법을 사용하고 있습니다. 로이플 하우프는 옷 서랍장 위에 두 개의 플라스틱 상자를 놓아둡니다. 잠들기 전에 이 안에 '지갑이나 자동차 열쇠, 커프스 단추, 넥타이 핀, 컬러 단추' 등을 넣어둡니다. 그것들은 상자에 의해 자동적으로 구별되고 정돈됩니다. 아침에 그것들을 찾는 데 필요로 하는, 적어도 5분간은 매일 절약하는 셈입니다.

　상담과정에서는 외부적인 자기관리와 함께 심리적인 활동으로 표현되는 내부적인 마음관리에 중점을 두고 있습니다. 우리는 마음관리가 되지 않았을 때 등장하게 되는 결과에 대해서 쉽게 짐작할 수 있습니다. 그래서 마음관리의 중요성이 대두되지요. 우리의 감정을 어떻게 관리하느냐에 의해서 마음의 건강이 결정됩니다. 감정을 어떻게 관리하는가에 의해서 천국의 삶을 또는 지옥의 삶을 누릴 수 있습니다.

　감정은 느낌으로 알 수 있는 마음상태를 의미합니다. 감성(感性)은 느낌을 조절할 수 있는 마음의 힘으로 정의할 수 있지요. 자기관리를 위해서 자신의 감정을 관리하는 마음의 힘을 감성지능(感性知能)이라고 합니다. 감성지능의 5가지 영역은 '자신의 감정을 인식하는 능력, 자신의 감정을 조절하는 능력, 자기에게 동기를 부여하는 능력, 타인의 감정을 인식하는 능력, 타인의 감정을 조절하는 능력'이 있습니다. 제가 임상에서 만난 많은 사람들은 자신이 해야 할 일, 즉 '공부, 업무수행, 가사' 등에 최선을 다하고 있어서 얼핏 보면 정서적으로 건강하게 보였습니다. 하지만 자신의 정서관리가 잘 이루어지지 못해, 사실은 마음이 피폐해진 상태에서 괴로워하는 사람이 많아요. 그래서 다섯 번째 꾸러미에서는 건강한 자기관리와 이를 위한 자신만의 정서 힐링 세트 마련에 대해서 같이 나눠보겠습니다.

20. 맑은 물과 탁한 물. 너라면 어떤 걸 고를래?

강의 후에는 항상 그림을 보여주며 현재의 감정상태와 최근의 감정 상태를 물어봅니다. 이해를 돕기 위해서 맑은 물과 탁한 물이라고 표현했습니다.

편안한	불편한
감동하다 고맙다 기대되다 기쁘다 행복하다 따뜻하다 안도하다 반갑다 상쾌하다 즐겁다 자유롭다 유쾌하다 뭉클하다 편안하다 만족스럽다 황홀하다 흥분하다 희망차다 떨리다 놀랍다	답답하다 걱정이다 화나다 낙심하다 고독하다 괴롭다 외롭다 절망하다 놀라다 절망하다 당황하다 두렵다 초라하다 무기력하다 분개하다 불안하다 못마땅하다 민망하다 긴장하다 슬프다 짜증나다

왼쪽 감정을 맑은 물, 오른쪽 감정을 탁한 물이라 지칭하겠습니다. 현대를 살아가는데 탁한 물이 없을 수는 없겠지요. 요즘같이 힘든 환경을 살아간다는 자체가 탁한 물과의 전쟁인 것 같습니다.
"최근 감정상태의 맑은 물과 탁한 물의 비율이 어떻게 되세요?"
직업의 특성상 저는 탁한 물이 압도적인 사람을 많이 만납니다. 평소에 탁한 물이 가득 차있기 때문에 짜증이나 화를 만나면 탁한 물이 쉽게 넘쳐버립니다. 그 감정 폭발은 그 동안의 삶의 형태와 기질별로 달리 표현되는데, 무의식의 폭발이기에 기질이 더 중요한 변수입니다. 자신만의 동굴로 잠수를 타거나, 자해, 폭행, 일탈 등의 형태 등으로 표현이 되지요. 이렇게라도 해야 정신병적 증세가 나타나지 않고 살게 되거든요. 즉 정신이 무너지지 않는다는 겁니다.

세상에 탁한 물을 많이 갖고 싶은 사람은 아무도 없습니다. 먼저 깊은 위로가 필요합니다. 하지만 희망을 가지세요. 상처 치유와 감정 관리를 통해서 감정의 물 상태를 바꿀 수 있습니다. 이제 소개되는 '힐링카드'를 통해서 감정의 맑은 물이 더 많아지면 행복감을 쉽게 느낄 수 있는 자신이 될 수 있을 겁니다. 인상은 당연히 더 밝고 편안해지겠지요. 자연스레 연결되는 원리입니다.

감정과 기질에 대하여 이야기해보겠습니다. 감정은 사람마다 각자 다르게 느낍니다. 예를 들어 '강의를 할 때 찰지게 욕을 섞어서 하는 강사'가 있어요. 욕을 들으면 B기질 (**도전, 자랑, 화끈, 한다면 한다, 자유**)은 시원하고 통쾌함을 느끼며 재미있습니다. 맑은 물이 생기지요. A기질 (**성실, 책임, 규칙, 모범, 인내**)은 많이 불편합니다. 욕 때문에 강의가 잘 안 들립니다. 당연히 탁한 물이 생깁니다. 이렇게 기질에 따라서 같은 공간, 같은 사건인데도 감정이 다를 수 있습니다. 우리는 다름을 먼저 인정해 주어야 합니다.

자기 공감과 치유

나도 모르게 강하고 부정적인 감정에 갇힐 때가 있습니다. 오래 지속될 수도 있지요. 그럴 때는 머리로 생각을 전환시키거나 억누르시지 마시고 먼저 자신의 감정을 인정해야 합니다. 감정수용 없이는 '풍선효과'처럼 일순간 사라진 것처럼 보이지만, 다른 한쪽이 부풀어 오릅니다. 그건 없어진 게 아니라 잠시 묻힌 거지요. 나중에 비슷한 상황에 맞닥뜨리게 되면 누르고 참았던 감정이 훨씬 더 크게 다가와 버립니다.

"내가 진짜 화가 나는구나. 내가 슬프구나. 내가 불안하구나. 내가 참 창피하구나. 내가 억울하구나."
"안 돼, 안 돼. 이런 마음과 생각은 잘못된 거야. 도움이 안 돼! 이럴 시간이 없어!"

부정하지 말고 자신의 감정을 윗부분처럼 있는 그대로 충분히 인정해 주세요. 이것이 자기 공감이고 감정치유입니다. 감정은 생명력이 있어서 자신이 힘든 것을 감정의 주인인 내가 알아주면 덜 아픕니다. 감정은 머리로 하는 생각이 아닌 마음으로 느끼는 살아있는 정서이기에 이 과정이 중요합니다.

"그래. 너무 부정적으로 생각하지 말자. 이런 시간에 움직이자. 난 잘할 수 있어."

그런 후에 위와 같이 의식을 전환한다면 감정의 찌꺼기가 쌓이지 않습니다. 다 알면서도 그게 잘 안되어서 자기관리를 열심히 하고 있는데도 실상은 정서가 힘든 사람이 많습니다.

지금 소개할 인수도 그랬습니다. 수능 3일 전날 열이 나서 입원을 하게 되었고, 수능시험을 망쳐서 자기가 원하던 학교를 못간 학생입니다. 그것이 트라우마가 되어서 공무원시험장에서 또 망칠까 봐서 심각하게 불안합니다. 모의고사를 치를 때도 손이 마구 떨리고 뒤통수가 터질 듯이 벌게지는 긴장에 시달립니다. 생각을 바꾸고 참으려고 하지만 도저히 불안이 잡히지 않아 시간을 쪼개서 상담을 신청했습니다.

불안이 나를 지배하면 엄청나게 에너지가 소진되어 삶이 힘들어집니다. 방치되면 무기력으로 발전되고요. 상담 중에 핵심 단어인 '무섭지. 두렵지'가 맞닥뜨려졌을 때 갑자기 고개를 푹 숙입니다. 그리곤 소리 없이 웁니다. 처음엔 우는 줄 몰랐습니다. 아주 유능하고 당당한 모습의 친구였거든요.

하지만 인수의 무의식은 그 시험장이 정말로 무섭고 두려웠던 겁니다. 딱한 마음에 저 또한 울컥했습니다.

  포스트잇에 자신의 핵심 감정과 위로의 단어를 적어서 책상에 붙여 놓고 보게 했습니다. 보고 읽을 때마다 머리로 안심했습니다. 삐뚤삐뚤 적어놓은 저 귀여운 글씨가 불안을 잡아준 것입니다. 혹시나 문제가 생기면 바로 연락하라고 그때 2차 상담하자 라고 했더니, 아직
 약발(상담의 효과)이 남아있어 아직은 괜찮아서 지금 열심히 공부하고 있다 전합니다. 아주 강한 믿음이 갑니다. 그래서 저도 내심 좋은 소식을 기대하고 있습니다. 포스트잇에 적어 놓은 모습입니다.

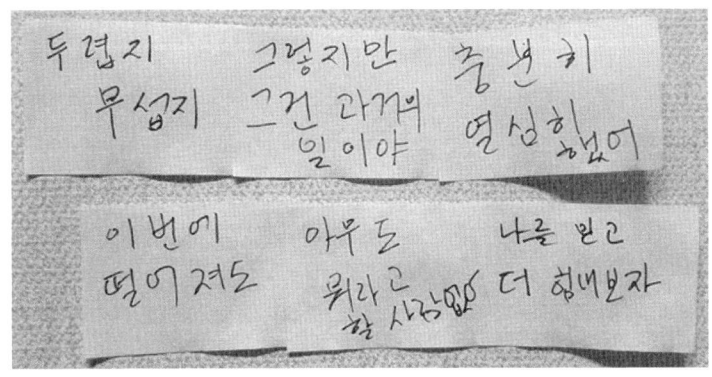

(후일 합격을 했다는 소식을 받았습니다. 1년 만의 조기합격이라 저도 엄청 축하해주었습니다.)

  참고 견디는 것만이 좋은 것이 아닙니다. 감정 표현을 해야 합니다. 성숙하게 잘 표현 하는 게 우리의 숙제이지요. '아 기쁘다, 행복하다, 참 반갑다' 등의 맑은 마음이야 표현을 덜 해도 괜찮습니다. '서운하다. 화가 난다.' 라는 부정적인 감정을 표현하지 않고 무조건 참는 건 위험합니다. 표현도 없이 '내 감정을 알겠지. 알아주겠지. 설마 그것도 모르겠냐'는 생각은 상대

방이 알아주길 기대하는 겁니다. 상대가 몰라주면 서운함이 생겨서 본능적으로 공격을 하게 되지요. 소극적으로는 삐지기도 하고 적극적으로는 화내며 소리 지르기도 합니다.

혼자 꾹꾹 참다가 감정이 폭발하면 싸우게 되거나 자기 스스로 힘들어서 상대와 단절을 선택하게 됩니다. 상대방은 그 정도로 힘든 줄 몰랐었기에 무척이나 당황스럽고 억울하고 또 상처도 받습니다. 관계를 위해서라도 자신의 부정적인 감정을 정확히 그리고 정중하게 표현하세요. 안 하면 잘 모릅니다. 표현을 해도 이해를 잘 못하고 또 잘 알아주지도 않지요. 그러므로 단절할 생각이 아니라면 표현하는 것이 성숙한 선택입니다. 점잖은 분이 부정적인 감정표현을 안 하고 참는 경우가 많습니다. 참은 후에 내가 화나거나 상대가 밉지 않으면 됩니다. 나에게 정서적으로 나쁜 영향을 주지만 않는다면 선을 베푸는 것이 되지요. 하지만 도인이 아닌 이상 그게 쉽지가 않다는 것이 현실이지요.

* 나의 현재나 최근 감정 상태는 어떤가요? 맑은 물이 많다면 진심으로 축하합니다.
* 탁한 물이 많다면, 먼저 위로와 격려가 필요합니다.
  뒤에 나오는 힐링카드로 자기치유를 시작하기를 추천합니다.
* 감정 표현을 편안하게 잘하는 편인가요?

21. 위기와 권태를 지혜롭게 넘길 줄 알아야 해!

누구나 겪게 되는 슬럼프가 올 때.

'일도 안 하고 싶고, 나가고 싶지도 않고, 씻기조차 싫을 만큼'우울하거나 버거울 때가 다들 있습니다. 그럴 때는 우선 자신을 위한 충전의 시간을 먼저 가져야 합니다. 힐링카드 중 '혼자 할 때 행복한 것'에서 가능한 것부터 시작하면 됩니다. 에너지가 부족한데도 계속 일을 해야 할 때는 엄청 힘들지요. 그런 상태에서는 일의 능률이 오르지도 않습니다. 나의 위태로운 감정 상태를 직장동료나 가족들도 느끼게 됩니다. 주변인들이 내 눈치를 보게 되거나 그들에게 불편을 주게 되지요. 그럴 때는 차라리 에너지 충전하고 오겠다며 미리 양해를 구하고 자신의 힐링세트를 꺼내서 사용하세요. 충전 후 생기 있는 모습으로 다시 나타나는 것이 나와 타인을 위해서 더 도움이 됩니다. 시간은 조금 걸릴 수 있지만 탁한 물에 맑은 물을 '똑똑똑' 한 방울씩 계속 타서 탁한 물을 연하게 만드는 원리입니다.

특히 **슬럼프를 조심해야** 합니다. 슬럼프(slump)는 신체적이거나 정신적으로 일시적으로 부진한 상태 또는 작업이나 성취상태가 부진한 경우를 말합니다. 슬럼프 때 오는 우울감은 즉각 관리를 시작해야 합니다. 우울감이 슬픈 기억을 부추기고 더 부정적인 생각을 하게 만들기 때문이지요. 우울할 땐 우울에서 벗어나기 위해 빠른 대응을 하는 것이 중요합니다. 저 같은 경우에는 아무 생각 없이 예능프로나 유머 모음 등을 봅니다. 다 싫고 버거워서 벌렁 누웠다가 어느 순간 피식거리며 웃고 있는 모습을 보게 됩니다. 뇌도 우울 상태에서 벗어나기 시작한 거지요. 그렇게 응급처치를 한 후 자신의 힐링카드를 사용하면서 현재 우울의 원인을 찾아서 근본적인 치유의 단계를 밟으면 됩니다.

 울음마저 참으면 탁한 물이 급속도로 고이고 또 몸이 망가집니다. 자신의 감정 관리를 위해서 혼자서 엉엉 울 수 있는 장소를 정해 놓으세요. 그리고 한 번씩 '눈물치유'를 해 주세요. 영화나 드라마를 보거나, 책을 읽을 때, 슬픈 장면이 나오면 참 좋은 타이밍입니다. 혼자 운전하다가 슬픈 음악이 나올 때는 절호의 기회입니다. 이참에 기회를 잡아서 엉엉 울어주면 몸도 마음도 무척 가벼워집니다.
 '눈물치유'가 탁한 물을 참 빠르고 쉽게 쏟아 붓는 위기치유 감정치유법 중 하나입니다. '군인의 뜨거운 눈물'의 내용처럼 배려를 받고 편안하게 '눈물치유'를 했다면 훨씬 더 축하드릴 일입니다. 덕분에 맑아진 감정이 되었다면 배려해준 분께 고마움을 표현해 주시면 됩니다.

 "오늘도 건들면 죽여 버리겠다!"
 한 학생에게 9개월을 지속해서 폭력을 당한 학생이 있습니다. 교복 상의에 커트칼을 넣었습니다. 어김없이 폭력이 찾아왔고, 마침 상의를 벗은 상태라 의자를 집어 들고 머리를 내리치려 했습니다. 교실이 발칵 뒤집혔고 친구들과 교사에게 끌려서 상담실에 왔습니다. 분노로 숨을 제대로 쉬지를 못하고 있었습니다. 흔들리는 눈빛엔 초점도 없었습니다. 우선 찬물을 먹이고, 자해할 만한 도구를 확인 후 '스탠드 샌드백'이 있는 치유의 방에 들여보냈습니다. 몸만 다치지 말고, 마음껏 너 하고 싶은 대로 하라고 했습니다. 세상에 듣도 보도 못한 욕을 하면서 샌드백을 때리고 차면서 웁니다. 우는데 그건 사람의 울음소리가 아니었습니다. 차라리 짐승의 처절한 절규

같았습니다. 한 20분인가 지나서는 아이도 지쳤는지 잠잠했습니다. 조심스레 안으로 들어가 상태를 확인하니, 그래도 눈빛이 처음 상담실 끌려올 때보다는 훨씬 안정되어 있었습니다. 위기에서 벗어난 겁니다. 이제야 정상적인 뇌기능을 기대할 수 있게 된 것입니다. 만약 의자를 내리쳤을 때 그대로 맞았으면 가해 학생은 머리를 크게 다쳤을 거예요. 그 분노의 에너지를 생각하면 끔찍합니다. 천만다행으로 그렇게 위기의 순간을 넘겨서 큰 사고가 방지되었습니다.

이건 '내 마음의 위기구나'라고 감지가 되었을 때는 우선은 자리에서 피해 있어야 합니다. 그런 후 '위기카드 요법' 중에서 자신의 기질에 맞는 걸 바로 쓰면 됩니다. '위기카드 요법'에 대한 안내를 하겠습니다.

* 소리 내지 않고 우는 것이 아니라 엉엉 소리 내서 우는 것
* 신앙인이라면 엉엉 울며 기도하는 것, 땀 흘리며 절하는 것, 명상하는 것
* 땀 흘릴 만큼 운동하는 것, 분노의 대상이라 생각하고 샌드백 하는 것.
* 부치지 않을 편지 쓰기. '쓰기치유'지요.
  아마 욕이 적혀 있을 테니 들키지 말고 잘 버리세요!

위기카드 요법은 가득 들어찬 탁한 물을 쏟아 붓는 원리입니다. 위기에 대처하는 수단이라서 위기요법의 에너지도 다소 강력합니다. 위기는 시간이 지나면 많이 진정됩니다. 그러니 시간을 확보하는 지혜가 필수적입니다. 위기일 때 '술이나 게임' 등의 부정적인 방법으로 해소하는 습관이 생기면 중독에 쉽게 노출이 되니 조심해야 합니다. 부디 살아가면서 이런 위기 카드까지 사용해야 할 일이 많지 않길 진심으로 바랍니다.

* 나는 슬럼프와 위기일 때를 어떻게 대처하고 있나요?
* 잘 대처해서 위기를 넘긴 적이 있나요? 또 다른 나만의 대처 카드가 있나요?

갇힌 공간에서 화를 만났을 때

위기까지는 아니라도 큰 화를 만났을 때는 자리를 피해야 하는 건 모두가 압니다. 그런 후 자신의 힐링카드나 위기카드를 사용하면 됩니다. 멀리 자리를 떠날 수 없을 때는 자신만의 화 조절카드를 사용하세요. 여쭤보니 이런 다양한 자신만의 카드들이 나왔습니다.

- 찬물 한 잔을 씹어 먹듯이 천천히 한 모금씩 마십니다.
- 차 안이라면 창문을 열어서 차가운 공기를 쐬어요. 특히 겨울에 더 효과적이지요.
- 음악을 켜서 분위기를 변화시켜요.
- 혼자 침대 방에 가서 베개를 내리칩니다.
- 화장실 가서 천천히 오래도록 손을 씻고, 거울로 자신의 표정을 점검해요.

기질별로 자신이 편하게 느껴지는 방법이 다릅니다. 자리를 벗어나지 못하고 자칫 화를 폭발해 버려서 상처를 주고 후회할 수 있습니다. 예방하기 위해서 사용할 수 있는 화 조절카드가 몇 가지 있으면 도움이 됩니다.

최근에 사용한 따끈따끈한 제 카드를 소개해 드릴까요?

참 덥쥬?! 마음에 열불이 나니 저는 더 더운 거 같습니다. 백대나 패 주고 싶습니다. 제발~ 누구냐고는 묻지 마세요.ㅎ 점심을 두 그릇 먹고 때릴 힘을 비축해 볼랍니다.ㅋ 캬아. 진짜 패고 싶다... 팰 수 있으면 좋겠다..ㅎ 우선은 맛점 하십시다~~ ㅎㅎ (2019.6월 SNS)

제가 이런 내용의 포스팅은 처음 한 것 같습니다. 한 시간 만에 댓글이

100개가 넘는 폭발적인 반응이었어요. '-우선 밥 많이 먹어라. -도대체 어떤 놈이냐, 데리고 와라. 내가 개구리 쭉 뻗듯이 패줄게. - 비 오는 날 먼지 나도록 패줘라. -니가 팰 정도면 맞아도 싸다 -욕이라도 한 바가지 퍼부어줘라. -특수부대 용병들 풀까요?'

이런 글들에 댓글을 달면서 얼마나 통쾌했는지 모릅니다. 어떤 분은 나중에 '패줬쥬?' 하기도 하고, '그 사람 참 오래 살겠다. 욕을 하도 얻어먹어서' 하기도 합니다. 정말 딱 한 시간 만에 분노의 위기가 싹 날아갔지요. 도리어 힘도 얻고 웃을 수 있어서 그 사람에게 더 잘 대처할 수 있었습니다.

감정폭발을 하지 말아야 합니다. 풍선에 든 바람을 탁한 물인 '나쁜 감정'이라고 비유하면 풍선이 부풀어서 터져버리기 전에 바람을 살살 빼주는 관리가 필요합니다. 조절이 안 되면 결국엔 커져서 본능적으로 터질 수밖에 없어요. 내가 미치지 않고 제 정신으로 살아남으려면 어떤 공간에서든 누구에게든 폭발을 해야만 하는 시점이 옵니다. 터지지 않으면 정신적으로 감당이 안 되기 때문입니다. 참으로 신기한 것은 누울 자리를 보고 다리를 뻗는 다는 말처럼 풍선이 터질 때는 본능적으로 나에게 만만한 사람 앞에서 터집니다. 어떤 사람은 만만한 사람이 엄마이기도 하고, 아내이기도 하고, 자녀이기도 하고, 학교 동급생이기도 합니다. 동급생일 때 학교폭력이 발생합니다.

터질 때 만만한 상대방이 나의 감정을 건드리게 하는 계기는 있습니다. 정신적인 이상이 있지 않다면 가만히 있다가 미친 듯이 터지지는 않으니까요. 문제는 만만한 상대가 2개 정도 잘못 했는데 내가 참아온 모든 감정을 10개 또는 100개 터뜨려 버리게 된다는 것입니다. 일부러 그러는 게 아닙니다. 그동안 억압되었던 나의 탁한 물들이 댐이 터지듯 통제되지 못하고 어마어마한 에너지로 터져버리는 것입니다. 상대는 마음에 핵폭격을 맞은 듯이 큰 상처를 받게 되고 억울해 집니다.

사랑하는 가족을 상처와 억울함에서 보호하기 위해서라도 나의 탁한 물

관리를 잘할 필요가 있습니다. 만약 어떤 사람에게 터지기 일보 직전이라면 비폭력대화로 자신의 감정상태를 알린 후 부탁을 해서 터지지 않게 미리 관리를 하세요.

* 나만의 화 조절카드는 무엇인가요?
* 스트레스가 많거나 감정을 꾹꾹 참고 있다가 터져버린 적이 있나요? 그때 어떤 기분이었나요? 만만한 상대에게 분노를 풀어버리지는 않았나요?

3가지 모양의 공격

그 사람에게 감정이 많이 쌓이면 사람인지라 미워집니다. 그래서 3가지 부류로 공격이 나오기 마련입니다. 신이 아닌 인간인지라 당연한 겁니다. 대놓고 표가 나는 과격한 공격, 예를 들어 폭행이나 물건 던지는 행위, 언어폭력이 있지요. 대놓고 표가 나지는 않지만 저주하고 방임하며 표독스런 눈빛으로 보는 것이 있습니다. 마지막으로 누구나 당한다면 매우 기분 상하는 공격으로 무시하거나 차별하기, 은근히 따돌리기 등 종류가 무척 많습니다. 이러한 공격을 하면 당하는 상대방이 모릅니까. 다 압니다. 인간인지라 느낌으로 압니다. 상대도 기분이 나빠져서 감정이 상하게 되고, 관계가 서서히 멀어지게 됩니다. 이미 알다시피 모든 사람과 잘 지낼 수는 없습니다. 비합리적 신념에서 말하는 것처럼 모든 사람에게 사랑받을 수도 없습니다. **비합리적 신념**이란 알버트 엘리스(Albert Ellis)의 합리정서행동치유(Rational Emotive Behavior Therapy, REBT)에서 개인이나 집단이 비논리적 또는 비현실적인 신념을 지니고 있는 심리상태를 말합니다. 기질과 성숙도가 많이 다른데 그걸 바라고 추구하는 것 자체가 불가능합니다. 적만 만들지 않으면 됩니다. 얄미운 마음에 저런 공격을 하고 싶을 때는 공격하기 전에 정중히 요청이나 부탁하세요. 그것이 가장 성숙한 모습입니다. 서로 상처가 안 되고, 관계의 단절이 예방됩니다.

좋은 관계를 유지하기 위해서 마음을 쓰고 또 많은 노력을 하고 있으시지요? 하지만 굳이 친절하려고 **너무 애쓰지 마세요.** 배려하려고 너무 애쓰지 마세요. **죄만 짓지 않으면 그것으로 충분합니다.** 해주고 안 받아도 감정이 상하지 않을 만큼만 하세요. 내가 해준 대가가 오지 않아도 속상하지 않고, 정말 괜찮다고 말할 수 있을 만큼만 하세요. 그래야 내가 한 만큼 받지 못하더라도 그 사람이 얄밉지 않습니다. 얄미우면 위의 공격 중에 하나를 하게 되니 말이지요. 대가를 바라지 않고 흔쾌히 하는 것이 가장 아름답습니다. 내가 그리 애쓰고 억지로 하고 있다는 걸 상대는 잘 모를 수 있습니다. 애써서 하다가 어느 순간 포기하고 멈추면 사람들은 왜 하던 걸 안 하냐고 말하기도 합니다. 그때는 억울하고 화가 납니다. '나는 이렇게 애쓰고 있는데, 너는 왜 이렇게 노력 안 하니.'라는 생각에 괜한 분노가 생길 수도 있습니다. 그러면 싸우게 되던가, 아니면 지쳐서 관계를 포기하게 되지요. 그러니 내가 속 썩어가며 지금처럼 계속 참고 애를 쓸 것인지, 아니면 지쳐서 서서히 관계가 끝나가는 단계를 계속 밟으며 갈지 선택하세요. 애써서 노력하는 것은 한계가 있습니다. 결국은 터져서 끝이 납니다. 억지로 애쓰지 않고, 내 모습 그대로 소통이 되는 사람과 인연을 맺고 살아가야 마음이 편하고 더 오래 행복합니다.

* 나는 이러한 공격을 자주 쓰고 있나요? 아님 가끔 쓰나요?
* 공격하기 전에 정중히 비폭력대화로 부탁을 해본 적이 있나요?
* 인연의 연장을 위해서 지금 애쓰고 있는 관계가 있나요?
  어쩔 수 없는 상황이라 애쓰고 있다면 우선은 자기를 많이 위로해주세요.

자기 보상과 자기 돌봄

　소중한 자신을 위한 '자기 돌봄'과 수고한 자신을 위한 '자기 보상'이 잘되어야 무의식이 지치지 않습니다. 내가 좋아하는 것으로 수시로 보상을 해주세요.
　학교에서 왕따와 폭력을 많이 당하고 있던 초등 5학년의 사례입니다. 엄마가 딸에게 도움을 못 줘서 울고만 있는 걸 보고 같은 반 학부모였던 제 지인의 소개로 인연이 닿았지요. 딸이 4회기 이후부터 하던 말이 있습니다.
　"선생님. 저는 이제 제가 어떻게 할지 알아요. 그리고 할 힘도 생겼어요. 혹시 또 안 되면 선생님께 도움 받으면 되잖아요. 그런데, 선생님. 우리 엄마 좀 도와주세요. 엄마가 너무 불쌍해요."
　아이가 엄마 걱정을 하는 역전현상이 일어났습니다. 저도 엄마의 정서상태가 심각하다는 걸 알았지만, 딸이 더 급하기에 아이부터 치유했는데 이 아이가 기특하게도 자기가 위기가 벗어나니 엄마를 부탁합니다. 그래서 딸의 상담시간을 반으로 줄이고, 나머지 시간을 사용해서 엄마를 도왔습니다. 상담료를 아껴드리고 싶은 마음이었지요. 빠듯하게 살아가는 가정이었기 때문입니다. 아이 엄마는 자기관리를 거의 하지 않았습니다. 남편이 외도한 것을 알고 더 자신을 포기했던 겁니다. 가끔 술 마시고 울면서 자기 삶을 한탄하며 위로하고 있었습니다. 엄마가 자존감이 낮고 불행하니, 딸도 정서가 건강하지 못했던 겁니다.
　엄마와 상담을 할 때 '혼자서 뭐 할 때 행복한지'를 나눠보자고 했습니다. 한참을 고민하다가 정말로 생각나는 게 없다고 하기에 그럼 다음 주까지 다섯 가지만 생각을 해오자고 약속을 했습니다. 닷새 만에 전화가 왔습니다.
　"선생님. 도저히 다섯 가지가 생각이 안 납니다. 모레까지 다섯 가지 다 못 찾아가더라도 이해해주세요."

마음이 아팠습니다. 그동안 어떻게 살아왔는지 느껴지기에 더욱 아렸습니다. 살면서 자신을 위해서 단 한 번도 돈도 시간도 투자한 적이 없었던 겁니다. 좋은 옷도, 화장품도 안 사고 오직 가족들에게만 희생해서 그렇습니다. 내가 행복해야 내 가족이 행복한데 말입니다. 그게 필수요건이자 진리인데 말입니다. 상담이 끝난 지금은 엄마도 딸도 자존감이 낮아지지 않도록 조심하며 열심히 살아가고 있습니다. 다행인 일이지요.

* 내가 행복하기 위해서 자신의 힐링카드와 자기보상카드를 사용해주세요. 행복감을 느끼는 사람들은 이것들을 평소에 잘 사용하고 있는 사람들입니다.

> 현실의 사랑은 하루에
> 열 번 미안하다고 말하는 것.
> -캐시 리 기포드-

22. 나에게 맞는 치유 방법을 찾아보자!

홀로카드

'나 혼자서 뭐 할 때 행복한지'를 적어보세요. 위기나 어려움이 올 때 혼자 극복할 수 있는 카드가 먼저 필요합니다. 홀로카드입니다. 홀로카드는 전쟁 시 나만의 비상식량이라 생각하시면 됩니다. 홀로카드가 많아야 든든하고 또 빨리 회복하거든요. 더구나 혼자 살고 있다면 필수입니다. 홀로카드를 먼저 찾아 본 후에 '가족이나 타인과 함께 하는 행복한 것'을 찾아보시면 됩니다. 수업 중에 발표하는 이 다양한 홀로카드 내용들을 볼까요?

잘 때, 좋아하는 먹을 때, 여행할 때, 혼자 음악 듣고 운전할 때, 드라마 볼 때, 혼자 음악 틀어놓고 춤 출 때, 등산할 때, 혼자 농구할 때, 뛰거나 빠르게 걸을 때, 운동할 때, 쇼핑할 때, 누워서 빈둥빈둥 시체놀이 할 때, 혼술할 때, 노래방 가서 열창할 때, 캔맥주랑 팝콘 먹으며 영화 볼 때, 맛있는 요리해서 혼자 먹을 때, 이리 저리 집을 꾸며 볼 때, 다이어트 생각하지 않고 과자 우걱우걱 부셔 먹을 때, 사람 없는 영화관에서 조조영화 볼 때 산책할 때, 퀼트할 때, 혼자서 좋은 강의 들으러 갈 때, 책 읽을 때, SNS할 때, 게임 할 때, 미술관 갈 때, 커피 마시며 경치 볼 때, 명상 할 때, 요가 할 때, 정리할 때, 청소할 때, 요리할 때, 쇼파에 누워서 TV 채널 돌릴 때, 좋아하는 향수 뿌리고 냄새 맡을 때 등.

'수학문제 풀 때'라는 답이 나왔을 때입니다. 모두 괴성을 질렀습니다. 하나같이 사람이 할 소리가 아니라는 표정입니다. 요리해서 사람들을 맛있게 먹일 때라는 답이 나왔을 때엔 사람들이 친하게 지내자며 우르르 몰려들었습니다. 청소하고 반짝거리는 집을 볼 때라는 발표에는 진짜 신기하다. 근데 집이 지저분하면 잔소리 많이 하시지요, 라고 놀리기도 합니다. 참 재미있습니다. 각자가 다르다지만 어찌 이리 다를까요. 기질별로 다르고 살아온 방식대로 또 다릅니다. 어떤 멋진 사람은 맛집 탐방과 여행이 주로 쓰는 카드인데, 두 가지 모두 돈이 많이 들어서 그거 즐기며 살고자 더 열심히 일을 하고 있다고도 합니다.

가족 각자의 홀로카드를 물어보고 서로 공유하세요. 자녀들은 '게임, 잠자는 거, 노래방' 등은 아마 공통적으로 나올 겁니다. 홀로카드를 잘 간직하고 있다가 내가 슬럼프에 빠질 때 가장 하기 쉬운 것부터 꺼내서 사용하세요. 또한 가족 중에 한 사람이 힘들어할 때, 그가 좋아하는 카드를 꺼내서 같이 배려해주세요. 많이 고마워할 것이고, 슬럼프 극복에도 도움이 될 겁니다.

홀로카드로 치유된 내담자 사례들을 한번 볼까요?

어느 공사의 50대 중견간부입니다. 업무와 관련해서 정신적인 압박감이 컸습니다. 마치고 거의 매일 술을 마셨습니다. 그것이 스트레스를 푸는 유일한 방법이었지요. 과한 지출. 늦은 귀가. 건강의 적신호. 잦은 부부싸움으로 이혼위기까지 갔던 중년 내담자였습니다. 마음이 급해져서 술자리를 줄이고 저녁마다 동네 공원을 혼자 걷기 시작했습니다. 부인과의 관계가 좋지 않아 주말마다 혼자 당일 트래킹을 다녔습니다. 자연치유를 하면서 자신과 대화를 했다고 합니다. 1년 정도 '걷기 홀로카드'를 했더니 갖고 있던 문제의 대부분이 해결되어 부부관계까지 놀랄 만큼 긍정적으로 개선된 케이스지요.

이번엔 40대 중반 연구원입니다. 특허를 일 년에 두 번 내야하는 심각한 압박감에서 원형탈모가 생겼습니다. 상사와의 갈등으로 분노가 많은 상태이기도 했지요. 술로 풀거나 나머지 시간은 잠으로 해결했습니다. 당연히 심리적으로 더 나빠졌지요. 홀로 복싱장에 가길 6개월 이상 했습니다. 샌드백을 치면서 분노가 해결되었고, 몸이 건강해지니 일의 효율도 높아졌습니다. 이에 대한 영향은 가족과의 관계개선과 자존감으로 뻗어나갔습니다. 이처럼 홀로카드로 육체적, 정신적 건강을 지키고 치유까지 할 수 있습니다.

* 나는 혼자 어떤 일을 할 때 행복한가요? 적은 것들을 상황에 맞춰 삶에 적용하세요.
* 우리 가족은 각자 어떤 일을 할 때 행복한가요? 이 주제로 가족회의를 추천드려요.

소울푸드가 있나요?

 부모교육전문가 과정 중에 부모와의 추억과 소울푸드를 적고 발표하는 수업을 합니다. 어떤 이는 바다와 해산물을, 어떤 이는 산나물장아찌를, 어떤 이는 호수, 나무, 된장찌개를 그리며 발표합니다. 김밥과 햄버거, 삼겹살도 나오지요. 발표를 하면서 과거를 추억하며 웃기도 하고, 결핍으로 울기도 합니다. 이 글을 읽는 벗님의 소울푸드는 무엇인가요?
 '소울푸드'는 특히 아플 때나 특별할 때 더욱 생각나는 듯합니다. 오늘은 나를 이 자리에 있게 만든 소울푸드를 드세요. 그러면서 열심히 잘 살아온 자신에게 맛있는 보상을 선물하는 거지요. (SNS에 올린 내용)

 나의 소울푸드는 무엇인가요? 몇 가지가 있나요? 한번 적어볼까요? 평소에는 어떤 것을 먹어도 괜찮습니다. 그런데 아플 때나, 슬플 때나 특별히 누가 생각날 때는 자신을 위해서라도 나만의 소울푸드를 먹는 게 좋습니다. 의미가 남다른 소울푸드를 먹으면 지친 몸과 마음의 치유에 도움될 겁니다. 내가 특히 좋아하는 음식을 가족이나 지인이 아는 게 좋습니다. 가족이나 연인의 소울푸드를 알면 그 사람이 힘들어할 때 그만의 소울푸드로 위로할 수 있습니다.
 몇 달 전 연구 작업이 힘에 겨워 많이 우울해하고 있었더니 친정엄마가 작은 가자미조림을 만들어오셨습니다. 어릴 때부터 좋아했고 시중에서는 먹지 못하는 엄마표 반찬이지요. 작은 생가자미를 사서 직접 손질해 말려 요리한 것을 가져다 기차타고 오셨습니다.
 "이거 유난히 좋아하니, 많이 먹고 힘내라."
 많이 지쳐있었나 봅니다. 먹으면서 울컥했습니다. 영혼에 영양소를 선물받은 셈이지요. 엄마의 마음을 느끼면서 며칠간 가자미조림을 아주 맛있게 먹었습니다. 기분도 좋아지고 꽤 큰 에너지를 얻을 수 있었습니다. 힘들 때 소울푸드를 먹으면 감동으로 마음이 저릿합니다. 더불어 힐링장소에 가서 소울푸드를 먹는다면 금상첨화지요. 어쩌면 저와 같이 조용히 눈물이 날지도 모릅니다.

힐링메이트가 있나요?

만나면 소풍 같은 사람들이 있으신가요? 저는 오늘 그런 분들과 집단상담 한판 세게 돌리고 산에 가서 한 시간 걷다 배 두들기며 과식했다지요. 행복한 소풍시간이 오후 일정에 힘을 줍니다. 가끔 이런 시간 추천드려요. (SNS 내용)

만나면 힘이 되는 사람이 누구인가요? 가족도, 친구도, 아니면 지인 누구나 될 수 있습니다. 어린 후배도 될 수 있지요. 저는 포스팅한 전문가 제자들을 만나면 영혼이 치유됩니다. 힘이 빠지는 날에는 무조건 저런 힐링메이트에게 연락해서 만나자고 하세요. 그리고 가능하면 나의 소울푸드로 식사를 하는 겁니다. 분명 이중으로 보상됩니다. 그리고 이 다음에 혹시 힘들다는 전화가 온다면 뛰어나가서 그 사람의 소울푸드를 사주면 됩니다. 내게 소중한 그 사람을 위해 나도 그 사람의 소울푸드를 함께 해주는 것이지요.

아무리 다른 사람 말을 안 듣는 문제아라도 어떤 한 사람의 말은 듣습니다. 그 사람도 문제아에게 야단은 칩니다. 그러나 다른 사람과의 차이점이 있다면 문제아의 마음을 먼저 알아주고 야단친다는 것이지요. 내 마음을 알아주면 참 고맙습니다. 우리가 그 마음을 몰라줘서 그리도 서럽고 그래서 상처를 받고 싸우게 되지 않습니까.

"여러분들은 마음을 알아주는 딱 한 사람이 있으십니까!"

강의 중에 이런 질문을 하면, 모두 자신의 내면에 집중합니다. 가끔 어떤 분들은 조용히 울고 있기도 했습니다.
"없구나. 그래서 내가 이렇게나 고독한 거였구나."
 정말 위로가 필요한 분입니다. 안아드려야 합니다. 단 한 명일지라도 내 마음을 알아주는 사람을 만들어두세요. 그 한명이 가족이라면, 가장 행복하고 성공한 삶이라 여깁니다. 우리가 그런 결핍을 가족이 아닌 타인에게 찾으려고 하기에 외도나 사고가 생기는 거지요. 학생들도 그렇습니다. 지방의 대학에 입학했는데 전공도 안 맞고 고향의 부모님과 친구가 그리워서 자퇴를 수없이 생각합니다. 그런데 학과 동기 중 한 명과 마음을 나누는 깊은 사이가 된 거지요. 나중에 학생이 그 친구 얘기를 발표합니다.
"저 친구 때문에 견딜 수 있었습니다. 저 친구 덕분에 여기까지 올 수 있었습니다."
 그러면 옆에서 듣고 있던 그 친구, 얼굴에 석가모니 같은 미소가 지어집니다. 이렇게 진정 내 마음을 알아주는 사람이 단 한 사람이라도 있으면 자퇴도 가출도 자살도 하지 않습니다. 여러분은 진정한 대상을 가지고 있나요? 중요한 것은 이 사람은 나의 모든 구멍과 치부를 알고 있는 사람이어야 합니다. 예를 들어 '베프(Best Friend)나 절친'이라 하더라도 나의 약점을 공개하지 못했다면 친구가 나의 아픔을 다 알지 못하기 때문에, 완벽한 공감을 받을 수가 없습니다. 그러면 나는 진정한 대상이 있다고 하면서도 채워지지 않는 외로움과 고독이 있을 수 있습니다. 나의 구멍이나 치부를 공개해도 안전한 사람! 그 딱 한 사람을 만드는 것이 천군만마를 얻는 셈이 되지요.

힐링플레이스(힐링공간)도 있습니다!

 영혼이 충전되는 곳이 있나요? 앞에서 한 번 쓰였던 단어인 힐링장소, 즉 힐링플레이스는 보통 고향이나 좋은 추억이 있던 곳이 많습니다. 저도 마찬가집니다. 고향이 바다라 울적하면 바다가 그립습니다. 지금 사는 곳은 바다와 꽤 멀어서 날을 잡아서 가거나 도저히 못 참을 만큼 힘든 때에 가게 됩니다. 대신에 이곳 향토기업에서 만들어 주신 계족산 황토길을 자주 걷습니다. 양말을 벗고 맨발로 차갑고 부드러운 황토에 첫발을 디딜 때부터 이미 몸과 영혼의 자유로움이 느껴지기 시작합니다.

 나무 냄새, 흙냄새. 새소리, 바람소리와 마주하면 그날이 고단함이 다 풀리는 기분이 듭니다. 숲 치유와 걷기 명상을 같이 하는 셈입니다. 좋아하는 음악을 들으며 걸을 때도 있고 그냥 자연의 소리를 들을 때도 있습니다. 이렇게 30분만 걸어도 충전이 끝납니다. 빙그레 미소를 지으며 귀가할 때면 이런 힐링 명소를 무료로 제공 해 주시는 맥키스컴퍼니(주)에 고마움이 절로 느껴집니다. 이처럼 타인에게 방해받지 않으며 자신의 영혼을 안식할 수 있는 장소가 정신 건강을 위해서 꼭 필요합니다. 누구에게나 말입니다.

* 나의 소울푸드는 무엇인가요? 너무 많다구요? 그럼 가장 좋은 다섯 가지만 적어볼까요?
* 자신의 힐링공간이 어디인가요? 서너 군데가 있으면 더 좋습니다. 힐링장소가 많으면 많을수록 때와 상황에 따라 쉽게 찾아가 충전할 수 있습니다.
* 나의 힐링메이트는 누구인가요?

23. 스스로에 대한 보상 계획을 세워보는 건 어때?

몸도 뇌도 같이 쉬게 하자.

살아가는 게 그리 녹록치 않습니다. 돈 버느라, 육아하느라, 공부하느라, 절약하느라, 가족에 희생하느라 벅찹니다. 너무 애쓰고 살아오니 지쳐있는 분이 많습니다. 지친 상태에서 과부화를 계속 진행하다 보면 어느새 슬럼프가 생기게 되지요. 수시로 자기 보상이 잘 되면 그런 슬럼프를 예방할 수 있습니다. 자기 보상을 어떻게 하고 있는지요? 나를 위해 정기적으로 하고 있는 것이나 할 예정인 것을 적어보자고 하면 이런 답들이 나옵니다.

- 한 달에 한 번 네일 받고 2주에 한 번 피부 관리 받기
- 동호회 가입해서 운동. 맛집 투어. 댄스. 사진. 드론 배우기
- 일주일에 한 번씩은 듣고 싶은 강좌 신청해서 듣기
- 한 달에 두 번 혼자라도 영화 보기. 책 1권 구매하기
- 저질체력인 나에게 봄철마다 보약 선물하기..
- 6개월 후 나를 위한 해외여행 가기 위해 적금 넣기
- 분기에 한번 씩은 자신을 위해 옷, 악세 사리, 향수 사기
- 아내 허락 얻어 내서 바이크 사기
- 1년에 한 번은 국내라도 나를 위한 여행 가기
- 버킷리스트 하나씩 반드시 실행하기

저의 경우 빠듯하고 검소하게 살아가는 사람도 많이 만나기에 소박한 자기 보상도 많이 나옵니다. 다들 바쁘게, 또 알차게 지내고 있지요. 그런 나 자신을 위해 어느 정도의 시간과 선물은 챙겨도 됩니다. 형편에 과하지만 않다면 말입니다. 취미나 보상으로 소확행을 누리는 것이 더 오랫동안 열심히 살아갈 수 있는 보약을 주는 것입니다. 기질별로 취미나 원하는 것이 다르기도 합니다.

* 내가 나를 위해 해오고 있는 보상을 적어볼까요? 아니면 할 예정인 계획을 적어볼까요?

하루든 이틀이든 깨지 않고 잠을 푹 자고 싶네요. 연일 피곤하니 우울해집니다. 그런데 도저히 그럴 수 없네요. (50대 후반 교장선생님)
00시험 준비생인데 잠이 부족해서 머리가 멍하고 집중이 안돼요. 근데 시험이 다가오고 있어서 잠을 보충할 시간이 없어요. (20대 중반 여성)

잠이 부족하면 멍하고 짜증이 나지요. 수면과 우울은 가깝고 깊이 연결되어 있어서 수면부족이 지속되면 우울증에 쉽게 노출됩니다. 시간이 지속되면 무기력에 빠지게 되지요. 그렇기 때문에 정서적으로 우울을 예방하기 위해 적극적인 수면치유와 관리가 필요합니다.
수면장애 때문에 만난 수험생 현수입니다. 다른 심리적 문제는 존재하지 않았습니다. 유난히 자존감이 낮지도 않았고요. 다만 잠에 들기까지 2시간 이상 걸리고 중간에 자꾸 깨어나게 되어 항상 잠이 부족했습니다. 피곤이 쌓여서 공부에 집중이 안 되고 얼굴빛이 어두웠습니다. 안색이 너무 좋지 않아 병원의 수면치료를 권유했습니다. 그러나 바쁜 생활 탓에 병원에 갈 상황이 되지 않았습니다. 어떻게든 도움을 주고 싶어 대화 도중에 저의 수면관리 사례를 알려주었더니 자기도 그걸 해 보겠다 했습니다.

저는 1년에 한두 번 정도 잠이 많이 부족할 때 약국용 항히스타민성분 수면유도제를 사용합니다. 알람신호를 모두 제거하고 암막커튼을 친 후 수면유도제 한 알을 먹지요. 마음잡고 수면치유 행사를 거하게 치르는 겁니다. 그런 다음날은 잠이 충분히 보충이 되어서인지 절로 콧노래가 나옵니다. 다만 현수는 처음이라 그런지 마음이 불안해서 반 알을 먹었다고 합니다. 약의 효과가 잘 들었는지 일찍 잠들었고 도중에 깨어나는 일 없이 아침까지 푹 잤다고 전합니다. 부작용도 거의 없었다고 했습니다. 그로부터 한 달 후 만났더니 얼굴색이 밝아졌습니다. 몸이 가볍고 머리가 맑아 공부가 잘 되니 요즈음 기분이 엄청 좋다고 자랑했습니다. 내향형인 친구인데도 눈에서 해맑은 기쁨의 반짝임이 큼직하게 보였습니다.

"선생님. 시험 후에는 병원 가서 제대로 수면치료할 겁니다. 그 전에는 서너 달에 한 번이라도 전처럼 수면부족으로 공부가 안될 때 반 알로 수면을 관리하면 되겠요. 히든카드가 생겨서 너무 든든합니다. 아마 저 2000원짜리 약 한 통이 없어지기 전에 합격할 수 있을 것 같습니다."

이 말에 저도 같이 적은 금액으로 얻을 수 있는 소소한 행복을 누렸습니다. 신이든 사람이든 돈이든 그 무엇이든 히든카드가 있다는 건 사람에게 엄청난 힘이 되죠. 그래서 현수에게 생긴 히든카드를 진심으로 축하해 주었습니다. 약물과 의존성 등에 대해 논하려는 것이 아닙니다. 적절한 수면관리가 중요하다는 내용입니다. 여기에서 덧붙여 이야기하자면 지금껏 만나온 내담자 중에서 수면장애로 가장 많이 시달리던 분들이 119 현장대원입니다. 소방서에서 45명 상담을 진행했었는데, 트라우마로 인한 수면장애가 큰 문제인 모습을 보고 들으며 숙연해졌습니다.

'공무원 중에선 그래도 유일하게 욕 덜 먹고 고맙다는 인사를 받는 직종이잖아요' 조용히 웃으며 말씀하는데 거기에서 느껴진 정의감이 고맙고 죄송했지요. 위험한 현장으로 한 번 출동하면 그게 자신의 마지막이 되어 영영 돌아오지 못할 수도 있지 않습니까. 그럼에도 직업적 사명감으로 망설임 없이 나가 그곳에서 또 수많은 트라우마를 안고 오는데 그 출동수당이 3000원입니다. 이 귀한 희생정신이 필요한 일에 대우는 턱없이 부족한 것이 현실입니다. 사람 생명을 구하고자 자신의 생명을 걸고 활동하는 이분들의 사기와 자존감이 국민의 안녕과 직결된다고 여깁니다. 최근 EBS 다큐를 통해 알게 된 것이지만 우리나라 119 현장 대원의 자살률이 순직자보다 더 높은 숫자를 기록한다고 합니다. 현장대원들에게 제공되는 심리치료들의 기회가 있음에도 불구하고 이런 통계를 보니 무척 마음 아팠습니다. 부족하지만 조금이나마 도움이 되고 싶어 책의 작업이 끝나면 그분들을 위한 기부 강의를 시작해야겠다는 계획이 있습니다. 이렇게 하나둘씩 힘을 모아 적극적인 관심으로 소방대원에 대한 처우개선의 계기를 마련했으면 합니다.

하루 이틀 쉰다고 굶어 죽지도 직장에서 해고를 당하지도 않습니다. 그간 열심히 살았다면 모두 이해하고 기다려줍니다. 공부를 많이 해왔다면 하루 이틀 쉰다고 시험에서 떨어지지 않습니다. 내담자들은 이게 무서워서 이틀간의 시간을 내지 못합니다. 수면 부족으로 힘들어진 상태를 계속 이어가는 건 도끼 갈 시간이 없다며 무딘 도끼질을 계속하는 것이나 마찬가지입니다. 푹 자거나 충분히 쉬어서 좋은 상태로 회복되어야 능률이 오르고, 타인에게 좋은 에너지도 발산하게 됩니다. 혹시 잠이 부족하지는 않나요? 자신의 몸은 자신이 가장 잘 아는 법입니다. 방전된 기운을 가득히 충전해서 맑은 에너지를 자신에게 선물하세요.

아. 지금은 정말 쉬어야 할 때구나 싶어 용기를 내어 휴가를 내실 겁니다. 그럴 때는 어렵게 얻은 시간이니 아주 본격적인 휴식을 통해 무의식까지 쉬게 해야 합니다. 이거 해야 하는데, 저거 해야 하는데. 뭐 해야 하는데. 이러한 생각이 든다면 쉬어도 쉬는 게 아닙니다. 무의식 안에 불안이 움직입니다. 불안이 작동하게 되면 뇌도 무의식도 마음 놓고 제대로 쉬는 게 아닙니다. 물리적으로는 쉬었다 하지만 사실상 그러질 못한 겁니다. 모든 근심 걱정 내려놓고 머리를 비우고 쉴 수 있어야만 제대로 된 충전이 가능합니다. 또한, 그래야 급속충전이 되어서 제대로 된 힘을 낼 수 있는 시간이 빨리 옵니다.

* 너무 많이 힘들 때는 허락을 받고 혼자 충전하고 와도 됩니다.
 그땐 제발 모든 걸 내려놓고 제대로 쉬어야 해요.

사람들이 그들의 가장 바람직한 모습이
될 수 있도록 도와주어라.
그리고 그들이 가장 바람직한 모습이
된 것처럼 대하라.
- 요한 볼프강 폰 괴테-

여섯 번째 꾸러미

네 자존감을 더욱 단단하게 굳히고 싶니?

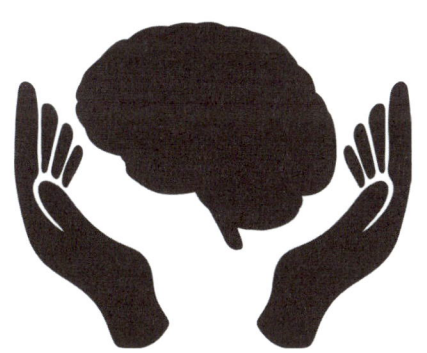

여섯 번째 꾸러미 : 네 자존감을
더욱 단단하게 굳히고 싶니?

　지향성(指向性)이라는 단어가 있습니다. 아직 이루어지지 않은 무엇인가를 향해서 계속 진행해 가는 현상이라고 정의합니다. 지향성은 우리들이 많이 사용하고 있는 꿈과 관련이 많지요. 지향성의 입장에서 꿈을 설명한다면 미래에 이루고 싶은 일을 지향하는 마음. 꿈을 현실에서 실현시키는 과정을 일이라고 합니다. 연결해서 표현하면 일을 통해서 꿈을 이루어 간다고도 할 수 있지요.
　인간이 어떤 존재인가에 대한 근원적인 질문에 대한 답변도 마찬가지로 꿈이라는 개념을 도입시켜 설명할 수 있습니다. 인간은 자신의 꿈을 위해 일하는 존재입니다. 인간은 일을 통해 꿈을 성취하고 그 성취감이 자신에 대한 자존감의 상승으로 이어지지요. 자신이 이룩한 꿈의 성취물은 자신의 존재 가치를 높여주기 마련입니다. 그래서 꿈이 있는 사람에게 높은 자존감이 있을 확률이 높습니다. 또한, 꿈을 향해 일하고 있는 사람은 심리적으로 더욱 건강하지요. 긴 과정에서 절망과 실패가 있더라도 그 꿈을 포기하지 않는다면 시간이 소요될 뿐, 반드시 자신의 꿈에 근접하는 삶을 지내게 될 겁니다.
　자존감은 꿈을 성취하는 동인(動因)으로 작용하기도 합니다. 자존감이 높을수록 자신의 꿈을 달성할 수 있는 심리적인 동력을 많이 가지고 있는 사람입니다. 그리고 자신이 원하는 직업에 종사하거나 꿈을 이루면 자존감이 더 높아지지요. 자기효능감이 같이 상승하기 때문입니다. 그래서 자신의 기질에 맞는 일과 꿈을 갖는 것이 행복한 삶을 살아가기에 아주 중요한 요소가 되는 겁니다.

참고로 브라이언 트레이시는 꿈을 성취하기 위해 시각화(visualization) 과정을 통한 구체적으로 표현하기를 제안하고 있습니다. 이에 따라, 네 가지 방법을 소개합니다.

* 빈도 : 미래의 목표를 반복해서 시각화
* 선명도 : 꿈을 구체적으로 상상하여 볼 수 있는 정도
* 강도 : 꿈의 시각화에 부여하는 감정의 양
* 지속시간 : 꿈을 마음속에 간직하는 시간

24. 타고난 성향에 맞는 일이 너의 자존감과 그에 대한 효율을 높여줄 거야.

용기가 필요한 전과와 전직

2017년 교육부 발표에 따르면 현 대학생 75%가 '전공 불일치'였습니다. 휴학, 자퇴 등으로 경제적, 시간적 손실은 물론 학생의 자존감도 크게 위축됩니다. 개인의 손실에서 넓게 나아가 국가적 손실입니다. 자신이 타고난 재능을 알면 천직(天職)이 보입니다. 선천적 재능을 알고 가는 길이라면 지름길이 될 것이니 고생도 덜게 됩니다.

진로전문가로 한 국립대 일을 몇 년간 했습니다. 전공과 맞지 않아서 휴학하려는 학부생과 아예 공부를 포기한 학사경고 학생들을 대상으로 활동했습니다. 검사와 상담을 통해 동기부여와 전과를 시키는 과정을 진행했지요.

기계 관련 전공인 정근입니다. 고향이 충청도인데 부모님은 시골에서 농사를 짓고 계십니다. 장학금 타서 부모님께 도움과 기쁨이 되고 싶은 바람을 갖고 있는 효자인데 아무리 노력해도 장학금 받을 만큼의 성적이 나오지 않았습니다. 정신 차려야겠다, 싶어 군대도 다녀왔는데 별반 차이가 없더랍니다. 원인을 파악하고 도움을 받고 싶어 특강에 자발적으로 참여했습니다. 심리검사와 상담 결과, 기계 관련보다 사람 관련된 일이 맞는 학생이었습니다. 왜 이과를 선택했냐는 질문에 고교 진로교사가 비전 있고 취업이 잘 된다고 추천하여 선택하게 되었다고 했습니다.

정근이의 성적이 노력만큼 나오지 않았던 것은 당사자가 **정신을 못 차려서가 아니었던 겁니다.** 적성에 맞지 않아서 그랬던 겁니다. 자기와 맞지 않는 전공이니 흥미롭게 접근할리 없었지요. 선천재능과 현재성검사 프로파일을 바탕으로 진로 리모델링 상담을 진행했습니다. 이 학교는 평점이 3.5 이상이 되어야 전과를 할 수 있었습니다. 전과를 하기 위해 한 학기 동안 그간 부족했던 과목의 학점관리를 하고 기다리다가 드디어 전과했다고 연락이 왔습니다. 자신의 문제가 아닌 진로 적성의 문제였음을 깨닫고 자신의 미래를 다시 설계하여 마침내 승리한 경우입니다.

어느 날 교육청에서 강의를 하고 있는데 어찌 알고 왔는지 정근이가 강의실 뒤에서 함박웃음을 지으며 손을 마구 흔들고 있습니다. 조용하고 정적인 학생이 강의장까지 찾아온 이유를 이미 예상했기에 저도 정신없이 반가웠습니다.

"교수님. 저 장학금 받았습니다. 그래서 식사 사드리려고 왔습니다."
"너 정말 잠도 자지 않고 열심히 공부했나 보구나!"
"아닙니다. 전에 하던 것과 똑같이 했습니다. 그런데 전에는 재미도 없었고, 아무리 해도 10등 안에 못 들었는데요. 이 전공은 쫙쫙 달라붙어요. 되게 재밌어요. 어쩌다보니 학과 성적도 1등, 2등이 되던데요!"

보통은 스승이 밥을 사주지요. 하지만 이날은 축하하는 심정으로 대학생이 사주는 동태찌개를 흔쾌히 얻어먹었습니다. 이 세상에서 가장 맛있었던 동태찌개였답니다.

바빠 사느라 연락은 자주 못 했어도 큰 변화가 있으니 생각들이 나는 모양입니다. 상담대로 전과해서 장학금 받고 잘 지내다가 이제 군대 간다고 인사하는 학생도 있고, 전과 후에 잘 되어서 곧 교환학생으로 호주로 가게 되었다는 안부도 전해옵니다. 이처럼 자신의 타고난 기질과 재능대로 진로를 선택하면 노력 대비 효과가 좋습니다. 그리고 고생보다 재미가 크게 다가옵니다. 이때 자발적인 에너지가 나오고 상승효과가 일어납니다. 즐기며 공부하는 사람이 되는 거지요. 자기효능감과 자존감이 동시에 올라가게 됩니다.

기업 심리경영컨설팅도 같은 맥락입니다. 현재 자신의 적성에 맞지 않는 부서에서 근무하는 사람이 많습니다. 자신에게 맞지 않는 전공을 한 사람들이 그대로 취업했기 때문입니다. 또한 그 동안의 삶을 자신의 타고난 기질대로 살아오지 못해서 그렇습니다. 자신의 기질을 잘 알았다면 자신에게 맞는 진로를 선택하거나 그동안 바꾸었을 겁니다. 기질과 진로검사, 상담을 통해 사원의 요청을 받아 부서이동을 진행합니다. 일이 적성에 맞고 효율적으로 성과가 생기니 인정을 받게 되지요. 덕택에 업무 능력 면에서 낮았던 자신감이 높아집니다.

더불어 전문가의 투입으로 부서 간의 갈등과 사원 간의 갈등 해결을 돕고 있습니다. 사원 개인과 가족의 문제를 상담을 통해 동시에 해결을 받게 되니, 마음 편히 업무에만 집중합니다. 사원의 정신건강이 좋아지고, 베풀어 주는 기업의 복지가 고마워 자발적인 애사심이 생깁니다. 당연히 더욱 열심히 일하게 되고, 이는 생산성 향상으로 이어집니다. 자신의 타고난 재능을 발휘하며 높은 자존감을 갖고 건강한 근무 생활이 이뤄집니다. 언젠가는 대한민국의 중소기업도 부담스럽지 않은 비용의 심리경영컨설팅을 받을 수 있는 시스템이 마련되어 꿈의 직장이 확산이 되면 좋겠습니다.

* 내 전공은 나와 잘 맞았나요?
* 지금 하는 일이나 업무는 적성에 맞나요?

투잡(two job)

　여기서 소개할 검사님은 어릴 때부터 음악을 좋아해서 성악을 하고 싶었습니다. 보수적인 부모님께 성악가 얘기를 꺼냈다가 진짜 맞아 죽을 뻔했다고 표현합니다. 결국 포기할 수밖에 없었습니다. 부모님의 뜻대로 검사직을 하면서도 성당에서 하는 합창단 모임에 매주 참가해 연습도 하고 간혹 발표회에 자리를 함께했습니다. 아무리 바빠도 가고 싶다고 합니다. 호기심에 기질과 진로검사를 해봤습니다. 역시나 맞았습니다. 선천재능과 기질에 예술 재능과 공부 재능이 있었던 겁니다.

　마찬가지로 검사 결과, 공무원이 적성에 안 맞는데 부모님이 두 분 다 공무원이라 인생의 각본 자체가 공무원으로 만들어진 내담자가 있습니다. 타고난 기질이 맞지 않을 수도 있겠다고 조심스레 말을 꺼내면 자신도 사실은 알고 있다 인정합니다. 결국 자신이 가장 잘 알 수밖에 없는 부분이니 말이지요. 그러나 자라온 환경이 있고 공무원시험 준비를 오랫동안 해왔기 때문에 이제 와 포기할 수는 없다고 했습니다.

　혹시 이런 내담자와 같은 상황이신가요? 그러시다면 반드시 적성에 맞는 취미를 가져서 이로부터 행복한 에너지를 충전 받으세요. 그렇게 취미로 충전된 보조배터리가 적성에 안 맞는 직무로 인해 빨리 방전되는 것을 예방합니다. 위의 검사님이 취미로 행복한 에너지를 충전하는 것처럼 말이지요. 어떤 분은 자신의 정서를 보호하기 위해 시작한 취미가 나중엔 일이 되어서 투잡이 되기도 합니다. 그러다가 결국 취미가 전업이 되던 내담자도 있었습니다.

　하기 싫은 일을 오래 하면 몸과 마음이 괴롭습니다. 적성에 안 맞는 일을 억지로 하면 몸이 망가집니다. 몸과 마음이 괴로운데 행복과 자존감은 사치겠지요. 그러니 자신이 잘하는 일을 선택해야 합니다. 지금이 아니라면 나중에라도 그래야만 합니다.

* 적성에 맞지 않아 괴로웠지만 한편으로 자기발전의 보탬이 된 일이 있나요?
* 나이가 들어도 자기가 진정 잘할 수 있고, 원하던 일을 만나는 것이 성공이지요.
  죽기 전에라도 꼭 해 보고 싶은 일이 무엇인가요?

목구멍이 포도청이라

이혼 위기로 인연이 된 연구원이 있습니다. 직업이 기질과 적성에 맞지 않는 것이 가장 큰 문제였습니다. 아버지의 강압적인 권유로 공대 석사를 하고 연구원으로 취업했습니다. 근무하면서 관련 전공 박사학위를 따려는데 아무리 노력해도 논문 통과가 되지 않아 결국 박사수료로 공부를 마쳤습니다. 업무 고과도 그리 높은 편이 아니었습니다. 열등감 있는 상태인데 하필이면 같은 사무실에 연구원이 천직인 최고대학 출신의 박사 상사가 있었습니다. 더 문제인 것은 상사의 인품이 별로였습니다. 그분의 얘기를 전해 듣는 입장임에도 불구하고 내 일처럼 화가 치밀 정도였습니다.

서류를 던지며 인신공격도 자주 했다고 합니다. 자존심이 밟히고 열등감이 커지니 더욱 연구가 제대로 이루어지지 않았습니다. 열등의식은 자존감과 자신의 능력을 강력하게 파괴시키는 힘을 가지고 있지 않습니까. 스트레스로 과음이 잦았고 집에 와서는 자신도 모르게 화풀이를 하게 되었습니다. 그 잘못된 분출은 모두 아내와 자녀가 받아야 했고 결국 지친 아내의 마음이 회복하기 어려울 만큼 차가워진 상태였습니다.

"기적이 일어난다면 어떤 일을 하고 싶으세요?"
"자연에서 특수작물을 재배하며 고요하게 살고 싶습니다."

검사 결과, 자연 친화적이고 동식물을 사랑하는 정적인 분으로 나왔습니다. 보통 자존감이 낮아지고 현실이 힘들어 도피하려는 사람들이 이런 결과로 나옵니다만, 이분은 도피가 아니라 선천적재능이 이러한 거였습니다. 그래서 상담 중에 특수작물 연구와 재배를 하기로 결심했습니다. 철저하게 준비해서 나중엔 상사에게 사표를 집어 던지고 기분 좋게 나올 거라 장담했습니다. 오랜 시간을 인내로 살아온 대단한 연구원이기에 그 장담을 믿고 있습니다.

이 사례처럼 직업이 자신의 핵심 재능이 아닐 경우 타고난 사람과의 경쟁에서 이기기 힘듭니다. 하지만 특수작물 연구와 재배는 자신의 재능이고 또 자기가 선택한 일이기에 열정적으로 몰입할 수 있습니다. 자발적으로 연구하고 노력하면 시간의 차이일 뿐, 돈도 자연스레 따라오게 마련입니다. 즐기는 자는 이길 수 없다는 말이 있지 않습니까? 만약 영업이 어려우면 부부관계를 회복해서 서비스에 능한 아내의 도움을 받으면 되겠다며 회심의 미소를 지었습니다. 업을 즐기면서 돈을 버는 가족이 될 수 있는 겁니다. 여기에 **백만 시간을** 투자를 한다면 **성공하지 못하는 것이 도리어 기적이지요.** 저도 그룹에서 직장생활 할 때는 못 느꼈지만, 지금의 일을 만나고 직접 체험하게 되었습니다.

이 연구원처럼 미래에 대한 대안이 있어야 적성과 맞지 않는 일을 하면서도 비참하지 않습니다. 이분이 첫 상담에서 한 말이 있습니다.

"와이프가 일을 했으면 진즉에 여기 때려치웠지요. 목구멍이 포도청이라 20년이나 참았네요."

측은지심이 온 대목입니다. 20년 동안 얼마나 애쓰고 힘들었을까요. 현재가 힘들고 불안하다면 반드시 다른 직업적 대안을 만들어놓길 바랍니다. 그래야 무조건 버텨가며 자존심이 짓밟히지 않는 삶을 지킬 수 있습니다. 현재의 일과 병행하면서 투잡이나 이직을 준비하는 게 결코 쉽지 않을 겁니다. 하지만 포기하지 말고 끝까지 해내서 언젠가는 내가 정말 하고 싶은 일을 할 때의 그 신바람 나는 기분을 꼭 경험해봤으면 합니다. 틀림없이 더 행복해지고 자존이 높아질 테니까요.

* 미래를 위해 투잡이나 전직을 준비하고 싶나요?
　그렇다면 여유를 갖고 지금부터 시작하세요.
　보험을 들어놓은 것처럼 마음의 든든함을 느낄 수 있을 겁니다.

세상에서 가장 반가운 연락

　시대적 상황으로 인해 수없이 많은 젊은이가 자신의 진로 적성과 무관하게 공무원시험에 매달리는 것에 대해서 안타까움과 우려가 큽니다. 짧지 않은 시간을 귀신같은 몰골로 슬리퍼와 운동복 차림으로 공부에만 매달리다가 결국은 공무원 공부, 고시공부를 포기하고 학원가를 쓸쓸히 떠나야 하는 젊은이들이 많습니다. 눈부신 청춘을 쏟아 붓고도 그만한 대가를 받지 못한 겁니다. 그간의 심리적, 육체적 수고와 당면한 열패감으로 상당한 위로가 필요합니다. 가족도 힘들지만 당사자가 가장 힘든 법입니다.

일부러 행복한 척 합리화한다면 이렇게 안부를 보내지 못할 겁니다. 진심에서 우러나는 만족감이 있기에 이렇게 안부할 수 있는 여유가 생긴 겁니다. 주변에서 뭐라고 말하든 지금 내가 일과 삶에 만족하면 됩니다. 그것이야말로 열패감을 극복하고 성공한 인생입니다. 그래서인지 이 친구의 문자가 아주 귀하고 소중하게 느껴집니다.
　상담을 하다보면 많은 정이 들지요. 아름다운 강릉바다를 떠올리며 오갔던 자장면 대화가 있습니다. 저도 고운 강릉 바다가 그리워집니다. 곧 강릉에 가서 이 친구와 자장면을 먹든 조개구이를 먹든 만날 생각입니다. 두 손 꼭 잡고 강릉 해변 거닐 생각에 벌써부터 잔잔한 감동이 밀려옵니다. 이 카톡 자료는 여기에 소개하고 싶네요.

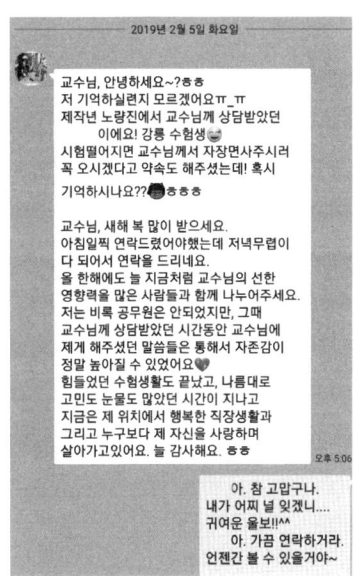

누가 더 행복한가요?, 라고 물으면 쉽게 답할 수 있을까요. 제가 존경하는 고등학교 교감선생님이 하신 말씀이라면서 그대로 SNS에 올렸어요.

"땀 뻘뻘 흘리며 뛰고, 마치고 목욕탕가서 서로 등 밀고, 순댓국 먹던 축구부원 중에! 공부 잘해서 스카이대 보낸 놈들은 사느라고 또 똑똑한 마누라 눈치 보느라 스승을 못 찾아오는데, 축구부원 중에 꼴통들은 장사하고 카센터해서 해마다 새우나 대봉감 흔들고 실실 웃으며, '선생님 저 왔습니더!'하며 와서 같이 쏘주 마시고 갑니다. 김선생. 세상 참 재밌지요."

이 말씀을 그대로 옮긴 후 제가 마지막에 질문을 하나 남겼습니다.

"스승과의 추억이 그리운 건 마찬가지일 텐데. 수재와 꼴통 중 현재 누가 더 행복한 삶이라 느끼세요?"

그리고 이 질문에 정말 많은 친구들이 댓글로 자신의 얘기를 했습니다.

우리나라는 공부를 못하면 자존이 낮을 가능성이 참 많은 나라지요. 물론 공부도 잘하고 자존이 높으면 더 이상 뭘 바라겠습니까.

사람마다 타고난 기질이 그 사람의 재능이 됩니다. 그렇다보니. 공부나 연구에 타고난 재능이 더 있는 사람이 있고, 기술분야, 예술분야, 운동분야, 사업분야, 서비스분야, 요리분야에 타고난 재능이 더 있는 사람도 있습니다. 위의 수재제자와 꼴통제자를 굳이 얘기하자면 꼴통제자가 상처로 인해 공부를 포기하지 않았다고 가정한다면!

저 인간미 철철 넘치는 꼴통 제자 두 분은 공부보다는 기술과 장사분야의 재능이 있는 분입니다. 그래서 자신의 재능과 역량대로 일을 해 왔고, 지금은 마음이 여유로운 상태인거죠. 스승을 찾아서 정을 부비며 산다는 자체가, 현재 자신의 삶에 만족하고 마음의 여유가 있다는 의미이지요. 이런 분들은 **자존감 검사를 하면 꽤 높은 점수가 나옵니다.** 많은 친구들이 죄책감이 생기고 자기성찰이 된다고 댓글을 적어주셨어요. 사실 저도 마찬가지랍니다. 이 글을 써놓고 스승님을 더 챙겼거든요.

성적이 좋든 나쁘든, 수재이든 꼴통이든, 아님 수재도 꼴통도 아닌 중간이든 모두가 행복해야 합니다. 그런 세상이 되어야 하구요. 수재가 스승을 찾아뵙고, 정 부비는 여유가 있다면 이미 엄청나게 존경받는 삶을 살고 계실 겁니다. 제가 던진 질문에 저는 수재보다 인간적인 꼴통에 더 점수를 많이 주었습니다. 무엇을 하든 현재 마음 편히 행복한 것이 더 중요한 신념을 가지고 있기 때문입니다.

* 어떤 직종에서 무엇을 해도 상관없습니다. 마음이 평안하고 인간미 느끼는 삶을 지낼 수 있다면 이미 성공한 삶일 겁니다. 수재든 꼴통이든, 중간이든, 우리 같이 그런 삶에 도전해보도록 해요.

25. 알고 보니 나만 아프고
힘든 게 아니더라

집단상담의 가성비를 경험해 봤니?

　집단에서 도저히 공개할 수 없는 내용이라면 개인 상담을 받으면 됩니다. 나머지는 '소규모 집단상담'을 추천합니다. 다른 사람들의 상처를 보면서 아, 나만 이렇게 아픈 게 아니었구나. 모두가 다 아프구나'와 같이 동질감의 위로를 받습니다. 집단지도자가 하는 다른 사람의 치유 과정을 참관하면서 같이 치유됩니다. 참여자끼리 주고받는 위로와 격려의 에너지는 집단의 지도자 이상입니다. 아주 센 내용인데 공개하는 분을 보고 처음에는 안 적어 내던 자신의 상처를 용기 내서 꺼내기도 합니다.

　울고불고했던 참여자끼리 정이 들어서 따로 인연을 이어가기도 합니다. 집단상담은 비용도 저렴합니다. 저도 5년이나 집단상담과 집단 워크숍으로 경제적 부담 없이 치유했기에 말할 수 있습니다. 집단상담은 참 매력이 많습니다. 강의도 집단상담식 강의가 있다면 한 번쯤은 경험하시길 권합니다. 꼭 치유가 필요해서가 아니라도 자신의 성장에 많은 도움이 됩니다.

　대학에서 주최하는 힐링캠프에서 7명의 대학생을 만났을 때입니다. 상처 치유와 자존감 향상이 주제였는데 그때 만난 인수의 이야기입니다. 키도 덩치도 아주 큽니다. 말수도 적고 잘 웃지 않지만, 웃을 때 작아지는 눈이 귀여웠습니다. 학생들이 자신의 '인생 곡선'을 그릴 때 어려워하면 가르쳐도 주면서 적어 놓은 내용들을 둘러보며 다닐 때입니다.

 인수의 인생 곡선 그림에서 '**엄마, 아빠, 강도, 죽음**'이라는 단어를 발견하고 제 발이 얼어붙는 줄 알았습니다. 본능적으로 감지하고 용기를 주었습니다. 고맙게도 담담하게 자신의 얘기를 꺼내주었습니다.

 "엄마 아빠가 어릴 때 자신이 보는 앞에서 강도에게 찔려서 돌아가셨고, 저도 그때 약간 다쳐서 병원에 실려 갔는데 그다음은 하나도 기억이 안 납니다."

 그때 이후 처음 얘기를 한다고 하면서 천천히 조용조용 발표를 하는데, 저도 다른 학생들도 흡사 SF영화에서 시간과 공간이 멈춘 것처럼 순간 정지했습니다. 충격을 받고 모두가 아무런 말도 어떤 행동도 할 수 없었습니다. 편도체가 얼마나 놀랐으면 생각이 안 날까요.

 편도체(扁桃體, amygdala)라는 게 있습니다. 편도체는 감정조절과 공포에 대한 학습이 이루어지는 부위예요. 정서 경험을 만들어내는 데 중요한 역할을 합니다. 특히 공포 경험과 밀접히 관련이 있는데요. 기억하면 건강한 정신으로 살 수가 없기에 무의식이 기억을 지워버린 예입니다. 혹 나중에 기억이 돌아올 때는 '병원치료와 병행한 상담치료'로 꼭 도움 받으라고 미리 당부했습니다. 저도 그런 경험이 있거든요. 강의하다가 문득 초등학교 때 받은 충격이 처음으로 떠올라서 며칠을 앓아누운 적이 있습니다. 과거의 일이고 이젠 그 사람과 편하니, 제발 다시 미워하지 않게 해 달라. 다시는 기억나지 않게 해달라며 울면서 기도했습니다. 감사하게도 지금은 정말 괜찮고 이런 경험이 있었기에 인수를 이해 할 수가 있었던 것 같습니다.

 제가 정적을 깨고 저의 사례도 짧게 드러내면서 에너지를 몰입해서 치유를 진행했습니다. 남학생도 여학생도 하나같이 흐느끼며 마음 아파했습니다. 어떤 위로를 해서 도와줄지 고민하는 학생들의 모습에 이타심과 인간애를 느꼈습니다. 나중에 학생들끼리 투표로 가장 훌륭한 참여자를 뽑아 장학금을 주는데 이 부분은 학생 모두가 탐을 내는 것입니다. 그런데 투표 결과 인수가 몰표를 받았습니다. 이 젊은 학생들에게서 발견한 도덕성과 인성에 제가 가슴이 벅찼습니다. 친구들의 인정까지 받은 인수는 표정이 첨보다 가벼워졌고, 말이 조금은 더 많아졌습니다. 인수가 자신을 '어떤 환경에서도 죽지 않고 잘 버티는 생명력 있는 바퀴벌레'로 비유해서 발표를 할 때 또 다시 뜨거운 것이 올라옵니다. 할머니 밑에서 저렇게 건강하고 선하게 잘 자라서 대학생이 된 것만으로도 훌륭한 청년이라며 온 마음을 다해 격려했습니다. 힐링캠프를 마칠 때쯤 다른 학생들의 소감은 모두가 비슷합니다.

"그 어떤 불평도 하면 안되겠습니다. 그냥 더 열심히 살아야 되겠습니다."

그리고 한두 명은 이렇게 말했습니다.

"저 어젯밤에 부모님께 그냥 모든 게 감사하다고 문자를 보냈어요."

천방지축이던 아이가 캠프에서 동급생 인수의 사례를 직접 듣고 직접 위로하면서 철이 들은 것입니다. 다른 사람의 불행을 보고 감사함만 느끼면 이기적인 겁니다. 도울 수 있으면 도와야 하고 최소한 진심으로 가슴 아파해야 합니다. 집단상담은 지도자의 지휘 아래 같이 위로와 공감과 격려를 해 줍니다. 같이 껴안고 등을 다독여주며 같이 웁니다. 최고의 상호 위안이지요. 그러니 대학에서 주최하는 집단상담이나 힐링캠프는 무조건 참가하라고 권하세요. 그리고 어떤 대학이라도 학생상담실은 있습니다. 본인이든, 자녀든, 조카든, 누구든 입학을 하면 학생상담실을 먼저 보내어 자존감 점검을 시키고 결과가 낮게 나온다면 향상시키세요. 저는 제 조카가 입학해도 상담실 가서 점검받으라고 하고 있습니다. 자존감이 높다면 진로적성 상담을 통해 대학 생활의 동기부여라도 받게 하세요. 이미 납부한 학비에 무료로 받을 수 있는 권리가 포함되어 있습니다.

닮고 싶은 멋진 도전자들.

얼마 전 '창업진흥원'주관 기술과 아이디어로 정부지원을 신청한 재창업자를 대상으로 1박2일간 힐링캠프를 진행했어요. 재도전 자금을 엄격하게 지원하는 과정에서 이 힐링캠프가 가산점을 주게 되어서 적극적으로 참여했다고 해요.

특별하지 않은 국민들 대부분 그렇듯이 자신의 상처를 치료할 기회를 갖지 못하고 살아오신 분들입니다. 처음으로 집단상담이란 걸 경험 해 본다고 해요. 사업실패과정에서 겪게 된 사람에 대한 배신감 등으로 경제적 뿐만 아니라 심리적 상처도 깊이 갖고 계셨지요. 이번 참여자는 모두가 남성이었고 30대부터 60대까지 다양한 연령이었는데, 68세 대표님이 계셨습니다. 그동안 사양될 뻔했던 자신의 아이템인 '한국형 찜질형 캠핑카'가 내년에 출시된다고 너무나 기뻐하십니다. 죽기 전에 자신의 평생 과업을 완수할 수 있게 되었다 하시는데 저뿐 아니라 참여자 모두 감동을 받았습니다.

그간 폐업으로 인한 심리적 위축. 그리고 재도전하기에는 쉽지 않은 경기. 이런 열악한 상황에서도 탓하지도, 핑계하지도, 포기하지도 않고 실행하시는 대단한 분들을 만나게 된 거지요. "68세 때 나는 과연 저런 열정을 불태울 수 있을까?"
제게도 묻게 되더라구요. 지도자로서 참여했지만 저 또한 자극받고 성장을 할 수 밖에 없었던 고마운 시간이었어요.

자신의 인생을 그린 내용도 각기 다릅니다. 상처의 모양도 깊이도 각기 다릅니다. 하지만 실패경험과 재도전이라는 같은 아픔이 있기에 서로들 더 많이 끈끈합니다.

'우울하고 삶의 회의를 느낀 적도 몇 번 있다'라고 어떤 대표님이 자신의 감정을 어렵게 고백할 때는 모두가 더 진지해졌고 저 또한 더 집중해서 치유를 진행했습니다.

21시까지의 프로그램을 마친 후, 조원끼리 스탭이 제공하는 간단한 치맥을 하면서 마무리를 했는데 다행히 표정들이 한결 편안하게 변해있습니다.

다음 날 아침 9시. 첫 프로그램이 힐링산책 입니다. 연수원이 조용하기도 하고, 우리 조의 역동이 너무도 강력했기에, 혼자 하는 묵언 산책시간을 드렸습니다. 전날 저녁에 경험한 각자의 치유의 포인트를 되새기며 자신을 위로하는 시간이 필요했었거든요.

 그런데 어제 그 대표님이 20분이 지나도 돌아오지 않습니다. 첨엔 화장실 갔나했는데, 전화도 안 받습니다. 나중엔 방에 찾아 가도 없습니다.

 갑자기 조원 전부 소름끼칠 만큼 불안해 집니다. 큰 강이 있는 연수원이었거든요....

리더의 긴급 제안으로 모두가 뿔뿔이 흩어져서 찾으러 뛰어 나갑니다. 스탭에게도 보고하고 같이 찾아봐 달라고 부탁했습니다. 쿵쾅 쿵쾅 무의식마저 요동치게 하는 우리 모두의 10분이었습니다. 캠프 프로그램을 하면서 이렇게 불안했던 게 사실상 첨이었습니다. 같은 마음으로 흩어져 뛰어서 대표님을 찾아오는 10분간은 기도가 저절로 나왔네요.

 산책시간 20분을 한 시간으로 잘못 알았다고, 그래서 아주 여유롭게 산책을 했다고 합니다. 근데 왜 폰은 안 받으셨냐고 묻는데, 그 목소리와 표정이 어떠했을지 상상이 되시죠? 제 얼굴에서 아마 백만볼트짜리 전류가 나왔을 겁니다. '아침에 강의장에 올 때 방에 두고 와서 그랬다'고 모두에게 싹싹 빈 해프닝을 만든 장본인입니다.

 마지막 피드백을 나눌 때, 멘토와 조원 전부 뛰어다니며 자신을 찾은 것을 알고 '내가 죽어도 슬퍼할 사람들이 있구나'라는 생각이 들었다며 정말 고마웠다며 울컥하시는데 우리 모두의 마음이 먹먹해졌습니다.

 이런 큰 사건이 있었던 참여자들과 서울서 단풍길을 걷고 회포를 푸는 저녁을 하기로 했습니다. 아마 그때도 미니 집단상담이 한판 걸쭉하게 진행이 되겠지요. 만나면 저와 손가락 걸고 약속하셨던 두 분의 대표님이 상담치유를 잘 시작했는지 확인을 할 생각입니다.^^ 겨우 1박 2일이지만 서로를 깊이 알게 된 분들이라 생각만 해도 편안하고 행복합니다. 성인들 집단상담은 학생들 집단상담하고는 또 다른 에너지를 주는 좋은 경험이었습니다. 앞으로는 성인 집단상담에도 관심을 가져야겠다 싶습니다. 근데요. 여담이지만 그때 얼마나 두려웠는지, 앞으로는 절대 혼자 묵언산책은 못 보낼 것 같습니다. 묵언 산책을 하더라도 꼭 짝궁을 만들거나 저도 같이 가야될 것 같습니다^^

26. 이런 아픔들도 있다는 걸 알아줬음 해

선생님, 눈물 좀 닦고요

청소년 자살률이 급속히 증가하여 보건복지부 소속으로 위기 청소년 온라인 채팅상담을 할 때의 일입니다. 전라남도 어느 섬에 사는 민수와 인연이 닿았습니다. 부모의 이혼 후 원양어선을 타는 아버지와 할머니, 셋이서 살고 있는 남자고교생이었습니다. 처음엔 진짜로 상담이 되나 호기심에서 장난삼아 자판을 치며 말을 걸어왔습니다. 우리는 이름을 밝히지 않고 번호로 상담을 진행했습니다. 저는 3번 상담사였어요. 당시 신종플루가 처음으로 유행하던 때였는데 아버지가 배 타러 간 사이, 할머니께서 신종플루에 걸리신 겁니다. 연로하신 할머니가 잘못될까 몹시 불안해했습니다. 학교에서는 싸움도 하고 거칠지 몰라도 할머니를 사랑하는 여린 심성의 학생이었지요. 민수는 당시 학교에서 문제를 일으켜서 정학인 상태였습니다. 등교를 하지 않으니 남는 게 시간인지라 매일 저와 채팅 상담을 하게 되었습니다. 중학교 때엔 꽤 높은 성적이었지만 가정의 문제로 공부는 놔 버리고 소위 말하는 문제 학생이 된 경우였습니다. 현실적으로 아픈 할머니를 도울 방법을 같이 고민하고 상담했습니다. 그러면서 학생이 잊고 있었던 자신의 심성과 능력을 발견하도록 도왔습니다.

후반부 상담 때입니다. 보건소와 동사무소의 도움을 받으라고 했는데 그동안 무탈하게 진행이 잘 이뤄졌나 봅니다. 할머니께서 죽도 반찬도 조금씩 드시고, 이제는 죽음의 고비를 넘기고 있다 해놓곤 갑자기 채팅이 멈췄습니다. 왜 말이 없는 것이냐 물으니 한참 후에 답장이 왔습니다.
"선생님. 잠깐만요. 키보드 눈물 좀 닦고요..ㅠㅠ."
 채팅창에 올라온 이 글을 읽고 그만 제 울음이 터져버렸습니다. 다른 채팅을 하던 상담사들이 놀라서 제 모니터에 몰려왔습니다. '청소년위기 채팅 상담'은 생명과 관련된 것이었기에 모두 저장이 되거든요. 채팅 내용을 보던 상담사들의 눈도 시뻘게집니다. 그 장면이 지금도 찌릿찌릿하게 기억이 납니다. 학교에 돌아가서 이제는 문제를 일으키지 않고 졸업을 잘할 것이라는 다짐을 받았습니다. 그리고 지금부터 공무원 시험을 준비하겠다고 했습니다. 그때는 공무원합격이 지금처럼 힘들지 않았기 때문에 충분히 가능성 있는 목표였습니다.
 마지막 날 제게 물었습니다.
"선생님 이름 좀 가르쳐 주시면 안 돼요?"
"아. 미안한데, 여긴 상담사의 이름을 공개하면 안 되는 규정이 있어…"
"선생님. 제가 선생님을 평생 뵐 수 없을지는 모르지만, 선생님 이름만은 꼭 기억하며 살려고 합니다. 진짜 부탁드립니다."
 간곡한 부탁에 저는 결국 처음이자 마지막으로 규정을 어기고 이름을 가르쳐주었습니다.
"김미송 선생님….
  김미송 선생님….
  김미송 선생님……."
 민수가 제 이름을 세 번이나 이어서 씁니다. 모니터를 보면서 또 가슴에 뜨거운 것이 올라오며 목이 따갑게 느껴졌습니다. 현재 문제 학생으로 낙인이 찍힌 친구라도 이렇게 인성이 살아있는 친구들이 많습니다. 힘든 친구들을 돕는 것이 우리 사회의 책임이라 여깁니다. 평생 못 만날 민수지만 저는 민수가 문제 청소년에서 벗어나 지금은 건강한 사회인이 되어있을 거라 확신해요. 상담하다 보면 '확신의 느낌'이라는 게 있거든요. 민수는 틀림없이 자신이 하겠다던 꿈을 이루었을 것 같습니다. TV에서 전라남도의 어떤 섬이 나올 때마다 민수가 생각나고 그립습니다. 눈물짓게 만드는 민수가 이 시로 힘을 받고 잘 살았으면 참 좋겠습니다.
'꽃처럼 피고 꽃처럼 웃어라. 세상은 온통 너에게 꽃이다'
강원석님 '너에게 꽃이다' 중에서.

이건 덧붙이는 말이지만, 대학생이나 미혼의 청년들을 상담해보면 80% 이상이 학교폭력 피해자입니다. 학교폭력의 상처를 그대로 방치 해 두면 내담자가 될 확률이 높다는 것입니다. 그만큼 제때 상처치유 하는 것이 중요합니다. 혹 지금이라도 필요를 느낀다면 부디 치유해서 상처받지 않은 자신으로 돌아갔으면 합니다.

옛 연인을 향한 통쾌한 사례인데요. 아주 몹쓸 배신을 당해 트라우마가 생긴 여성입니다. 상담을 해보니 정말 매력적인 사람인데 자존감이 낮았습니다. 나중엔 '나의 낮은 자존감이 그 사람을 그렇게 할 수 있도록 만들었구나. 하지만 그 남자도 옳지 못한 행동을 한 걸 생각해보면 결코 좋은 사람은 아니었구나'라는 깊은 깨달음을 얻게 되었습니다. 자존감을 높이고 상처를 회복하는 데에 아주 많은 공을 들였습니다. 헤어진 지 1년 정도가 지났을 무렵, 남자가 전화로 다시 만나자는 제안을 합니다. "이젠 당신 같은 사람 트럭으로 줘도 안한다. 당신 때문에 내가 자존감 높은 삶이 어떤 건지 알게 되었다. 당신 덕분에 인생을 배웠다. 고마웠다. 하지만 꺼져요!" 만나서 이렇게 말해주고 왔다고 폭풍 자랑을 합니다.

내가 치유되지 않으면 또다시 이전과 같이 낮은 성숙도의 사람들이 꼬이게 됩니다. 이혼과 재혼을 반복하는 것도 비슷한 맥락입니다. 이젠 이 내담자는 높아진 나의 자존감과 성숙도에 어울리는 사람과 인연이 되어 행복을 만끽할 수 있을 것입니다.

도망은 안 됩니다. 인생은 도망친다고 멀어지지 않습니다. 이번엔 상경해서 어렵게 수험생활을 하고 있던 20대 후반의 은희씨 얘기입니다. 고시학원 원장님이 걱정된다고 특별히 의뢰했던 경우였습니다. 천성이 착한 데다 자존감이 낮은 탓에 억울한 일을 당했어도 항변과 보복도 못하고 참기만 하고 살았습니다. 경제적으로 어려웠던 가족사와 전에 만나던 남자친구와의 관계에서 받은 상처가 아물지 못하고 있었습니다.

꼭 시험에서 합격하고 싶은데 피로와 스트레스가 심해지면 눈이 급속도로 나빠지는 불치병 수준의 지병마저 생겨버렸습니다. 공부에 몰입하고 싶은데 마음 놓고 할 수 없어 자존감이 그야말로 최악이었습니다. 수면장애까지 겹쳐서 정신과 수면치료를 받고 있었습니다. 불행 중 다행이라고 하지요. 상담 중 반가운 점이 발견되었습니다. 현재 자신의 지병과 가정사 등 모든 것에 대해 알면서도 청혼한 남성이 있었습니다. 은희도 이 사람을 많이 사랑합니다. 인성이 좋고 아내가 맞벌이를 하지 않아도 될 만큼의 경제적인 여유도 있는 사람이었습니다. 당장에라도 공부를 그만두고 결혼을 할 수도 있는 상황이었지요.

다만 은희는 자신의 몸도 안 좋은데 공부를 연기해도 되는 상황이 얼마나 고마운지를 깨닫지 못하고 있었습니다. 반드시 해야 하기에 하는 것과 안 해도 되는데 자아실현을 위해 하는 것은 천지 차이를 갖고 있지요. 이 부분을 다루면서 은희에게 든든한 남자친구라는 **히든카드**가 있음을 많이 축하해줬습니다.

"그런데 말이다. 이렇게 서로 사랑하고 또 네게 고마운 사람인데 그 사람에게 네 자신이 선물이 되어야 더욱 좋겠지? 너 자체가 자존감 높은 행복한 신부여야 한다. 아니면 남편에게 도망치듯 결혼하는 거란다. 그건 사랑하는 사람에게 예의가 아니지 않겠니."

상담 후 은희는 잠시 공부하는 것을 쉬기로 했습니다. 치유를 위해 고향으로 내려갔습니다. 물론 고향 부근의 기관에서 무료상담을 받을 수 있도록 도왔습니다. 안식 같은 고향에서 여유를 부리니 정신적 압박이 줄고 상담을 통해 자존이 굳건해지자 눈의 상태도, 수면장애도 매우 좋아졌습니다. 여러모로 상황이 좋아지니. 이제 슬슬 공부가 다시 하고 싶어진다 했습니다. 다른 사람들에겐 그렇게도 하기 싫은 공부가 이 친구는 그리 좋은 모양이었습니다. 이젠 어느 전문가의 도움 없이도 혼자 잘해나갈 수 있겠다는 확신이 생겼기에 하고 싶은 대로 하라 했지요. 이젠 정말 건강하고 행복한 신부가 될 것이란 생각마저 들었습니다. 결혼 소식을 알려주면 가서 축하해주겠단 약속도 했지요. 한동안 연락이 없더니 공무원 합격자가 되어 나타났습니다. 면접 때도 불안하다 문자가 오더니 지금은 최종합격해서 매우 행복한 상황입니다.

자신의 현재가 불행해서 도망치듯 결혼을 선택하는 경우가 간혹 있습니다. 행여 나의 자존감이 낮다면 그 결혼에서도 행복하지 않을 확률이 높습니다. 결혼하기 전과 후에 바로 치유해야 합니다. 자존감을 높이면 결혼 생활에 도움은 물론 미래에 만날 내 아이에게도 엄청난 선물이 될 것입니다.

이번 주인공은 **몸과 마음이 많이 아픈 고등학생**입니다. 몸이 덜 아플 때는 쌍꺼풀이 없는 눈에 쌍꺼풀 테이프를 붙여서 상담을 오기도 할 만큼 멋부리는 것을 좋아합니다. 음악을 듣고 노래 부르며 피아노도 좋아합니다. 내향적이라 낯을 가리고 부끄러워하지만, 친해지면 수다스럽기도 하지요. 웃지 않고 있으면 깍쟁이 같다 한다지만 적어도 제겐 마냥 귀여운 아이입니다.

이른 아침, 윤이 엄마가 오전에 시간을 내어 달라고 다급히 부탁했습니다. 왜냐고 물으니 어제 학교에서 윤이가 자살시도를 했다고 합니다. 옆에서 본 친구도 트라우마가 생겼다고 합니다. 학교에서는 자살사고가 날까 봐 윤이를 휴학시키고자 여러 선생님이 동원되셨다고 엄마가 전합니다. 학교의 입장이 이해는 되지만 참 가슴 아픈 현실이었습니다. 상담실에 들어오는 윤이의 모습을 보고 적잖은 충격을 받았습니다. 핏기 하나 없이 누렇게 뜬 얼굴에 목소리도 잘 안 나올 만큼 퉁퉁 부은 몸이었습니다. 봄꽃이 피어있는 계절인데 두꺼운 패딩파카를 입고 찾아왔습니다. 그런데도 자꾸 춥다며 몸을 떨어대는데 같은 나이대의 딸을 키우는 엄마로서도 제 마음이 찢어지는 것 같았습니다. 처음으로 이 녀석이 정말로 죽으면 어떡하나, 걱정되었습니다. 성적이니 대학이니 이것들이 내 딸의 목숨보다 중요할까요. 윤이의 상태가 호전된다는 생각이 드니 공부 욕심이 슬슬 나던 엄마는 학교고 뭐고 전부 미루고 딸이 원하는 상담을 먼저 보냈습니다.

　윤이와 함께 그런 엄마의 마음을 나누면서 엄마가 자신을 얼마나 소중히 아끼는지 다뤘습니다. 4월, 수많은 꽃들이 피어났고 이름 모를 들풀마저 가득한 봄날이었습니다. 그 예쁜 계절에 꽃 같은 윤이가 죽으려 했습니다. 보다 못한 마음에 밖엘 데리고 나가 자연과 생명을 같이 느꼈어요. 라일락 향기가 이렇게 좋았냐며 만지작거리고 향기를 맡는데 목이 메었습니다.

　이렇게 살아있으니, 살아남으니, 이젠 꿈도 생겼습니다. 받고 싶은 칭찬에서 연기자의 꿈이 생겼다는 녀석이 바로 윤이입니다. 지금은 명문대 연기과 입학을 목표로 열심히 수시를 준비하고 있습니다. 상담 종결 후 지난 겨울방학에 연락이 왔습니다. 내일 쌍거풀 수술한다며 무서우니 응원해달란 내용이었습니다. 가끔 쌍꺼풀 테이프로 고생을 하더니 예쁜 연기자가 되고 싶어서 드디어 용기를 부렸나봅니다. 그 문자를 보고 얼마나 웃고 마음이 안심이 되었는지 모릅니다. 이 모녀에게 남기고 싶은 메시지가 있습니다.

　윤이 어머니. 그간 정말 고생 많으셨습니다. 어머니가 감당한 마음고생을 알고 하늘이 도우셨나 봅니다. 같은 엄마의 마음으로 뜨겁게 축하드립니다.
　그리고 예쁜 윤이야. 카톡 사진 보니 쌍수(쌍꺼풀수술)가 아주 예쁘게 잘 되었구나.
　축하한다. 반드시 연기자가 되길 응원하마.
　네가 죽을 만큼 아팠던 고통과 그동안의 서러움을 모두 그 연기라는 것으로 토해내거라.
너라면 틀림없이 좋은 작품으로 사람들에게 감동을 줄 수 있을 거다.
쉽지 않은 수험생활이지만 힘 내거라. 응원하고 있을게.

어떤 대학생은 자신의 장점에 '자살하지 않고 살아있다.'라고 적습니다. 살면서 한 번쯤은 죽고 싶을 때가 있습니다. 저도 있었거든요. 그런데 아직까지 죽지 않고 지금 이렇게 책으로 만나고 있습니다. 살아있음에 감사합니다. 죽고 싶을 만큼 힘들 때는 아무것도 하지 마십시오. 정말 아무것도 하지 마세요. 그냥 숨만 쉬세요. 물이라도 마시면서 연명만이라도 좋으니 살아만 있어 주세요. 살아남으면 언젠가는 그때 죽지 않기를 잘했구나. 생각하는 때가 있을 겁니다. 그리고 할 수만 있다면 누워서 1393에 전화하세요.

그것도 어려우면 119에 전화하셔서 생명의 전화 (1588-9191) 에 연결해 달라고 하세요. 24시간 언제든 무료로 위기 상담이 가능하다는 것을 꼭 기억해 주세요. 신앙인이라면 지인에게 기도해 달라고 문자라도 하세요. 그리고 조금 나아지면 주변의 도움도 받으시고, 천천히 자신의 '힐링카드'를 꺼내서 가장 편한 거 딱 하나만 사용해 보세요. 힘이 생겨날거예요.

큰 언덕을 오른 후에야 올라야 할 더 많은
언덕이 있음을 알게 됩니다.
- 넬슨 만델라 -

일곱 번째 꾸러미

나의 마지막이 올 때까지 자존감과 성숙의 사다리 오르기.

일곱 번째 꾸러미 : 나의 마지막이 올 때까지 자존감과 성숙의 사다리 오르기.

생물과 무생물은 생명이 있고 없음으로 구분합니다. 그렇다면 생명의 현상을 어떻게 표현할 수 있나요? 이런 질문이 생길 겁니다. 이때, 생명은 스스로 변화하는 능력을 지닌 존재의 힘을 지칭하고 무생물은 스스로를 변화시킬 수 없기 때문에 외부의 힘에 의해서 변화된다는 답을 하게 되지요.

우리 삶의 현장은 환희와 고난이 함께 공존하고 있습니다. 어떤 때는 하늘을 찌를 만큼 기쁨의 생명이 약동하고, 다른 때는 땅으로 한없이 무너져 내리는 아픔에 불행의 생명력도 느끼게 됩니다. 그 사이에서 우리는 변화를 경험하게 됩니다. 살아있기에 변화도 가능 한 것이지요. 변화를 두 가지 모습으로 생각해볼까요?

성장이라고 하는 변화는 양적인 변화의 모습을 말합니다. 주로 외부적으로 변화된 모습을 보여주는 경우를 지칭하지요. 성숙이라고 하는 변화는 질적인 변화의 모습입니다. 주로 내부적으로 변화된 모습을 보여주는 경우를 설명합니다.

상담심리학에서는 마음의 질적인 변화에 관심을 가지게 됩니다. 마음의 성숙을 통해서 건강한 심리상태를 유지할 수 있기 때문입니다. 가치관은 우리 마음의 성숙도를 결정하는 데에 가장 커다란 영향력을 미치게 됩니다. 쉽게 표현해서 어떤 가치관을 가지고 있느냐에 의해서 성공여부가 결정됩니다. 삶은 육체적인 성장과 정신적인 성숙을 통해서 변화를 모색합니다. 모든 심리상담도 성장과 성숙의 입장으로 해석할 수 있습니다.

일곱 번째 꾸러미에서는 이 세상에서 머무는 동안의 건강한 변화를 살펴보려고 합니다. 높아진 자존감도 여러 가지 환경의 영향을 받아서 심각한 타격을 받곤 합니다. 이때 급격히 떨어진 자존감을 회복시킬 수 있어야 합니다. 그리고 더 성숙한 삶을 훈련해 나간다면 더 이상 바랄 것이 없다고 생각합니다. 완벽할 순 없지만 그럼에도 언제나 삶은 살아나가야 하기에 이것이 우리가 마지막으로 기억해야 할 부분이라 여깁니다. 그럼 같이 나누면서 성장해보도록 해요.

27. 나와 어울리지 않는다면 네가 손해겠지?

부러움은 상대와 나의 비교에서 시작합니다. 성숙하게 자신을 사랑하는 사람은 자신과 타인에 대한 비교를 거의 하지 않습니다. 설사 비교되어도 열등감에 깊이 빠지지 않습니다. 내게도 잘하고 잘난 부분이 있다는 걸 알고 있기에 비교를 멈출 수 있는 겁니다. 부러울 때면 그 부러움에 멈추지 않고 그러한 모습을 배우거나 닮아가려 노력합니다. 아니면 자극을 받고 내가 더 잘할 수 있는 다른 부분에 몰입합니다. 결과적으로 더 나은 성장을 합니다.

우리는 경쟁사회에 살고 있고 경쟁에는 필연적으로 비교가 따라다니지요. 자존감 높은 이들은 같은 분야에서 경쟁을 하게 되더라도 다른 사람을 밟고 올라서려 하지 않습니다. 서로의 잘난 부분이 다르고 상대의 괜찮음을 인정하기에 치사한 수를 쓰지 않고 공정하게 최선을 다하는 선의의 경쟁을 합니다. 또한 결과의 승패에 연연하지 않고 깔끔히 납득합니다. 결과가 만족스럽지 않더라도 정상적인 절차를 밟은 결과라면 쿨하게 인정합니다. 나의 의견이 선택되지 않았어도 선택된 이에게 악의적인 접근을 하기보다 진정한 협력자로 성숙하게 다가서지요.

이번 주인공은 상담공부를 한 선생님입니다. 지금은 자그마한 커피숍을 운영 중입니다. 친정아버지로부터 인연을 끊고 싶을 만큼 큰 상처를 받고 아파했습니다. 정서적으로 건강하다 볼 수 없는 노인을 바뀌게 하는 게 어렵다는 걸 잘 알기에 위로 말곤 해드릴 게 없었습니다. 오롯이 당사자가 감당해야 할 부분이라 마음 아프고 답답했습니다.

얼마 후 부친상 연락이 왔습니다. 무거운 마음으로 갔는데, 표정이 생각보다 편안했습니다. 곧 돌아가실 아버지를 용서하는 마음을 갖게 해 달라 기도했다 합니다. 그런 후 병상에 계시는 아버지의 손을 잡고 기도를 해드렸다 합니다. 당신의 잘못을 알고 미안한 마음이 많았던 아버지께서 얼마나 마음이 편해지셨을까요. 그리 아버님을 보내고 마음이 무척 편안해졌다고 합니다. 정말 엄청난 효도를 하신 거지요.

평소라면 도움을 주어야 하는 입장이지만 그날만은 한수 배우고 돌아왔습니다. 참 훌륭하고 존경스럽다며 표현했지요. 심리상담학 관점으로 생각한다면 아버지께 받은 상처로 억울함과 분노는 여전히 그 형태를 지우지 않고 남아있는 상태였음에도 아버지를 위한 배려를 한 겁니다. 무던한 노력으로 자존감을 높인 덕에 가능한 일이었습니다. 그저 돌아가시는 데에 눈이나 편하게 감게 해드리자는 마음에 할 수 있는 일이 아니었습니다. 앞으로 살아가면서도 아버지께 받은 상처가 어찌 기억나지 않겠습니까. 다만 이렇게 귀하고 훌륭한 이별을 했으니 상처의 크기는 전보다 줄어들었을 겁니다. 이토록 인격적인 모습에 저 또한 닮고 싶었습니다.

* 어느 순간에라도 타인의 삶이 부러울 때가 있을 겁니다. 그럴 때 어떻게 대처하나요?
* 내게 상처가 있어도 오로지 상대를 위한 배려를 해본 적 있나요?

나와 어울리지 않으면 손해는 너만 받을 걸?

영원을 말해도 언젠가 끝은 오기 마련입니다. 모두 알고 있는 사실이지요. 세상에서 사람이 만들어낸 거짓말 중 가장 낭만적인 거짓말은 영원이지 않습니까. 거짓인 걸 알면서도 속아주게 되지요. 이처럼 영원할 것 같았던 인연의 끝이 분명 찾아올 겁니다. 아쉬운 마음으로 작별해야 하는 이 순간, 마음속으로 하는 혼잣말이길 바라는 게 있습니다.

"이렇게 나를 사랑할 줄 알고 더 성숙해지려 노력하는 모습이 멋진 나인데, 이런 나와 멀어지면 네가 제일 아쉬울 걸."

자존감이 낮으면 결코 할 수 없는 생각이지요. 사람과의 연이 다해 안녕을 말하게 되는 순간, 이런 생각이 들 수 있도록 자신의 내적관리를 했으면 합니다. 이 짧은 문장에서 느껴지는 당당한 에너지가 아주 멋있게 느껴집니다. 이렇게 말하고 생각할 줄 아는 이들은 관계를 소중히 여기고 나의 귀함을 알 듯 상대의 귀함을 알아 서로의 존중이 이뤄지는 방향을 압니다.

어떤 기질이든 자존감은 반드시 높아야함은 이미 다 알고 있지요? 이는 성향에 따라 나뉘는 것이 아니라, 사람이라면 응당 그래야만 하는 것이기 때문입니다. 타고난 기질이 B기질(도전, 자랑, 화끈, 한다면 한다, 자유)이라면 인정과 칭찬받는 걸 좋아하고 주목을 받는 것을 즐깁니다. 그래서 자기PR도 자연스럽게 잘하지요. 자칫 잘난 척하는 것처럼 보일 수도 있으나 B기질에서 성숙한 분들은 겸손합니다. 판이 깔리면 자신을 당당하게 어필하지만 그렇지 않은 자리에선 적정선을 지킵니다. 자신감 충만한 사람이 겸손하기까지 하다면 그 매력은 감당하기 어렵습니다. 송곳은 아무리 주머니에 넣어도 삐져나와 결국 알게 되는 것처럼 자존감이 높은 사람은 자신이 자랑하지 않아도 타인이 그러한 모습을 모를 리 없습니다.

자존감이 높고 성숙한 사람은 어지간해서 이기적이지 않은 편입니다. 정서적으로 배가 부르기 때문에 외려 타인을 배려합니다. 타인에게 상처 입히는 것을 아주 조심스러워 합니다. 다른 사람이 나로 인해 상처받는 일을 하지 않습니다. 상대도 나처럼 아프지 않고 행복해야 한다 생각하기 때문입니다. 가족관계에서는 더욱 그렇지요.

* 나하고 안 놀면 네가 손해야! 자신에게 말할 수 있나요?
  그렇게 내적 성숙을 추구하는 자신감으로 살아봅시다.
* 자기를 사랑하는 것과 이기적인 것은 다릅니다. 난 어떤가요?
* 혹시 상대방에게 상처 되는 일을 하고 멋대로 자기합리화하진 않았나요?
  이때 떠오르는 사람이 있나요?

> 내일 일을 오늘 걱정하지 말라
>
> 어제의 비로 오늘의 옷을 적시지 말라
> 내일의 비를 위해 오늘의 우산을 펴지도 말아라

28. 너한테도 이런 용기가 있을까?

무시와 공격이 올 때

처음 자존감을 높일 때 비밀번호 선생님에게서 무시하는 사람은 있어도 무시당하는 사람은 없다는 의미를 잘 익혔었습니다. 한수 더 높여 공격하려는 사람이 있더라도 그에 당하지 않으면 됩니다. 호락호락하게 넘어가지 않고 공격을 유하게 받아넘기는 내면의 힘이 필요합니다.

"애들아. 나 오늘 기분 좀 풀려고 쇼핑하러 갔는데 점원이 나에겐 눈길도 안 주더라. 그래서 오늘 돈 부족하니깐 혹시 깎아주면 사겠다고 했더니 20프로 깎아주더라. 그래서 이거 샀어! 할인받은 만큼 오늘 실컷 먹자."

짜증난다고 화장기 하나 없는 맨얼굴에 옷도 후줄근하게 입고 나온 친구가 큰소리로 한 말입니다. 모두 이 얘기를 듣고 엄청 웃었습니다. 이 친구가 상당한 부자거든요. 한편으론 기분 상할 법한 일에도 크게 언짢아하지 않는 그 내공이 멋졌습니다. 다음은 비슷한 상황이 있었던 모임에서의 일입니다. 시작은 질투를 포함한 공격성 인사였습니다.

"어이 김 사장 오랜만이네. 김사장 고깃집 맨날 만석이라며. 그래서 그런가, 요즘 얼굴보기 되게 힘들어!"

"그러게 말입니다. 일부러 그러는 건 아닌데 몇 번이나 빠지게 되었습니다. 오늘은 죄송하다는 의미로 제가 2차 대접하고 싶습니다. 다들 괜찮으시지요?"

자리에 함께한 다른 회원들이 한 마음으로 환호했습니다. 못난 언동을 보인 사장님만 완전히 패배한 셈이었지요. 와중에 이 대화를 집중하지 않았는지 이해를 못한 어느 변호사님이 다시 묻기에 가벼운 면박을 주며 놀렸습니다. 발끈하여 자리에서 일어나 식탁에 있던 상추를 집어던질 듯 시늉하는데 표정에서 장난기가 가득 묻어났지요. 다들 밥을 먹던 중 일어나는 재미난 상황에 무척 즐거운 웃음소리가 자리를 한참 채웠습니다.

두 분 모두 다소 공격성이 느껴지는 말이었음에도 욱하지 않고 여유롭게 응대했지요. 자기에 대한 자신이 있는 분들인 경우 이와 같이 유연한 대처가 가능해요. 대단한 내공이지요. 상대가 무시하려 해도 이들은 절대 무시당하지 않습니다. 그럴 때는 자기 기질대로 방어합니다. 언성 높여 다투지도 않습니다. 때문에 그 자리에서든 나중에든 상대가 이런 마음이 들게 하지요.

"아이쿠, 내가 저 사람을 잘못 봤구나. 내가 실수를 했구나."

패배를 인정하는 겁니다. 이런 대단한 인물들을 잘 알지도 못하고 무시했었다면 사람 보는 눈이 없는 겁니다. 자신의 인성과 성숙도를 점검해봐야 합니다. 같은 사람끼리 감히 누가 누구를 무시한단 말입니까. 어느 누가 상대를 공격해서 아프게 할 수 있답니까. 그런 권리는 처음부터 존재하지 않던 겁니다.

* 의도적인 무시와 공격에 어떻게 대처하고 있나요?
* 발끈해서 감정적 대립이 오갔나요?
  만약 다음에 같은 상황이 일어난다면 어떻게 대처하고 싶은가요?

'웃기고 있네!' 할 수 있는 용기가 필요합니다. 권위자나 지인이 가르치거나 충고를 할 때가 있습니다. 생각해보고 인정이 되면 바로 받아들이고 수정하면 됩니다. 그런데 가끔은 자기 맘에 안 들 때 나를 위한 충고인 양 말해주는 사람도 있습니다.

충고나 조언을 할 때는 진정 상대를 위해서 하는 건지, 화가 나서 내 성질을 풀려고 하는 건지 잘 봐야 합니다. 본인만 압니다. 혹 내가 마음에 안 들거나 화가 난 건데 그 사람을 위한 것인 양 얘기한다면 곤란합니다. 그건 또 다른 공격의 수단이 되는 것입니다. 혹시라도 그런 느낌의 충고나 조언을 받으면 억울하더라도 이렇게 답변을 하세요.

"아. 그렇게 생각이 드셨군요. 네. 제가 말씀해 주신 그 부분을 진지하게 '자기점검'을 해보겠습니다."

'자기점검'이란 내 모습을 내가 스스로 솔직하게 뒤돌아보며 생각해보는 겁니다. 대답한 후에 차분히 자신의 모습을 점검해 보세요. 혹시라도 그런 모습이 조금이라도 있다면 고치기 시작하고 그분께 감사하다고 표현을 하면 더 좋은 관계가 될 수 있습니다. 신중히 자기점검을 했는데도 그렇지 않은 경우가 있습니다. 그럴 때는 마음속으로는 그 충고를 거절해도 됩니다. 잊어버려도 된다는 의미입니다. 안타깝지만 우리 사회에는 불건강한 권위자, 교수자, 어른, 지인들도 참 많이 계시거든요. 마음속으로만 얘기하세요. '웃기셔. 자신의 문제를 가지고 나를 충고하셨네. 그 말에 내가 상처받을 필요는 하나도 없다.'라고 말입니다. 무시할 수 있는 것도 힘입니다.

* 우리 사회에 이런 불건강한 충고나 훈계가 제법 많습니다. 특히 부모가 자녀에게 많이 합니다. 자신의 모습은 어떤가요?

대가를 바라지 않는 나눔

헬퍼스하이(Helper's high)라는 정신의학 용어가 있습니다. 남을 도울 때 느끼는 정서적 포만감을 뜻합니다. 헬퍼스하이를 느끼면 혈압과 콜레스테롤 수치가 낮아지고 엔돌핀이 정상치의 세 배 이상 분비됩니다. 특히 몸과 마음의 활력이 넘치는 신체적 포만감을 느끼게 되는데, 단순히 정신적인 효과나 기분만 아니라 이 덕택에 신체는 몇 주간 긍정적 변화로 좋은 반응이 일어납니다.

베푼다는 건 마음의 여유를 필요로 하지요. 정서적인 여유가 있어야 대가를 바라지 않는 진정한 나눔이 가능합니다. 이 나눔이 경제적인 여유나 시간적인 여유와 반드시 비례하는 것이 아니라는 걸 우리는 알고 있습니다. 단, 정서적 여유가 필요한 것이지요.

자신의 시간과 에너지를 쪼개가면서 사회적 약자를 돕는 사람들을 봅니다. 보통 원래 자존감 높은 사람들이 많은 선행을 하지만 이 선행을 통해 자존감이 높아지거나 더 굳건해지는 발판을 마련하기도 합니다. 성숙한 순환이지요. 지인들에게 어떤 자원봉사를 하느냐 물어보았습니다. 이때 들은 내용들입니다.

- 목욕봉사, 식사 봉사, 이미용 봉사, 김장봉사, 연탄봉사, 말벗 봉사, 노래봉사를 해요.
- 부모는 만 원, 자녀는 용돈으로 5천원씩 기부를 해요.
  후원자의 감사 편지를 받으면 자녀들이 더 뿌듯해 해요.
- 저는 건강이 좋은 편이 아니라서 집에 앉아 털모자를 만들어 손편지와 함께 보내요.
- 수시로 헌혈 봉사를 해요. 어린이 등하교와 행사 같은 자리에서 항상 교통봉사를 해요.
- 정기적으로 무료 변론합니다. 정기적으로 의료 봉사에 갑니다.
- 재능기부로 강의나, 상담, 컨설팅, 전문분야 기술봉사를 해요.
- 멘토가 되어서 한 사람을 지속적으로 돕고 있어요.
- 벽화그리기 봉사를 하고 있어요. 가난해서 학원에 못가는 학생들에게 수학을 가르쳐요.
- 사회적 약자를 위한 모임을 만들어서 돕기도 하고 소셜액션을 해요.

누군가에게 경제적 여유가 충분하고 시간적 여유 또한 충만함에도 사회에 봉사하지 않는다며 비난할 권리는 우리에겐 없습니다. 자신이 번 돈으로 자신의 가족끼리 행복하게 잘 사는 걸 누가 뭐라 할 수 있겠습니까? 봉사는 의무가 아닌 개인의 자발적 참여입니다. 강요되어선 절대 안 될 일이지요. 그렇기에 더더욱 시간을 쪼개어 경험과 재능을 나누고 봉사하는 분들이 귀하게 여겨지는 것이기도 합니다.

　이들은 고마워서 쪄주는 고구마에, 아껴둔 사탕 한 줌에, 깨알 같은 학생의 손편지에 아주 벅찬 행복을 누립니다. 고생시켜 미안하다며 고마움에 어쩔 줄 몰라 꽈악 잡아주는 손길에 담긴 에너지로 뜨거운 정과 마음을 나누지요. 그렇게 주고받는 감동의 에너지가 봉사자의 자존감을 더 견고하게 만듭니다. 최근에는 자신의 머리카락으로 소아암 환자를 위해 모발 기부를 한 초등학생 김지안 어린이를 보고 아름다운 충격을 받았습니다. 이 친구가 얼마나 훌륭한 어른이 될지 벌써부터 기대됩니다. 제게도 커다란 동기부여가 되었습니다. 119 현장 대원들을 위한 재능기부 강의를 더 추가하기로 마음먹게 되었지요. 동기부여를 시켜준 이 학생에게 아주 감사한 마음을 전하고 싶습니다.

> 세상은 고난으로 가득하지만,
> 고난의 극복으로도 가득하다.
> －헬렌 켈러－

29. 정성의 끝은 있어!
우리 같이 성장하자

해결되지 않은 과제는 이렇게 하자

강의가 6주 정도 지나면 언제나 하는 질문이 있습니다. 아직도 갖고 계신 미해결 과제가 있나요? 노력 중인데도 불구하고 아직까지 잘 안 되는 게 있나요? 이 같은 질문에 대해서 다음과 같은 대답을 받았습니다.
"관계개선을 시도할 용기가 좀처럼 생기질 않네요."
"혼자는 어려운데 상담기관 가는 게 자꾸 미뤄집니다."
"공감이 잘 안돼요." "경청이 어려워요."
"욱하는 감정조절이 아직은 잘 안돼요."
"대화를 하다가 감정이 올라올 때 멈추는 게 쉽지 않아요."
"자존감 향상이 무척 더디게 진행돼요." "아직도 거절할 때 가슴이 많이 쿵쾅거려요." "선택권을 제대로 주는 게 어려워요."
"저에 대해 보상해 주는 것을 자꾸 미룹니다."

전부 **괜찮습니다**. 이밖에도 다양한 대답이 있지만 정말 괜찮습니다. 내게 아직 해결해야 할 과제가 있음을 아는 것만 해도 치유는 이미 시작된 겁니다. 잊지만 않는다면 언젠가 치유와 회복이 완연하게 이루어집니다. 노력 중인데 잘 안 풀리는 일? 틀림없이 있을 겁니다. 한평생 살아온 방식을 손

바닥 뒤집듯 개선할 수는 없는 노릇입니다.

　욱해서 일주일에 6번 소리를 지르는 것이 4번이 되었다면 2번 만큼은 좋아진 겁니다. 욱하는 자신의 구멍이 메워지고 있는 겁니다. 속도가 더디다고 조급하게 여길 필요 없이 안심하라는 당부입니다. 평생 잘 안 되던 충분한 공감이란 것을 일주일에 한 번이라도 해보았다면 충분히 나아지고 있는 겁니다. 자존심 때문에 사과를 못 하던 분이 진심 어린 사과를 단 한 번이라도 해보았다면 그것만으로도 대단한 발전의 성과를 이루신 겁니다.

　첫 단원부터 지금까지 내 구멍을 메우기 위한 작업이 성실하게 진행되었다면 그 모든 노력을 의미 있는 관계자가 이미 눈치 챘을 겁니다. 수월하게 풀리지 않더라도 계속 노력하고 있으니 조금만 더 기다려달라고 해보세요. 도움이나 응원을 부탁하세요. 건강하고 성숙해지고 싶다는데 돕지 않을 이가 아닐 테니까요.

　저는 심각한 마음의 충격이 오면 급체가 왔습니다. 이럴 땐 울면서 **휴대용 사혈침**을 꺼내어 손가락과 발가락을 찔렀습니다. 새카만 피를 휴지로 닦으면 피를 보아선지 왠지 더욱 서러워졌습니다. 울음을 그치지 못하고 큰소리 내어 엉엉 울었지요. 저와 부위는 다르지만 정서적으로 큰 압박을 받았을 때 아파오는 곳이 있는지 궁금합니다. 아마 머리가 아프기도 할 것이고 배나 허리, 어쩌면 이전에 다쳤던 부위가 아프기도 할 것입니다. 각자 다를 테지요.

"마음이 아프고 힘이 드니 여기가 또 아파오는구나."

　마음을 위로하고 아픈 곳도 치유해주세요. 원인이 마음이라면 겉으로 나오는 증상만 치료해서 해결되지 않습니다. 다시 재발하게 됩니다. 몸이 자꾸 아파오면 내가 마음치유를 할 때가 되었구나 생각하고 마음도 같이 돌보아주세요. 이 신호를 무시하면 병의 증세가 무섭게 커집니다. 제 경우엔 몸이 아파올 때에 자기점검을 합니다. 내가 사혈침을 마지막으로 찌른 게 언제였지? 얼마 만에 급체를 한 거지? 지난번보다 간격이 몇 달 더 길어졌구나. 꽤 오랫동안은 참을 만했구나. 참 다행이다, 이리 생각이 들곤 합니다.

하루는 2년 이상 급체하지 않고 지낸 저를 발견하고 얼마나 감사했는지 모릅니다. 그만큼 정서적인 압박을 덜 받는 삶을 살았던 것이니까요. 이에 대한 배경으로는 그럴 수 있도록 환경정리를 하기도 했을 테고 자존감이 굳건해져서 힘든 상황에도 충격을 완만히 흡수할 여유가 생겨서일 수도 있습니다. 오랜만에 급체를 만났지만, 그간 꾸준히 좋아지고 있었던 걸 실감한 거지요. 몸이 아프지 않으면 평소에 의식하지 못하고 놓치는 마음치유를 이렇게 점검해볼 수도 있습니다.

치유하고 바꾸고 싶어도 변화가 더딜 수 있습니다. 손톱이 자라나는 모습은 눈으로 보이지 않지만, 며칠 지나 다시 보았을 때 자라있는 것처럼 조용히, 은밀하게 마음의 성장 또한 같은 속도로 이루어지고 있습니다. 숨이 다하는 그날까지 꾸준하게 좋아지면 그것으로 된 일이 아니겠어요? 앞으로도 조금씩 더 좋아집니다. 그러니 천천히 가도 좋습니다. 충분히 괜찮습니다. 그렇게 목표한 방향으로 올곧게 향하면 됩니다. 더딜지언정 힘내서 잘 가보자, 나에게 칭찬과 격려를 아낌없이 쏟아 주었으면 합니다.

* 혹시 하는 일이나 생활이 잘되지 않을 때는 아래의 해결중심치료 바탕으로 점검하면 됩니다. 다음 사항에 맞춰 구체적으로 생각해볼까요?

(1) 내가 원하는 게 무엇인가? : 정말 원하는 것이 무엇인지를 결정하기
(2) 원하는 것을 위해서 나는 지금 무엇을 하고 있는가?
(3) 잘하고 있는가. 잘하고 있으면 자신을 칭찬하며 쭈욱 그대로 한다.
    잘못하고 있는가. 잘못하고 있다고 인정이 되면 다른 방법이 필요한 것이다.
    다른 계획을 짠다.
(4) 3번에 새로 짠 계획으로 다시 움직인다.

위와 같은 과정에 대한 실제적 〈예시〉를 소개합니다.

(1) 나는 자존감을 정말 높이고 싶어 장점리스트를 매일 읽기로 했다.
(2) 바빠서 자꾸 잊는다. 일주일에 두어 번 밖에 못 읽는다.
(3) 자존감이 높아지고 있나. 높아지는 것 같다면 그대로 가도 된다.
아니다. 자존감이 높아진다는 느낌이 별로 없다면
자존감 향상을 포기할지 아님 계속할지 둘 중에 하나를 선택해야 한다.
(4) 계속 하기를 선택했다면! 매일 아침 알람을 맞춰놓고 읽는다. 혹시 아침에 이를 지키지 못했다면 다른 시간을 활용해서라도 꼭 실천한다.

무엇인가 잘 안될 때는 이런 식의 점검을 해 보세요. 자신의 현재 삶에 대한 점검하거나 목표성취에 큰 도움이 됩니다. 전문가들도 이런 방식으로 많이 실천합니다. 하고 싶기는 해서 계획을 세웠는데 정작 내가 움직이지 않고 있을 때가 있습니다. 솔직하게 자신을 들여다보고 찬찬히 생각해보세요. (1)번으로 정한 것이 정말 내가 원하는 것인지를 말이지요. 하고 싶다고 말은 하고 계획까지 세웠지만 솔직히 들여다보니 아직은 별로 하고 싶지 않을 수도 있습니다. 그건 자신만이 압니다. 아직 이르다고 판단되었다면 계획을 미뤄도 괜찮습니다. 꼭 해야만 한다는 심적 부담으로 괴로움을 갖지 말고 차라리 과감한 보류를 선택하는 게 옳습니다. 그리고 내가 원하는 것에 에너지를 쏟는 겁니다.
　해야 하는 걸 알면서도 미루는 건 **무의식이 아직 급하다 여겨지지 않아서 그렇습니다.** 본인이 생각하기에도 미룰 수 있는 일이라면 마음 편히 미뤄 두라는 겁니다. 그래도 괜찮습니다. 다만 미뤄둔 이 일이 긴급하게 다가오기 시작했을 때, 그때는 결코 포기하지 말고 끈기 있게 성공해내야 합니다. 후회 없는 성취가 이렇게 완성됩니다.

* 아직도 가지고 있는 미해결 과제가 있나요?
* 노력 중인데 잘 안 되는 부분은 어떤 것인가요?
* 힘들 때 아픈 부위가 있나요? 얼마나 자주 아픈가요?
* 원해서 목표로 정하신 게 있나요?

> 강한 자존심
> 자기 인식
> 자제심
> 이 세 가지가 있으면 우리는 우리들의 인생을
> 주권의 자리로 인도할 수 있다.
> -테니슨-

30. 높은 자존감을 가졌어도 살다 보니 힘들다고?

자존감이 바닥을 칠 때

완연한 치유를 겪고 오랜 상처의 회복을 한 제게도 가끔은 자존감이 바닥 칠 때가 있습니다. 자존감이 높아도 강력한 사건의 영향으로 정신이 흔들릴 때가 생깁니다. 정서적으로 심각해지면 기질 특성상 우울해져서 잠시 혼자만의 동굴로 들어가 엉엉 울기도 합니다. 신앙을 가지고 있기에 기도도 합니다. 그렇게 어느 정도 시간이 지나면 누워서 핸드폰에 제 강점을 적어갑니다.

"나는 긍정적이다. 유쾌하다. 진솔하다. 따스하다. 웃는 모습이 보기가 좋다."

약 30개 정도를 적다 보면 힘이 없어도 씨익 웃게 됩니다. 지친 마음을 다시 고쳐먹고 속 편히 쉬기 시작합니다. 며칠 지나면 다시 건강해질 것이란 믿음으로 할 수 있는 행동입니다. 우울한 마음을 SNS에 올려 친구들에게 많은 위로와 격려를 받기도 합니다.

"자존감이 바닥을 쳤다. 우울하다. 내가 슬럼프다."
"그런 까닭에서 내게 시간이 필요하니 이해하고 조금만 기다려라. 응원해 줘라."

이렇게 표현해보세요. 내가 나약해진 것을 애써 강하게 포장하려 말고 솔직하게 드러내보세요. 쏟아지는 위로와 격려를 받으면 울어도 되고, 우울해도 되고, 힘이 없어도 된다는 것을 진정 실감하게 될 거예요. 힘이 좀 생기면 그때 자신의 힐링카드 묶음을 꺼내서 천천히 사용해보세요. 회복하는 데 그리 오랜 시간이 필요하지는 않을 겁니다.

  이 자리를 빌어 SNS 친구들에게 진심으로 감사의 마음을 전하고 싶습니다. 이제는 저에 대해 더욱 많이 알게 되셨겠지요. 살면서 어쩔 수 없이 마음이 힘든 때가 있습니다. 그런 때가 찾아올 때마다 친구들에게 참 많은 힘과 도움을 받고 있습니다. 진심으로 고맙습니다.

  접시 물과 고마운 학생 이야기입니다. 책의 마지막 작업이 다가오면서 많이 고단했습니다. 하던 일과 책 작업과 또 해야 할 다른 공부들로 인해 뇌가 터질 것 같았습니다. 제가 시작한 일이고 마감은 해야겠으니 젖 먹던 힘까지 쥐어짜야 했습니다. 힘이 받고 싶어 운전하기 전에 전화해서 거두절미하고 나 이 작업 잘할 수 있겠죠, 물어보며 당연하지! 라는 소리가 듣고 싶었습니다. 그런데 갱옥이가 전화를 받지 않았습니다. 그래서 두 번째는 제가 모셨던 최고의 리더이신 존경하고 좋아하는 백 여사님께 전화했습니다. 회의 중이니 나중에 연락 하세요, 라는 문자 답이 오고 끊깁니다. 도움을 청했는데 본의는 아니겠지만 둘 다에게 거절당한 것 같은 상황이 와버린 겁니다. 제가 급히 이동은 해야 해서 운전을 시작하면서 든 생각에 뼈가 때렸습니다.

  "아. 이래서 접시 물에 코 박고 죽는다고들 하는구나."

  제주 귀요미 내용 중에 문00라는 학생이 있었습니다. 접싯물 사건 이후 구정 명절 때 오랜만에 새해 인사를 전해왔습니다. 문00에게 처음으로 스승이 아닌 자리로 위로와 응원이 필요하다고 문자 답을 했습니다. 문00가 놀랬나 봅니다. 제가 강의할 때 얘기했던 구멍얘기를 해 줍니다. 그리고는 저답게 힘내라는 응원의 말에 정신이 번쩍 들었습니다. 문자를 받고 책임감이 생겼고 자극을 받았습니다. 이 덕택에 더욱 힘을 내어 작업할 수가 있었습니다.

* 이처럼 자신을 믿어주는 대상에게 내가 어려울 때는 부탁하세요. 잠시 자존심이든 권위든 좀 내려놓고! 말입니다. 후배든, 친구든, 제자든 상관없습니다. 도움을 받으세요. 그래도 됩니다. 평생 고마워하고 앞으로 더 잘 챙겨주면 됩니다.

고딩의 기특한 마음이라 이곳에 둡니다.
그리고 든든하고 멋진 문00!! 정말 정말 고마웠다. 곧 보자꾸나.

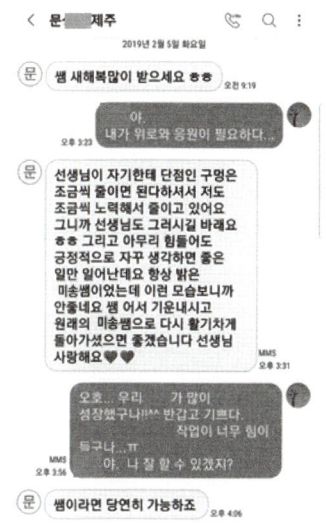

당연하지만 감사한 재산

내가 많은 것을 가진 사람이란 것을 수시로 잊습니다. 내가 가진 것을 부러워하는 사람도 있다는 것을 잊습니다. 더 많이 가졌기에 더 행복할 수 있다는 것도 잊습니다. 어쩌면 그걸 그렇게도 매일 매일 잊고 삽니다. 그 때문에 행복감을 덜 느끼게 됩니다. 내가 조금이라도 더 가졌기에 그래서 더 나은 상황이라고 깨닫는다면 감사함이 생기잖아요. 그 감사함이 반복이 되었을 때에 자존감 또한 같이 상승하는데 말입니다. 이 때문에 많은 사람들이 감사 일기를 적습니다. 혹 감사 일기를 적을 여유가 없을 때는 자존감을 높이기 위해서 적었던 자신의 50가지 강점으로 대체하여 수시로 읽으면 됩니다.

슬럼프나 침체기에는 '내겐 직업이 있다. 가족이 있다. 차가 있다. 아직 큰 병에 걸리지 않고 건강하다. 나는 사지가 멀쩡하다. 집이 있다. 부모님이 살아계셔 효도할 기회가 있다' 이 외에도 당연하다 생각한 것을 따로 적어서 눈에 잘 띄는 곳에 붙이세요. 아프지 않고, 굶지 않고, 쉴 집이 있다는 게 얼마나 축복인가요. 당연한 것 같아도 그렇지 않은 사람이 많습니다. 내 손에 쥐어진 것들의 소중한 가치를 깨달았을 때 상대적 빈곤에서 오는 투정과 불안, 우울과 강박같이 부정적인 것들로부터 벗어나는 데에 힘을 줍니다. 상대와의 비교에서 오는 결핍과 박탈감이기에 자유로워집니다. 그냥 아침에 한 번씩 읽어보세요. 그날 하루는 이미 내가 가진 것만으로 감사의 미소를 지을 수 있을 겁니다. 그런 날이 늘어나면 작지만 지속되는 만족감으로 회복될 테지요.

가끔은 **정서적으로 위기**일 때가 있습니다. 그래서 바로 위에 적은 것처럼 당연하다고 생각했던 것을 적는 것조차 어려울 수 있습니다. 심리적으로 너무 힘들어 작은 행위마저 과중한 부담으로 느껴질 수 있습니다. 그럴 때는 핸드폰과 같은 전자기기에 적을 수도 있습니다. 어느 누구라도 핸드폰은 중독일 만큼 만지니 접근하는 측면에서 부담이 줄어듭니다. 몇 달 전 며칠간 자존감과 정서가 바닥 치면서 정신을 못 차릴 때가 있었습니다. 그때 핸드폰 일정란에 문장으로 이렇게 적어갔습니다.

- 오늘 가족과 싸우기 일보직전이었는데 그래도 싸우지는 않았다.
- 몸살이 시작되었지만 참을 만해서 병원은 안 갔다.

- 접촉사고가 날 뻔해서 기절할 정도로 놀랐는데 가까스로 사고는 면했다.
- 체해서 오늘 밥을 못 먹을 줄 알았는데 저녁엔 모두 나아서 죽을 먹었다.

이처럼 더 좋지 않은 상황이 예방된 경우를 적었습니다. 그나마 다행인 부분을 그때 생각 날 때마다 적어봅니다. 누워서 핸드폰으로 적을 수 있기에 큰 노력이 필요한 것도 아니지요. 일주일 정도만 계속해도 더 이상은 정서적 추락을 경험하지 않습니다. 바닥을 치고 올라오기 시작합니다. 안정감이 느껴집니다. 꼭 경험해보길 바랍니다. 안정이 되면 그때 자신의 힐링카드를 사용하면 됩니다. 회복과 충전을 시작할 수 있습니다. 정서적으로 심각한 위기인데 혼자 치유할 때 쓰는 위기카드이기도 합니다.

* 욕심을 내려놓고 한 번 적어볼까요. 몇 가지가 나오나요?
* 매일 매일 보이는 곳에 붙여 볼까요?

31. 아니야! 네가 가장 소중해!

그만 애써도 돼

우아한 백조는 수면 위의 고고한 모습과 달리 물 아래 쉼 없이 헤엄치는 다리는 당장 쥐가 나지 않은 게 이상할 만큼 필사적이지요. 보이는 자태는 아름답지만 그를 유지하기 위한 노력이 자신을 더욱 가혹하게 몰아붙이는 것 같습니다. 마치 사회와 주변에서 바라는 모습으로 남기 위해 필사적인 발버둥을 치고 있는 우리의 모습과 같아 보이지는 않은가요?

사회가 원하는 모습으로, 가정이 기대하는 모습으로 자신을 틀에 맞추어 지내느라 고생 많았습니다. 지금 또한 수고와 고생이 많습니다. 나 자신의 수고는 나만 알면 그만이라지만 그럼에도 누군가 알아주었으면 하는 게 사람의 심리지요. 지금까지 애쓰고 살아오시느라 참으로 수고 많으셨습니다. 제가 그러했듯 필사적인 순간의 연속이었음을 압니다. 포기하지 않고 힘을 내주어 정말 고맙습니다.

50세가 지났으면 더 이상 사회의 요구나 다른 사람에게 맞추려 심리적으로는 너무 애쓰지 마세요. 맞추느라 지금까지도 마음을 쉬지 못했다면 이제는 우아한 백조와 같은 그 역할을 그만해도 됩니다. 이미 많은 시간 동안 충분히 하셨습니다. 경직된 어깨를 풀고 이제는 있는 그대로의 나를 위한 삶을 살아야 할 때입니다. 그래도 괜찮습니다. 죄만 안 지으면 됩니다.

착하게 살아야 하는 굴레에 사로잡히지 마세요. 기질 중에 D기질은 '거절 안함. 따스함. 배려. 타인 잘 챙겨줌. 여림' 등의 특성이 있어요. 착한 사람들의 전형적인 특성인데 D기질이 자존감이 높으면 주변의 '빛과 소금 역할을 하는 인기장이'입니다. 그런데 자존감이 낮으면 생색도 못 내고 일복 많은 호구의 인생을 삽니다. 참 이상한 것은 검사를 해보면 자존감이 낮은 사람들 대부분이 자신의 타고난 기질과는 상관없이 현재 모습이 D기질로 살아가고 있습니다.

'착하게 살아야만 된다. 그래야만 살아남을 수 있다!'라고 생각해서 그렇습니다. 원래 타고난 기질이 D기질인 사람이 이렇게 살면 참 자연스럽고 예쁩니다. 그런데 D기질이 아닌 사람이 이렇게 살아가려니 얼마나 힘이 들겠어요. 이타심과 배려를 우리의 문화가 추구하고 은근히 강요하기도 합니다. 그런데 괜찮습니다. 그리 따스하지 않아도 되고, 애써서 착하게 안 살아도 됩니다. 그리하지 않아도 당신은 나쁜 사람이 아니기 때문입니다. 단지 죄만 안 지으면 됩니다! 착하기 위해 애쓰는 그 에너지를 원래 자신이 가지고 태어난 기질 재능에 투자하세요. D기질의 재능이 아니면 다른 큰 재능이 틀림없이 있습니다. 보통 이런 사람들은 영민한 머리와 논리적이고 객관적인 사고의 재능이 있습니다. 논리적이고 연구를 하는 자기의 재능을 더 살리세요. 그래야 더 행복합니다. 아무리 착하게 살려고 해도 원래 타고난 D기질을 따라갈 수도 없고, 착해 보이긴 하나 자연스럽지 못합니다. 그리고 본인은 자신의 옷이 아닌 다른 옷을 입고 쉬지 않고 노력을 하는 셈이니 무의식마저 피곤하고 힘이 듭니다.

자신의 기질을 있는 그대로 알아주고 인정해 주는 사람들과 소통하면 됩니다. 내가 D기질이 아닌 다른 기질의 재능이 있다는 것을 잘 아는 사람들과 소수라도 깊이 소통하면 됩니다. 건조하고 사회성이 다소 부족할 수는 있습니다. 하지만 감정에 휘둘리지 않는 객관적이고 명확한 판단과 논리적인 전달과 중재의 역할로 사회에서 큰 몫을 감당할 수 있습니다. 재능을 존중해 주는 소수의 사람과 자존감 높게 살며 본인의 재능에 집중하면 연구나 이론 분야에 혁혁한 공헌이 가능합니다. 그래도 관계에서 불편함이 느껴져 보완하고 싶으면 '공감연습'을 조금 더 하면 됩니다.

'반드시 착해야 한다.' 라는 의무감에서 이젠 자유로워지세요. 마음속의 열등감 또한 전혀 가질 필요 없습니다. 이런 사람들은 자신이 착하지 못하고 독하다는 평가를 무의식중에 조금씩 하고 있습니다. 다시 한번 강조합니다. 착하지 않아도 괜찮습니다. 죄만 짓지 않으면 됩니다.

아프면 그만하자

상담전문가 과정에서 '**선택을 미뤄야할 순간**'을 강의합니다. '기질을 뛰어 넘는 성숙함'에서 타고난 기질과 성숙함의 차이에 엄청난 고민을 하며 듣습니다. 미간을 찌푸려가며 집중해서 자신의 모습을 점검합니다. 하지만 마무리는 다음과 같습니다.
"아무리 기질을 뛰어넘는 성숙을 추구하려해도. 너무 참아서 진짜 병 걸릴 것 같고 몸이 아파오면 그만하자. 포기하자. 병나는 것보다는 내 성향대로 사는 게 낫다."
중요한 시험을 앞둔 내담자들이 자주 하는 말이 있습니다. 잠도 못 자고 몸이 아픕니다. 입맛은 없고 괴롭습니다. 시험은 다가오는데 공부가 제대로 되질 않습니다. 하지만 잠을 더욱 줄이고 노력하렵니다. 이 한결같은 말들에 저의 대답 또한 같습니다.
"시험은 내년에 합격해도 된다. 네가 아프지 않은 게 먼저다. 건강 다 해치고서 전문가가 되면 뭐하겠니. 몸이 상한 후엔 뭐 얼마나 행복할 수 있겠니. 네 건강 먼저 챙겨라. 아프면 안 된다."
매일 열심히 하란 격려와 응원하겠단 기대, 잘할 거라 믿겠단 신뢰에 압박감을 느끼고 있던 수험생들은 이 말에 모두 무너져 웁니다. 잘하고 싶단 욕구와 맞물려 쉬어갈 타이밍을 무시하고 달리기만 한 탓이지요. 막상 누가 쉬어가라면 그러지도 않습니다. 다만, 네 건강이 우선이라며 생각해주는 한 마디에 애써 참아온 것들이 쏟아져 내린 것이지요. 이 글을 읽는 독자님께도 전하고 싶습니다!
부디 건강이 먼저입니다.

가장 큰 효도는 무엇일까요. 인생의 가장 큰 산이 부모, 특히 엄마의 산입니다. 엄마의 산을 넘었기에 제가 더 단단해졌습니다. 이젠 좋은 엄마가 되고 성숙한 어른이 되라는 것인지 더 큰 산인 아들이 있습니다. 딸의 자리와 엄마의 자리가 많이 달랐습니다. 엄마에게는 잠시 원망의 마음이라도 가져봤지만 자식은 원망할 생각조차 못하고 수용하고 견뎌내려던 저를 마주합니다. 엄마와 관계개선이 이뤄진 후의 일입니다. 아마 그때 제가 힘겨워한다고 느끼셨나 봅니다. 조용히 눈물을 훔치셨습니다.
"다른 사람들이 들으면 욕할지 모르지만 나는 내 손주보다 내 딸 건강이 더 중요하다. 큰병 생길라. 제발 몸조심 하거라."
가장 큰 효도는 자식인 내가 마음 편히 잘 사는 것입니다. 재력이 많아 용돈을 아무리 많이 드려도, 자식이 누구나 알 만한 명예로운 자리에 있어도 행복하지 못하면 부모는 억장이 무너집니다. 어떤 상황에서라도 부모가 듣고 싶은 말은 하나입니다.
"어머니, 아버지. 저 지금 진짜 행복해요."
가식이 아니라 진심으로 이리 말할 수 있는 내가 되었으면 합니다. 이런 참된 효도를 할 수 있는 우리가 된다면 참 좋겠습니다.

"재수 없다!"란 말이 듣고 싶습니다.

자존감이 높아지고 싶어 구멍을 메우고 상처를 아물게 하는 과정을 꾸준히 실천합니다. 어느 순간 자신의 자존감이 높아지고 있다는 것을 자각하면 날아갈 듯 기쁩니다. 자신이 해 왔던 노력을 인정받고 그만큼 성장한 자존감을 자랑하고 싶은 욕구가 솟구칩니다. 이로 인한 까닭에 사랑과 재채기는 숨길 수가 없는 것처럼 아닌 척하지만 자랑하고 있는 경우가 있을거예요. 자기 인생의 매우 큰 과업을 성공하고 있기에 인정받고 싶어 그렇습니다. 스스로 이상하다 여길 이유는 없습니다. 지극히 자연스러운 본능입니다.

잘난 척이라거나 재수 없단 소리를 들을 수 있습니다. 이건 제 경험담이기에 하는 말입니다. 자존감이 막 높아질 즈음, 자신도 모르게 잘난 척 비슷하게 한 셈이 되어 다른 사람으로부터 재수 없단 반응을 느낀 적이 있습니다. 자랑에 대한 반응이 당연한 것인데도 괜스럽게 상처를 받고 잠시 위축되기도 했습니다. 혹시 그런 일이 생겼을 때는 스스로에게 말하세요.

"이거, 당연한 거래. 자연스런 과정이래."

시간이 지나면서 내 몸에 자연스럽게 깃든 자존감이 되었을 땐 더 이상 잘난 척과 재수 없는 언행이 아니라 나 자체의 매력으로 보이게 될 것입니다. 그러니 너무 마음 쓰지 마세요.

마지막 점검을 하면서 "마무리를 하려고 합니다."

(1) 나의 현재까지 해결되지 않은 큰 상처가 있다면?

- 그 상처를 준 사람이 일부러 그랬을까, 모르고 그랬을까?
- 상대가 모르고 그랬다면 혹시 용서가 가능한가?
- 관계개선이나, 사과를 요구할 수 있나?
- 용서가 안 된다면, 도움을 받아서라도 치유를 시작하면 됩니다.

(2) 현재 큰 상처가 없다면?

- 나는 자신의 기질과 장단점을 잘 알고 있고, 있는 그대로의 나를 사랑하는가?
- 힐링카드를 사용해 내 삶을 잘 관리하고 있는가?
- 성숙한 의사소통 기술을 사용하고 있는가?
- 이왕이면 적성에 맞는 일로 효율과 만족감을 느끼고 있는가?

(3) 나는 자존감이 높고 성숙한 사람인가?

- 나의 자존감은 지금 몇 점인가?
- 자존감이 낮아, 그로 인해 개선하고 싶은 의지가 있다면?
  관계개선하기, 내 강점읽기, 자신의 기질대로 살기, 내 구멍 채워 나가기
  실천하면 됩니다. 혼자가 어렵다면 전문가와 기관의 도움을 받으세요.
- 점수가 높다면 축하합니다. 그 행복한 에너지를 세상에 공유해 주세요.

(4) 변화되고 싶어서 노력하고 있는 것이 있는가?

- 있다면 조금씩 나아지고 있는가?
- 지금도 안 되는 것은 무엇인가? 어떻게 재실행하고 있는가?

* '재수 없다'는 소리를 듣더라도 자존감이 높아지고 싶다는 사람이 있습니다. 그만큼 간절히 원하면 반드시 그렇게 이루어집니다. 위의 내용대로 수행한다면 틀림없이 굳건한 자존감과 만나게 될 겁니다.

* 노력하고 진행하고 있는 부분이 있다면 약 6개월 후에 다시 한 번 점검해 보세요. 조금씩 좋아지고 있다면 충분히 잘하고 있는 겁니다. 첫술에 배 안 부릅니다. 이렇게 멈추지 않고 가면 됩니다. 신은 누구에게나 강점과 잘할 수 있는 재능을 주셨기에 누구나 완전한 존재입니다. 그러니 치유해서 그 온전(穩全)을 회복하세요.

친구를 얻게 되고, 이쪽의 생각에 따라오게 하는
가장 확실한 방법은
상대의 의견을 충분히 받아들이고,
상대방의 자존심을 만족시켜주는 일이다.
- 카네기 -

에필로그. "감사드립니다."

　부족한 책을 읽어주셨음에 진심으로 감사합니다. 마음을 다친 분들과의 만남을 통해 그들과 소통하고 공감하면서 함께 이겨내고자 노력했습니다. 저 또한 치유의 시간이었습니다. 치유의 과정을 글로 표현하기에는 한계가 있어서 다소 아쉬운 감이 있습니다. 읽으시면서 '그래도 나는 이 사람들보다는 덜 힘들다, 내가 그나마 더 낫다.'라는 마음이 들었다면 그것이 위로와 감사가 되기를 소망합니다. 또한, 읽으면서 행여나 동의 되는 부분이 있다면 적용하고 시도해보기를 바라는 마음입니다. 그 행동이 현재 나의 구멍을 보완하는 시작이 될 수 있을 겁니다.
　상처가 있는 많은 분들께 위로의 말씀을 드립니다. 극복된 상처가 언젠가는 재산이 될 겁니다. 관계개선이 이루어져, 용서가 되었다면 이보다 축하할 일은 없을 것 같습니다. 무엇보다도 상처를 치유하기 위해서 용기를 내고 전문기관을 찾는 모든 분들을 진심으로 응원합니다. 도움 받을 용기를 낸 자체가 이미 절반 이상 치유된 겁니다. 행복해지고 싶어 전문가의 도움까지 받는 그 자발적인 노력은 아무도 막을 수 없습니다. 자연과 신은 누구에게나 강점과 잘할 수 있는 재능을 주셨기에 우리는 누구나 '온전한 나'일 수 있습니다. 지금의 아픔을 회복하여 본래의 건강하고 아름다운 내 모습으로 돌아가셨으면 합니다. 내가 지금 어떤 자리에서 무엇을 하고 있든, 나는 행복한 삶을 살 수 있는 사람임을 기억하세요. 곧 그 순간 그 자리에서 마음 편하게 자기에게 미소 짓는 날이 올 겁니다. 정성의 끝은 있기 마련입니다.
　위로가 되길 바라는 마음에서 시 한 편을 덧붙입니다. 하금주 시인의 만남에 등장하는 구절입니다. '인생이 추울 때 너를 만나 / 나를 꽃으로 대해 준 네가 고맙다' 외로운 하루하루에서 기댈 이가 없다면 이 책이 반가운 의지가 되었으면 합니다.

본문 내용처럼, 경기가 나빠도 연구해서 재창업 자금을 지원받는 사람이 있고, 요즘도 만석(滿席)하는 식당이 있고, 졸업 전에 원하는 대기업에 취업하는 학생이 있습니다. 우리 결코 쉽지는 않겠지만 핑계에 머무르지 말고 같이 도전했으면 좋겠습니다. 행여나 지금 인생의 바닥에 있다면 이제는 올라올 날이 남아있는 것입니다. 그럴 때 내가 나답게 잘 올라오기 위해서 '와신상담'의 신념으로 공부하거나 경험을 쌓아서, 미래를 준비하는 우리가 되어요. 그러면 지금은 힘들더라도 몇 년 안에 준비가 된 우리에겐 원하는 환경은 반드시 오게 되어있습니다. 아시다시피 그게 인생의 순리이자 진리입니다.
　현재 자존이 높고 성숙하신 분께는 진심으로 축하하며 또 부탁드리고 싶습니다. 자신의 자리에서 그 심리적 여유를 나누면서 꼭 리더의 역할을 해주세요. 그래서 성숙한 사회를 앞당겨 주시길 부탁드립니다. 그리고 그리 살고 계시는 분들의 행보를 진심 응원 드립니다.
　행여나 기존의 상처가 아니더라도 살다가 닥친 시련이 책이나 강연 등으로도 혼자 감당하기 힘들 때가 있습니다. 그럴 때는 첨에 안내해 드린 것처럼 무료기관에서라도 잠깐씩 상담 받고 회복하시면 됩니다. 이렇게 신체적 정서적 자기관리를 통해서 우리 국민들이 상담실과 정신과를 찾는 일이 줄어드는 삶을 사시기를 진심으로 기원합니다. 누구나 구멍이 있는 우리입니다. 생이 마감하는 날까지 성장하고 성숙해지면 됩니다. 우리 같이 노력해요. 마음을 만질 수 있는 것은 마음뿐입니다. 마음에는 마음으로만 다가갈 수 있습니다. 마지막으로 이 책을 낼 수 있도록 허락해주신 하나님께 감사드립니다. 그리고 저를 성장시킨, 너무 고마운 어머니와 소중한 아들과 가족들과 이 책에 도움을 주신 모든 분들에게 뜨거운 감사의 마음을 다시 전합니다. 고맙습니다.

증빙 자료

P.32
* 무료상담기관에 대한 정보입니다.
* 성인 : 전국 건강가정지원센터 (개인과 가족문제).
　　　　전국 정신건강복지센터 (우울증, 수면장애, 자살충동 등 정신적 문제)
* 청소년 : 한국청소년상담복지개발원 (학교 밖 청소년도 해당)

관청에서 운영하여 공신력 있고 실력 있는 상담기관입니다. 연락한 기관의 상담 일정이 빠듯하다면 원하는 시일에 상담할 수 있도록 다른 곳에 연계도 시켜주니 전화만 하면 됩니다. 우리의 세금으로 운영되니 마음 편히 이용할 권리 또한 있습니다. 어렵게 느끼지 말고 상처를 회복하고자 하는 의지가 있다면, 용기 내서 도움 받으세요.

P.35 효은의 강점 3가지

```
<현재성 강점>
1. 폭력적인 언니와 정서적, 물질적으로 아버지노릇을 하나도 못하는 아버지 사이에서 나름 잘 자랐다.
2. 힘들었지만 그 덕에 정신적으로 또래보다 성숙하다.
3. 힘있지만 그 덕에 힘든 상황을 잘 이겨낼 수 있는 힘이 있다. 면역력이 길러졌다.
4. 자발적으로 적극적으로 행동하여 박사님을 만날 수 있게 됐다. 그 덕에 내 미래는 밝을 것이다.
5. 지금 시간과 돈을 아낀다고 새치 염색도 안하고 누렇게 떠서 꾀죄죄하게 다니지만 조금만 관리하면 훌쩍 훤칠해질 수 있는 생김새를 가지고 있다! ^ㅁ^
```

P.79 살기 위해 해야만 했던 일시적인 단절

구 분	상담 전	상담 후
성격 기질	외향적 (쾌활함, 적극적) 그러나 비관적, 우울, 자괴감	외향적 (쾌활함, 적극적) 행복, 기쁨, 자신감
신체적 건강 정신적 건강	식도염, 장염 (자주), 공부 때문에 몸 매우 안 좋았음/ 정신적으로 매우 힘들었음. 우울감, 무기력, 가끔은 자살충동도 느꼈었음	체중이 좀 빠지긴 했지만 매우 건강 정신적으로 매우 건강
가정의 전체적인 분위기	어머니는 옛날부터 계속 큰 사고를 일으키시고 언니는 원래 태어났을 때부터 장애를 가지고 있었음. 집에만 가면 답답하고 힘들고 아버지 말고는 의지할 곳이 없었음. 아버지의 기대를 받으며 자랐지만 부응하지 못했음.	집안 분위기는 그대로임. 다만 너무 책임감을 느끼지 말고, 내가 우선 심신이 건강해져서 가족을 도울 것임.
장점 단점	활발하고 적극적 자기비하, 비관적	나를 좀 더 이해해보려고 노력
상담 이후의 가장 큰 변화	원망	엄마와 언니는 좀 아픈 사람이란 것을 인지. 원망하고 미워하지 않도록 노력
계속 해서 상담을 받고 싶은 내용이 있다면 그 이유는?		이제 상담은 필요하지 않을 것 같음. 다만 앞으로 공직생활 시작한 후 어떤 식으로 일을 처리하고 지낼지 심리분석 프로파일에 따라 조언 받으면 좋을 것 같음.

P.84 제주. 전교회장 가족이 작성한 자료

(1) 개인적인 모습(학생)

구 분	상담 전	상담 후
성격, 기질	차분하고 현실적	열정적으로 변한 것 같음. 승부욕이 강해짐.
신체적 건강 정신적 건강	건강한 편.	정신적으로 성숙해짐(타인의 의견을 존중하는 능력이 높아짐)

(2) 가정에서의 변화(학생)

구 분	상담 전	상담 후
부모님과의 관계	원만하고 수평적인 관계	상담을 통해 서로의 생각을 이해하게 되면서 더욱 화목해짐

(3) 부모님의 반응(엄마)

※ 가정의 변화

구 분	상담 전	상담 후
가정의 전체적인 분위기	가정에서는 주로 휴대폰으로 자신의 취미생활을 자주 하는 편	가족 간의 안부를 묻고 대화를 많이 하게 되었다.
자녀와의 관계	좋은 편이다.	자녀의 미래에 관심을 갖게 되고, 자녀의 선천적 기질과 현재 성격을 이해하게 됨.

※ 자녀교육에서의 변화 (엄마의 변화가 아들을 성장시켰습니다)

구 분	상담 전	상담 후
자녀교육에 대한 인식	부모의 생각을 주로 아이에게 강요하는 편이었다.	부모 위주로 생각하던 교육 방식을 자녀의 눈높이에서 바라보게 되었다.
자녀와의 관계	무난한 관계지만 부모가 지시하는 쪽이다	자녀에 입장에서 한 번 더 생각하고 상하관계가 아니라 동등함을 느끼게 됨
자녀의 심리적 안정을 위한 노력	주로 건강과 음식에 많이 신경 씀.	자녀의 마음을 보듬어주고 화를 내기보다 대화를 하게 됨
공부를 할 수 있는 여건 조성	자녀 방에서 공부를 강요함	TV시청시간을 줄이고 조용한 분위기를 조성함

P.84 전교회장의 문자입니다.

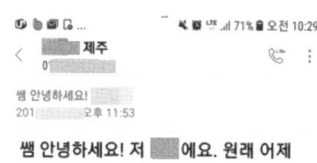

쌤 안녕하세요! 저 ▇에요. 원래 어제 보내려고 했는데 쌤 피곤할까봐요😅 일단 선생님께 감사하다는 말씀 전하고 싶어요. 선생님께서는 캠프에 참여했던 어떤 학생들의 말도 허투루 듣지 않았고, 진심으로 듣는 게 느껴졌어요. 그리고 정확한 데이터를 통해 선천성과 현재성을 알려주고 그에 맞는 진로를 같이 고민해 주는 모습은 정말 👍!! 또한 저희 어머니 생각도 바꿔주셔서 고맙고 자존감 키우는 법도 알려주셔서

감사합니다! 물론 국회의원 되는 것, 스카이 가는 것이 엄청 힘들고 고달픈 길인걸 알지만.. 한번도 만나뵙지 않았던 선생님 같은 분이 계시기에 힘내고 열심히 해보겠습니다. 3일동안 제주도도 구경못하고 열심히 강의해주셔서 감사하고, 저의 인생의 불을 켜주셔서 감사합니다! 환하게 비추는건 제몫이겠죠?! 선생님 같은 분과 함께했기에 지난 3일이 참 행복했습니다. 존경스러운 교수님!! 진심으로 다시 한번 감사합니다!!

P.105 완전히 다른 기질의 아빠와 딸

구 분	상담 전	상담 후
성격 기질	일을 완벽하게 하려고, 문제를 혼자 해결하려고 하고 남에게 본인에 대한 얘기를 잘 하지 않음. 자책이 심함	작은 목표부터 차근차근 해나가려 함 기질을 이해하고 본인에 대해 긍정하는 부분이 생김. 내 선천기질이 상당히 마음에 듦.
신체적 건강 정신적 건강	수면 장애, 무기력, 간헐적 호흡 곤란, 우울감, 심한 자책감. 부정적 생각을 못 멈춤.	생활 리듬 회복 중. 우울. 호흡곤란증세 큰 완화. 부정적인 생각이 조절 가능함.
장점 단점	장점: 맡은 일을 책임감 있게 함 단점: 일이 뜻대로 안되었을 때 스트레스가 심함	장점: 어려운 일이 있을 때 주변에 도움을 청하고, 같이 해결하고자 함 단점: 신체화 나타난 이후 활동을 스스로 제한하는 부분이 생겼으나, 거의 극복 중
좋아하는 것 싫어하는 것	좋아하는 것: 혼자서 시간 보내기 싫어하는 것: 주변에 의해 간섭받는 것	이전과 동일
미래의 비전	무엇이든 잘 해야겠다는 것 외에 별다른 목표 없었음	장점을 살려 따듯하고 현명한 조직의 리더가 되는 것
상담후 변화	스스로를 많이 책망하던 부분이 좋아지자 우울감이나 호흡곤란 증세도 점차적으로 사라짐. 아버지와 친구들에게 개인적인 일들에 대해서 좀 더 얘기를 하게 됨.	

P.112 이렇게 행동하는 것이 정말 나다운 것일까?

유반짝 문자.

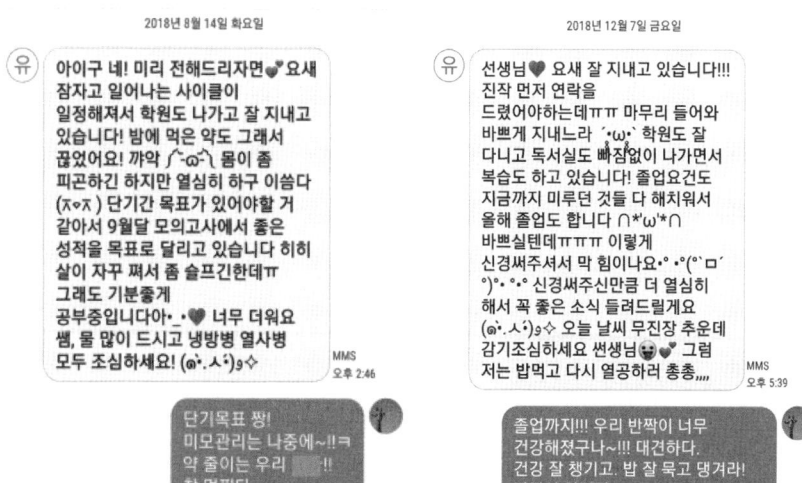

P.122 강점 작업의 기적 같은 효과.

안녕하세요. 원장님 저는 지금 연간 회원권 수강하고 있는 1년차 수험생 OOO입니다.

지난 1월에 아무런 배경지식 없이 맨땅에 헤딩하듯 수험생활을 시작했는데, 6월경에 난소에 혹이 있다는 검진 결과를 받았습니다. 7월에 수술하고 두어 달 정도를 쉬고 나니, 그간 공부했던 걸 잊어버린 것은 물론이고, 자신감도 많이 떨어진 상태라서 지난 11월 원장님께 가서 상담을 받았고, 그 때 원장님이 너무 감사하게도 김 박사님과 상담을 잡아주셔서 심리상담을 받을 수 있었습니다. 제가 얼마나 많은 도움을 받았는지 말씀 드리고 싶어 이렇게 글을 남깁니다.

(중략) 한 번 상담하는 것만으로도 이렇게 나아질 수 있었던 건 박사님이

제공해주신 프로파일과 내주신 과제 덕택이었다고 생각합니다. (중략) 제 기질과 잘 맞는 공부법을 추천해주시기도 했습니다. 자존감이 좀 낮아진 저에게 박사님은 그 프로파일 중에서 장점 50가지를 따로 적어 매일 아침 읽으라는 과제를 내주셨는데요. 하루도 빠짐없이 장점을 읽고 나니 두 번째 상담을 받으러 교실 안으로 들어갔을 때에 박사님이 "네 장점이 뭔지 말해봐"하시는 말씀에 주저 없이 답변할 수 있을 정도가 되었습니다. (메일 원본)

P.139 그럼 듣고만 계셔주세요.
 '어쩌면 지난 3년간 자기작업을 하면서도 끝까지 깨지 못했던 내 껍질을, OO검사와 강의 덕분에 있는 그대로의 나를 인정하고 찾아가면서 조금씩 깰 수 있을 것 같은 희망이 보인다. 너무나 열정적인 강의를 하시고 수강생 한 명 한명을 챙기시느라, 수업 끝나면 한 마디도 더 하기 힘들만큼 에너지를 쏟아 주신 김미송 박사님 정말 감사해요. 그리고 함께 강의를 들은 수강생 엄마들과 함께 해서 좋았구요. 우리 모두 행복한 엄마가 되어서 후속 모임 때 성장한 모습으로 다시 만나요.' (OO교육청. 부모교육전문가 과정 수강생. 교사 권O현)

마음을 만져봤니?

지은이 : 김미송
초판인쇄 : 2019년 11월 20일
초판발행 : 2019년 11월 22일
펴낸곳 : 도서출판 **영혼의 숲**
펴낸이 : 허광빈
편집디자인 : 추혜인
편집실 : 서울 중구 퇴계로45길 31-15
주 소 : 서울 서대문구 세검정로 61-45
전 화 : 02) 2269-9885
모바일 : 010-5717-6440
팩 스 : 02)2269-9885
E-mail : booksyhs@naver.com
ISBN : 979-11-965145-6-3 (03190)
가격 : 15,000원

※ 이책의 저작권은 저자와 도서출판 영혼의 숲에 있습니다.
　무단전재와 복제를 금합니다.

이 도서의 국립중앙도서관 출판예정도서목록(CIP)은 서지정보유통지원시스템 홈페이지(http://seoji.nl.go.kr)
와 국가자료종합목록시스템(http://www.nl.go.kr/kolisnet)에서 이용하실 수 있습니다.
(CIP2019047336)